함께 못사는 나라로 가고 있다
- 미래 세대를 위한 대한민국 만들기 -

도서출판 윤성사 097
함께 못사는 나라로 가고 있다
미래 세대를 위한 대한민국 만들기

초판 1쇄	2021년 5월 14일
2쇄	2021년 6월 15일
지은이	강영철 · 이혁우 · 김진국 · 옥동석 · 곽노성 · 배원기 · 이민창
펴낸이	정재훈
디자인	(주)디자인뜰
펴낸곳	도서출판 윤성사
주소	서울특별시 서대문구 서소문로 27, 충정리시온 제지층 제비116호
전화	대표번호_02)313-3814 / 영업부_02)313-3813 / 팩스_02)313-3812
전자우편	yspublish@daum.net
등록	2017. 1. 23

ISBN 979-11-91503-05-0 (03350)
값 15,500원

ⓒ 강영철 · 이혁우 · 김진국 · 옥동석 · 곽노성 · 배원기 · 이민창, 2021

저자와의 협의에 따라 인지를 생략합니다.

이 책의 전부 또는 일부 내용을 재사용하려면 반드시 사전에 저작권자와 도서출판 윤성사의 동의를 받아야 합니다.

잘못 만들어진 책은 구입하신 서점에서 교환 가능합니다.

함께 못사는 나라로 가고 있다

미래 세대를 위한 대한민국 만들기

강영철 이혁우 김진국
옥동석 곽노성 배원기 이민창

도서출판 윤성사
YOONSEONGSA

책머리에

미래 세대를 위한 진지전을 제안한다

대한민국은 건국 이후 최초로 후대가 선대보다 못사는 국가로 전락할 위기에 빠져 있다. 과연 우리는 어디를 향해 가고 있는가? 많은 국민이 혼돈의 시기를 겪고 있다. 경제, 사회, 정치 어느 부문에서도 우리가 미래를 통제하고 있다는 증거를 찾을 수 없다. 대한민국 역사상 처음으로 세계 선진국들과 어깨를 나란히 하는 국가로 발전했음에도 불구하고 그러한 성과에 대한 자부심은 찾아볼 수 없다. 현재의 대한민국은 모두 문제투성이고 개혁의 대상이라는 인식이 지배적이다. 미래를 향한 전진은 없고 과거에 대한 단죄만 난무하고 있다. 논리와 이성을 상실한 자기편 감싸기로 정치는 피폐해지고, 5년 단임의 제왕적 대통령제하에서 5년이 아니라 10년, 20년 후를 내다보고 준비하는 정부는 사라져 버렸다.

이러한 위기의 시대에 우리는 믿을 수 있는 정치, 사회, 경제 세력이 존재하지 않음을 개탄하지 않을 수 없다. 정치에서는 아직도 얼치기 진보와 얼치기 보수의 이념적 대립 외에 국가적 미래를 염려하고 준비하고 대비하는 세력을 볼 수 없다. 정치적 지형은 사회 속에도 그대로 투영돼 대립과 반목, 맹목적인 진영 논리로 인해 정상적인 사회적 토론과 대타협은 불가능한 지경이다. 게다가 정치인에게서 신념 윤리와 책임 윤리는 찾아보기 어려워진 지 오래며, 오로지 정권의 떡고물을 나눠 먹는 잔치를 5년마다 되풀이하며 경제와 사회를 점점 더 황폐하게 만들고 있다.

경제마저 정치화돼 경제 발전의 동력이 돼야 할 기업은 온갖 사회적 비용을 분담하면서도 수사받고 갹출받고 질시받고 무시당한다. 잘 하는 기업과 잘 못하는 기업의 구분은 없고, 큰 기업은 악이고 작은 기업은 선이 되고 있는 것 같다. 시장실패에 대한 오독, 정부실패에 대한 무신경이 지배하고, 대기업을 핍박하면서 동시에 대기업에 기생하는 정치집단의 기형적 행태가 도처에 보인다. 경제 발전의 주체로서 기업에 대한 정

함께 못사는 나라로 가고 있다
미래 세대를 위한 대한민국 만들기

당한 평가와 건전한 기업자본주의가 한국 경제에 뿌리내리는 것을 좌절시키고 있다.

극심한 혼란 속에서 도드라져 보이는 것은 자유로운 시장 경쟁에 기반한 성장과 분배라는 헌법적 정신이 훼손되고 있는 사실이다. 한 번도 시장에서 경제 주체로 활동해 본 경험이 없는 정치꾼들이 시장을 재단하고 규율하고 망가뜨리고 있다. 시장 질서 훼손과 함께 대한민국의 정체성에 대한 도전도 만만치 않다. 대한민국을 버리고 '우리나라'로 바꾸자는 사고의 단면이나 면면히 내려온 애국의 염을 담은 애국가도 적폐의 대상이 되는 사회가 됐다.

과연 우리는 미래의 주역이 될 우리 후대에게 어떤 유산을 남겨주고 싶은가? 극심한 이념 갈등과 정치 투쟁, 시장경제도 아니고 사회주의경제도 아닌 기형적인 경제를 남겨줄 것인가? 과연 그러한 환경하에서 우리는 지난 60년 동안 성취한 '후대가 선대보다 잘사는 대한민국의 여정'을 이어나갈 수 있을 것인가?

누구도 나서서 국민의 자유의지를 향상하고 선택권을 보장하는 것이 국가 경제사회의 장기적 발전의 기본이라는 점을 강조하지 않다 보니, 국민들 스스로가 문제를 해결하기보다는 국가가 개입해서 자신들의 문제를 일거에 해결해 주기 바라는 해바라기로 추락했다. 자유의지를 잃은 국민은 결국에는 노예로 전락한 세계사, 한국사의 교훈이 한국에서는 잊힌 지 오래다.

우리가 주목하는 것은 이 같은 경제사회적 모순에도 불구하고 이를 시정하고 바로 세우겠다고 나서는 지식인집단을 쉽게 찾아볼 수 없다는 점이다. 지식인들이 국가 미래에 대한 진지한 연구와 토론을 통한 방향 제시라는 책무를 저버린 것이다. 오히려 5년마다 바뀌는 권력 주변을 기웃거리면서 학문의 본업을 도외시하다 보니, 떼로 몰려다니며 구체적인 실체도 없는 진보와 보수의 파수꾼으로 전락해 현인을 찾으려고 해도 찾아보기 어려울 정도로 오염됐다. 현인이 있어도 목소리를 낼 수 없으니, 그들의 존재는 망각 속에 잠들고 있다.

지식인들이 시장경제를 가르치고 말하면서도 시장경제를 훼손하는 정치사회적 시도를 단일대오로 차단하지 못하고 있는 동안, 시장경제에 믿음이 없고 국가가 시장을 정화해야 한다고 믿는 국가주의 세력, 자본가와 기업가의 긍정적 기여를 인정하지 않는 반기업주의 세력, 대한민국의 정통성을 부인하고 교육을 이념형 인간 창출의 수단으로 생각하는 정치 세력은 지난 20년간 공고히 진지전을 구축해 왔다.

그들은 한국이 겪은 우여곡절들을 침소봉대하며 한국을 번영으로 이끈 자유민주주의와 시장경제의 선택을 조롱하고 있다. 그들은 교육감 선거 때마다 정략적 단일화를 통해 전국의 교육을 장악하는데 한국의 교육계는 개인적 영달만을 위해 국가적 대의를 얼마나 헌신짝처럼 내팽개쳐 왔던가!

사회를 뒤바꾸고자 하는 세력이 이처럼 먼 미래를 내다보고 하나하나 자신의 영역을 구축해 나가는 진지전을 전개하는 동안, 반면에 사회를 지키고자 하는 세력은 분열되고 중심을 잡지 못하며 저변 확대를 위한 진지전보다 개인의 이익과 당장의 정권 창출에 목을 매고 있었던 것은 아닌가? 586세대의 이념적 편향성이 문제라면 왜 그 이전의 세대는 선배로서 기울어진 운동장을 바로잡는 데 전혀 역할을 하지 못했는가?

오늘날 한국 경제·사회·정치의 위기는 해방 이후 대한민국 현대사에서 겪었던 위기와는 본질적으로 다르다. 해방 후의 좌우 대립, 한국전쟁의 피해, 두 차례의 오일 쇼크, 군부 통치의 위기, 국제통화기금(IMF) 외환위기, 국제 금융위기 등 정치경제적 위기를 한국은 일치단결된 국민의 힘으로 극복할 수 있었다. 그러나 현재의 위기는 국민이 분열되고 이 분열을 오히려 외연 확장의 계기로 삼는 정치사회집단의 강고한 기반 위에 진행되고 있기 때문에 쉽게 대응하고 치유할 수 없다.

유일한 대안은 자유민주주의와 시장경제를 옹호하는 세력도 진지전에 나서는 것이다. 당장 1, 2년 후가 아니라 10년, 20년을 내다보고 대한민국의 지속 성장과 발전의 토대를 구축해 나가는 것이다. 지식인들의 책무는 바로 이러한 진지전 구축의 밀알이 되는 것이다.

싸리빗자루를 보자. 싸리나무 가지 하나하나는 연약하기 그지없다. 그러나 이것을

함께 못사는 나라로 가고 있다
미래 세대를 위한 대한민국 만들기

묶어 빗자루를 만들면 강력한 청소 도구로 변신한다. 이 책의 출판에 참여한 저자들은 싸리나무 가지에 불과할지언정 대한민국 국민과 지식인 사회에 고하고자 한다. 자 이제 함께 싸리빗자루를 만들어 우리의 아들 딸들이, 후배 세대가, 전 세계인의 대접을 받으면서 우리보다 잘사는 나라를 만드는 데 걸림돌이 되는 장애 요인을 제거하자고.

우리에게 좌파니 우파니 보수니 진보니 하는 이념적 구속은 중요하지 않다. 오로지 한 가지 가치, 자유와 민주라는 전 세계적으로 입증된 국가 발전의 대안에 기초해서 한국이 오늘의 위기를 극복하고 우리 후대의 소득분배상 최하위 계층까지도 지속적으로 선대보다 더 풍요롭고 행복하게 살 수 있는 그런 나라를 만드는 대안을 제시하는 것이 유일한 가치다. 이 책은 이러한 일련의 노력의 첫 번째 결실이다. 5년 단임 대통령제가 한국에 끼치는 해악, 발전하고 성장하는 자유 민주시민을 만들기 위한 교육의 붕괴, 시장경제 참여자로서 반드시 필요한 도덕적 감성과 의무를 망각하는 '천민자본적' 기업가, 비대해졌지만 무능한 행정부의 대개혁, 실질보다 이념 중시의 공론화에 빠진 국회 등 더 많은 주제가 우리의 후속 작업을 필요로 하고 있다. 많은 분의 참여와 격려, 지적을 기대해 본다. 끝으로 용기 있게 책의 발간에 동의해 준 정재훈 윤성사 대표께 감사의 뜻을 전한다.

2021년 봄
지은이 일동

목차

책머리에 : 미래 세대를 위한 진지전을 제안한다 / 4

프롤로그: 대한민국 전성기, 더 이상 없다 / 12

제1부 대한민국, 길을 잃다 · 19

제1장 함께 못사는 나라로 가고 있다 · · · · · · · · · · · · · · · 21

함께 못사는 나라로 가고 있다 / 21
기업을 해외로 내몰고 있다 / 27
정치가 사회 갈등을 조장한다 / 32
나라의 곳간이 비고 있다 / 38
문제 해결 능력을 상실한 정부 / 44

제2장 시장을 이해하지 못한다 · · · · · · · · · · · · · · · · · · 51

자본주의 없는 세상을 꿈꾼다 / 51
거지 같은 경쟁, 없으면 정말 거지 된다 / 55
기업을 존중하지 않는다 / 59
대기업 수가 절대적으로 부족하다 / 63
일자리를 찍어 낼 수 있다는 정부 / 67
영리, 비영리가 별개라는 오해 / 71

함께 못사는 나라로 가고 있다
미래 세대를 위한 대한민국 만들기

제3장 이상사회가 있다는 순진한 착각 · · · · · · · · · · · · · · · · · · · 76

유토피아를 말하면서 디스토피아를 만들다 / 76
착한 기업을 정부가 만든다고? / 80
'적정' 수준 가격이 존재한다는 환상 / 84
지역균형 발전이란 신기루를 좇다 / 87
계층 상승 사다리가 없는 절망사회 / 89

제4장 정부, 자기 역할을 모른다 · · · · · · · · · · · · · · · · · · · 94

무엇이든 할 수 있다는 착각 / 94
법을 자판기처럼 뽑아내는 국회 / 101
정부관료는 더 이상 수퍼맨이 아니다 / 105
국가채무 지표도 정략적으로 쓰는 나라 / 110
규제개혁 20년, 너무 더딘 속도 / 114
사법부는 사회적 약자 편이란 이상한 편견 / 118

제5장 시민을 위한 시민단체는 없다 · · · · · · · · · · · · · · · · · · · 121

시민단체의 정치권 진입이 위험한 이유 / 121
시민단체의 비도덕적 일탈 / 126
불투명하다고 기업 욕할 자격 없다 / 128

제2부 대한민국, 길을 찾다 · 137

제6장 정부, 할 수 있는 일만 하라 · · · · · · · · · · · · · · · · · 139

누구를 위해 좋은 울리나? / 139
'행동'에 앞서 '실험'하라 / 143
기업 수익을 탐하지 마라 / 148
신구 산업 갈등, 경쟁으로 풀어라 / 155
이름만 바꾸는 정책 쇼를 멈춰라 / 159

제7장 나라 살림, 정치로부터 탈출시키자 · · · · · · · · · · · · · 163

국가채무, 더 늦기 전에 관리하자 / 163
재정준칙, 재정 독립의 해결책 / 168
예비타당성조사 면제를 없애자 / 173
조세 정의, 편익 원칙으로 바로 세우자 / 177
나랏돈 쓰임새를 구조조정하라 / 180

제8장 정부규제 품질을 높이자 · · · · · · · · · · · · · · · · · · · 184

선택의 자유를 최대한 보장하라 / 184
신산업, 고속도로를 뚫자 / 188
만들기 전에 있는 것부터 따져 보자 / 193
디지털 정부, 스마트 규제로 무장하자 / 196

함께 못사는 나라로 가고 있다
미래 세대를 위한 대한민국 만들기

규제개혁의 틀, 근본부터 바꾸자 / 203

제9장 불균형 해소, 바른 해법을 제시한다 · 210

진정한 소득불균형 대책은 성장 / 210
임금 불균형을 먼저 해결하자 / 214
기본소득보다 더 나은 해법이 있다! / 218

제10장 미래에 투자하자 · 223

대학을 계층사다리로 개편하라 / 223
대학교육, 규제의 족쇄에서 해방시키자 / 229
R&D 포트폴리오, 전략을 갖추자 / 238
디지털 경제, 인프라를 깔자 / 245

에필로그: 함께 잘사는 나라로 가자 / 248

프롤로그

대한민국 전성기, 더 이상 없다

2021년, 코로나19 1년에도 우리 경제는 선방했다. 2020년 경제성장률은 -1.0%로 미국 -3.8%, 독일 -5.0%, 일본 -5.3%, OECD 등 경쟁국과 비교해 성장률 하락 폭이 가장 적었다. 대한민국의 경제지표는 우리나라가 수립된 이후, 아니 지난 수천 년 이래 최고다. 국내총생산은 세계 12위며, 무역 규모는 세계 6위권이다. 인구 5천만 명이 넘는 인구대국으로 1인당 국민소득 3만 달러를 넘긴 7번째 국가이기도 하다. 코로나 직전 2019년 한 해만 1,750만 명이 넘는 관광객이 한국을 찾았다. 2010년 대비 교량과 터널 연장은 5,744km, 60%나 늘었다. IMF를 슬기롭게 극복하며 우리나라는 지난 20년간 퀀텀 성장을 통해 선진국 문턱을 가볍게 넘었다.

대한민국 성공 스토리는 누구나 아는 진부한 사실이 됐다. 그러다 보니, 선배 세대의 도전 스토리에 대한 감명도 시들해져 가다 요즘은 아예 모르는 사람들도 많다. 1950년대, 우리나라가 아프리카보다 못한 최빈국이었다는 사실은 새삼스럽지도 않다. 요즘 우리는 공무원이 해외 출장을 가려면 경무대에서 대통령에게 출장비를 받아야 할 만큼 어려웠던 시절이 있었음을 모른다. 그냥 대한민국은 원래 잘살았다 여기는 듯하다. 이유가 있다. 세대가 바뀌며, 지금 환갑 세대만 해도, 극빈한 곤궁의 대한민국을 경험하지 못했다. 대학에 들어와선 민주화운동으로 날밤을 새우던 386세대들은 이전 세대가 쌓은 경제적 토대 위에 비교적 자유롭게 대학생활의 낭만도 느끼고, 회사에도 별로 어렵지 않게 취업한 세대고, 취업 후엔 승승장구하는 대한민국과 함께 내달린 운이 좋은 세대다. 이렇게 우리 사회는 어려움의 세대를 체험하고 기억하는 세대에서 잘 사는 대한민국을 당연한 듯 여기는 세대로 급격히 옮겨갔다.

1971년생, 우리나라에서 동기가 가장 많은 사람들이다. 올해 만 50세, 한 반에 60명이 넘는 콩나물 교실, 그것도 오전반 오후반으로 나눠 국민학교를 다닌 이들이다.

함께 못사는 나라로 가고 있다
미래 세대를 위한 대한민국 만들기

우리 사회의 인구구조는 이들을 중심으로, 아래 위 5년, 45~55세가 압도하는 항아리 구조다. 이들은 86세대와 노동운동기 이후 탈정치화된 첫 개인주의 X세대다. 이들 때부터 대학생 배낭여행이 시작됐고, 그러면서 IMF 구제금융 체제하에서도 비교적 정규직으로 취직을 했으며, 2000년대 이후 정보통신혁명의 고도성장기와 같이 성장한 세대다.

  2021년, 이들은 자식교육에 엄청난 투자를 하고, 소비도 가장 많이 하고 있다. 평균적으로 며칠에 한 번씩은 외식을, 일 년에 한 번 정도는 해외여행을 가면서 세금도 가장 많이 내는 세대로서, 부모 세대의 삶과 질적으로 다른 삶을 살고 있는 세대다. 예전에는 50세이면 고참이겠지만, 앱에도 익숙하고, 유튜브 라이브 방송도 하고, 키치문화에도 익숙한 스타일리시하고 젊게 사는 세대다. 2021년, 대한민국이 역사상 가장 잘 나가는 시대에, 역사상 가장 돈을 많이 버는 이들 세대가 주축을 이루고 있다.

  그렇다면, 대한민국 극성기는 지금처럼 지속될 수 있을까? 우리 저자들은 이 질문에 긍정적인 답을 내놓기 어렵다고 생각한다. 사실 우리나라는 벌써부터 잠재성장률이 지속적으로 떨어지는 저성장의 신호를 보여 왔고 청년을 위한 좋은 일자리는 부족해지는 반면, 부동산 가격의 급격한 인상과 개인주의로 인한 비혼과 출산율의 급감으로 인한 인구 감소와 같은 사회의 구조적 모순이 심화돼 왔다. 이미 만성질환에 노출돼 있음에도 이를 눈치 채지 못하는 사람들이 많다. 바로 1971년생의 착시 효과 때문이다. 우리 사회 가장 많은 숫자를 가진 이 세대는 돈을 가장 많이 벌고, 가장 많이 소비하는 덕에 경제도, 코로나 이전까지 사회도 쌩쌩 돌아가고 있었기 때문이다. 생각해 보면, 주말 고속도로가 미여터진 것도 10년이 채 안 됐다.

  10년 후엔 어떨까? 1971년생이 60세가 된다. 인구구조 변화에 따라 직장의 인력 활용도 적응하겠지만, 이 정도면 슬슬 은퇴를 고려할 나이다. 일을 계속하더라도 소득이 줄어들고, 노후를 생각해 소비도 줄일 나이다. 자식 교육도 거의 끝났으니 교육에 크게 쓸 돈도 없을 거다. 그런데, 지금 35세는 이때가 되면 45세가 된다. 2021년 35세는

결혼을 안 한 이도 많고, 여전히 비정규직이 많다. 1971년생은 이 나이쯤, 과장 정도는 했었다. 25세로 가면 더 심각하다. 취직이 안 된다. 알바 인생이 오랜 친구도 있고, 여전히 부모님 품에서 언제 독립할지 가늠이 안 되는 애들도 있다. 막상 들어간 첫 직장도 비정규직이다. IMF 구제금융 체제 이전 취직을 한 1971년생은 이 나이에 별 어려움 없이 정규직이 됐었다.

그렇다면 과연 10년 후, 1986년생들이 지금의 45세만큼의 부가가치를 만들어 낼 수 있을까? 지금의 25세가 1971년생처럼 과장 정도 할 수 있을까? 힘든 얘기다. 사실 이게 가능하다고 해도 우리나라는 쉽지 않다. 인구가 반 토막이 나서, 같은 수준의 소비를 한다 해도 전체 파이가 줄어들 것이기 때문이다. 세금과 연금 등 각종 준조세도 그만큼 덜 걷혀질 거다. 물론 지금의 1971년생이 이때까지도 은퇴하지 않고 현역에서 열심히 일을 하고, 이후로도 한 10년은 더 버텨 주면 될 수도 있다. 그런데 이렇게 되면, 1986년생의 후배 세대는 사회에서 주류적 위치로 올라설 수 없다. 선배 세대가 자리를 막고 있어서다.

그러면, 우리는 이런 가까운 미래에 대한 대비를 잘 하고 있는 걸까? 솔직히 너무 못해서 화가 난다. 규범적 이상주의가 너무 많아졌다. 이론에 기반하지 않은 정책, 실험을 통한 효과 확인이 필요한 정책들이 쏟아져 나온다. 인구 급감 시대 지역 통합과 다극화가 필요한데도, 지역 균형이란 논리로 지역 재편은 이뤄질 기미가 없다. 이 밖에도 정치적으로 득이 안 되는 정책에는 누구도 나서지 않는다. 사회가 어렵다는 것, 열심히 노력해야 하고, 성과가 낮은 것도 개인 책임이라는 것이 평균적인 규범이 돼야 하는데, 개인의 고달픔이 사회의 책임이 되고 있다. 솔직히 이런 사회엔 미래가 없다. 정부가 개인의 책임을 짊어지고 가려니, 사회의 선순환 시스템이 지켜지지 않는다. 열심히 해서 인정을 받고, 그래서 좀 더 책임 있는 자리에 가고, 더 많은 돈을 벌어 성공하는 방정식보다, 일하는 건 힘들고, 워라밸을 가져야 하고, 저녁이 있는 삶을 가져야 한다는 말이 가슴을 울리는 시대에 무엇을 기대할 수 있을까. 이런 식으로는 앞으로

함께 못사는 나라로 가고 있다
미래 세대를 위한 대한민국 만들기

10년 후, 닥칠 거친 물결에 마주할 수 있는 파이팅이 만들어질 수 없다.

사회 갈등도 너무 심각하다. 지역 갈등의 고질병은 애교에 가깝다. 어느샌가 정치에도 아이돌처럼 팬덤문화가 생겼다. 우리 편이니까, 내가 좋아하는 정당이고 정치인이니까 SNS에서 몰려다니며 위력을 과시한다. 지지층끼리 강한 확신을 주고, 반대 집단엔 강한 반발과 공격을 하는 이상한 문화가 생겨났다. 여기에 표가 되니 정치인들이 가세하는 것도 걱정스럽다. 일부 시민단체도 정부라는 공식기구의 감시자 역할을 포기하고 정치 권력과의 우호적 연대를 보이기도 하며, 각종 정부정책을 외곽에서 지지하는 형국이다. 조국 사태가 대변하듯 1980년대 학생운동 세대 이후, 시민단체의 주류를 형성한 이들이 온통 친분의 네트워크 속에서 그들이 그토록 비판했던 선배 세대의 연줄문화를 답습하고 있다. 우리끼리니까 도와주고, 봐주고, 가끔은 법도 어기고, 그래도 이들은 민주화를 했다는 자부심만으로도 당당하다. 아빠엄마 세대의 이런 모순을 보며, 현재의 10대, 20대는 무슨 생각을 하고 있을까?

소득 격차의 확대도 걱정이다. 무엇보다 1971년생이 사회초년생에서 경력을 쌓아 중산층으로 편입해 간 경로를 지금의 20대, 30대가 따라갈 수 있을지 의구심이 크다. 기회가 줄어들었기 때문이다. 우리나라 역사상 교육에 가장 많은 투자를 가장 잘 받은, 그래서 가장 높은 역량을 갖춘 이들이 산업 구조조정의 지체로 직장의 중심에 들어가지 못하고, 여전히 변두리에 있다. 결혼을 늦추고, 출산은 생각지도 않고, 아예 연애도 못 하겠다는 이들의 아우성을 해결할 수 있는 방법은 하나뿐이다. 사회에 좋은 직장, 일자리가 많이 생겨야 한다. 그리고 이런 일자리는 정부가 아닌 민간에서만 만들어질 수 있다. 민간에서 좋은 일자리가 많아지려면, 새로운 도전이 많아져야 하고, 성공한 사업이 많아져야 한다. 카카오와 같은 이전에는 없었던 새로운 기업이 많이 생겨야만 하는 것이다.

정부가 돈을 너무 많이 쓰는 것도 문제다. 살 만해졌으니 좀 쓰고 살자는 말도 한다. 맞다. 그런데 부자 삼대 못 간다는 말도 있다. 나라 곳간의 어려움이 10년 내 우리

나라 경제를 위협할 수도 있다는 예측에도 지금 재정 여력이 되니, 위기이니 쓰자고, 전 국민에 30만 원씩 100번은 줄 수 있다고, 이 말을 다 믿진 않겠지만 또 어떤 사람들은 상당히 그럴듯하게 여기는 세상이 황당하다. 코로나에 어려우니까 어쩔 수 없다고? 글쎄, 한번도 겪어 보지 않은 코로나 대유행 사태를 맞아 각국이 격리하며 고군분투하지만, 10년쯤 지나 이 시기를 돌아보면 실수만이 도드라지지 않길 바랄 뿐이다.

무엇을 해야 할까? 지금이라도 연금이나 건강보험 같은 재정 부담이 눈덩이처럼 커지고 있는 부분을 조정하기 위한 사회적 합의에 나서야 한다. 미래 세대와 현재 세대가 서로 양보하는 타협이 필요하다. 물론 현재 세대가 더 많이 양보할 수밖에 없다. 그래야 미래 세대의 부담을 덜 수 있을 테니까 말이다. AI를 중심으로 한 4차 산업혁명 시대라고 말만 하지 말고, 바뀐 시대에 적응할 수 있도록 규제제도를 쇄신해 혁신적인 기업을 많이 탄생시켜야 한다. 그래야 지금의 청년들을 한 명이라도 더 정규직으로 만들 수 있는 일자리가 생길 수 있다. 좋은 공기업이 많아야 좋은 사회가 되는 게 아니고, 좋은 기업이 많아야 좋은 사회가 된다. 좋은 기업은 좋은 일자리를 만들지만 좋은 공공기관은 이것이 어렵다. 좋은 공기업이 억지로 만드는 일자리는 오히려 좋은 공기업의 경쟁력을 약화시킬 수도 있다. 일이 있어야 일자리가 있는 것이지, 일자리를 만든다고 일이 만들어지지는 않기 때문이다. 그런데 이게 가능하려면 멀쩡히 영업하던 타다를 못하게 만든 지금의 정치권이나 정부의 실력으로는 어림도 없다. 이보다 더한 기득권을 내려놓는 개혁은 아직 시작도 하지 않아서다.

그래서 걱정이다. 미래를 준비해야 할 긴박한 10년의 시작을 맞아, 코로나에, 아마추어의 인기 영합 정책들에 우리 사회가 너무 좌충우돌하고 있어서. 지금이라도 사회 전체의 방향을 고민하는 제대로 된 고민과 근본적인 대책이 필요하다. 40대, 50대 등 우리 사회의 기득권이 아닌 어른 세대의 모순을 이해하려 하는 20대와 30대를 위한 대안이 필요하다. 현재 기득권을 누리고 있는 민주화 세대의 국가 경영과 사회진단 방식으로는 대한민국 극성기 이면에 있는 우리 사회의 심각한 과제를 해결할 수 없다.

함께 못사는 나라로 가고 있다
미래 세대를 위한 대한민국 만들기

그러려면 우리 사회에 대한 제대로 된 진단이 필요하고, 이에 기반한 대안이 필요하다. 10년쯤 후 우리 사회가 잘 나가고 있다는 지금의 생각이 착각이었음을 깨달을 때면 이미 늦었다. 비교적 쉽게 중산층이 돼, 부동산 가격도 올라 안심인 1971년생의 문제가 아니다. 지금은 어린, 젊은 미래 세대의 문제다.

우리 사회, 도대체 무엇이 잘못됐고, 어떻게 해야 할까? 이제 본격적으로 대한민국의 현재를 진단하고, 문제 해결 방법을 진지하게 제시하고자 한다. 대한민국이 점점 못사는 나라로 가고 있는 것 아닌가 하는 걱정을 담아, 이상주의에 치우친 정책에 대한 진단, 초심을 상실한 것 같은 시민단체의 문제, 정부를 만능으로 보는 풍조에도 경종을 울리고자 한다. 이를 극복하기 위해서는 시장의 문제 해결 능력을 이해하고, 정부의 대표적 정책 수단인 재정과 규제가 어떻게 관리돼야 할지도 제안할 것이다. 그 외 교육과 소득양극화 해소와 같은 미래를 위한 투자에 대한 제언도 하고자 한다.

함께
못 사는 나라로 가고 있다

제1부
대한민국, 길을 잃다

chapter 1
함께 못사는 나라로 가고 있다

함께 못사는 나라로 가고 있다

'함께 잘사는 나라'는 아주 강한 흡인력을 갖는 정치적 구호다. 성장은 했으나 '함께' 잘살지는 못했으니 이제 그런 나라를 만들자는 말이다. 여기에 덧붙여 한국이 세계에서 소득불평등이 가장 심한 나라라는 그릇된 정보까지 곁들이면 대중은 분노하면서 이를 시정하겠다는 정부에 갈채를 보낸다. 그러나 이 구호에는 오해의 소지가 적지 않다. 한국이 이제까지 함께 잘사는 나라의 길로 발전하지 않았다는 전제를 깔고 있기 때문이다. 과연 그런가? 한국은 이제 G20(선진 20개국) 수준을 넘어서 G7(선진 7개국)에 초청되는 나라로 발전했다. 경제 개발이 본격적으로 시행된 이후 60년 간의 여정이 모두 '함께 잘사는 국가'를 만드는 노력이었다. 그리고 한국은 성공했다. 1인당 국민소득 3만 달러 수준 국가로 발전했다. 이것을 세계는 '한강의 기적'이라고 칭송한 지 오래다.

그래서 '함께 잘사는 나라를 만들자'라는 구호는 이제까지 우리의 노력과 결실을 폄하하고 훼손하는 자기부정적 구호다. 부자와 가난한 자의 격차가 벌어졌기 때문에 함께 잘사는 나라가 아니라고 주장할 수도 있다. 그러나 냉정히 생각해 보자. 소득최하위 계층의 삶이 개선됐는지 악화됐는지? 미국 철학자 존 롤스(John Rawls)에 따르면, 소득최하위 계층의 삶이 어제보다 내일 더 나아지면 정의로운 사회다.

한국의 소득최하위 계층의 삶이 과연 10년, 30년, 60년 전과 비교했을 때 매년 더 개선됐는가, 악화됐는가? 두 번의 경제위기를 제외하면 한국은 지속적으로 '함께 잘사는' 정의로운 사회의 길을 걸어왔다.

그러나 나의 삶이 나아졌는지, 악화됐는지에 대한 사람들의 인식은 단기적이다. 1990년대 생은 1960~80년대의 삶을 알지 못한다. 인간은 나의 인식 체계에 들어와 있지 않은 옛날과 현재를 비교할 수 없다. 게다가 하루하루의 삶을 비교하지 10년 전 나와도 잘 비교하지 않는다. 10년 전에 비해 소득이 5배가 늘었어도 당장의 연봉이 동결되면 고통이다. 학자들은 이를 현재편향(present bias)이라고 말한다. 미래, 과거보다 오늘이 내게는 중요한 것이다. 현재가 불편하면 불행한 삶이다. 함께 잘사는 나라라는 구호는 인간의 바로 이 점을 비집고 들어가 사람들에게 지지 심리를 자극한다.

그러면 따져 보자. 문재인 정부 집권 이후 4년차를 맞은 지금 함께 잘사는 나라로의 전진에 어떤 성과가 있었는지. 2020년 8월 경제협력개발기구(OECD)가 한국경제보고서를 발표했다. 이를 요약한 기획재정부의 보도 참고자료를 보고 잠시 혼동이 일었다. 한국경제 이상무(異常無) 선언서다. 큼지막한 파란 글씨로 강조한 내용은 이렇다. '회원국 최초 성장률 상향, 올해 성장률 회원국 중 월등한 1위', '위기 상황에서 신속 효과적인 정책 대응으로 성공적인 경제 운영' 등등이다. 코로나로 세계가 어려움을 겪을 때 한국은 암흑 속의 등대처럼 독야청청했다는 말이다.

그런데 이상하게도 대통령이 OECD에서 가장 심각하기 때문에 역점을 둬 해결하겠다고 한 경제적 불균형에 대한 내용은 없다. 성장보다는 분배에 역점을 둬 함께 잘사는 나라를 만든다 하지 않았는가. 그러나 분배에 대한 설명 없이 성장률만 자랑한다. 별첨 자료를 봐야 확인할 수 있을 뿐이다. 세계 1위라는 성장률도 마이너스 2%다. OECD가 발표한 요약보고서(Executive Summary)의 정확한 표현은 이렇다. "다른 나라들에 비해서 비교적 감소폭이 적긴 했지만 GDP는 감소했다." 감소했다는 데 방점이 있지 덜 감소해서 잘했다는 말이 아니다. 이나마 2021년에는 한국의 성장률 순위가 34위로 떨어질 것이라고 OECD는 전망하고 있다.

　OECD의 요약보고서는 한국 측 보도 참고자료와는 달리 소득불평등 문제를 3대 정책 이슈 중 두 번째로 비중 있게 지적하고 있다. "임금 양극화와 제한적인 재분배 정책으로 소득불평등도가 상대적으로 높다"고 분석했다. 불평등 수준이 "개선되지 않았다"는 평가다. OECD에서 가장 높은 수준인 노인 빈곤율 문제도 지적했다. 결국 OECD 보고서는 "포용성이 개선됐다"가 아니라 "포용성을 개선하라"는 권고에 더 방점을 두고 있다. OECD가 보기에 한국 정부는 포용정부 실험에서 큰 성과를 내지 못하고 있는 것이다.

　OECD 보고서가 지적하듯, 우리는 함께 잘사는 나라로 가고 있다는 증거를 찾을 수 없다. 빈곤층 인구는 문재인 정부 출범 후 25% 늘었다. 박근혜 정부 4년 간 늘어난 수치보다 2배 이상 더 많다. 저소득층 일자리는 50만 개가 없어졌다. 비정규직과 정규직 간 임금 격차는 2004년 통계 작성 이래 최대로 확대됐다. 비정규직은 월 171만 원을 받는데 정규직은 거의 배에 가까운 323만 원을 받는다. 이 격차는 2017년에 비해 19% 증가한 것이다. 비정규직의 비중도 확대일로다. 비정규직의 정규직화가 이 정부의 공약 중 하나지만 현실은 반대다.

　매년 수십조를 들여 일자리를 창출한다고 하지만, 대부분 저임금 고령층 일자리다. 청년들은 취직할 곳이 없다. 취업할 생각조차 없이 그냥 쉬었다는 인구도 235만 명으로 늘었다. 코로나 때문에 경제가 어려워서 그랬다? 아니다. 취업 포기자는 2017년에 이미 173만 명에 달했으며 매년 증가해 왔다. 그렇다고 전체 취업률이 좋은 것도 아니다. OECD 2020 한국경제보고서는 한국의 15~64세 취업률이 OECD 회원국 37개 국 중 28위라고 분석했다. OECD 회원국 평균에 미달함은 물론이다. 양질의 일자리도 사라지고 있다. 제조업 취업자 수는 문재인 정부 출범 후 한 해도 늘지 않았다. 오히려 줄어들어 2020년에는 21만 개의 제조업 일자리가 없어졌다.

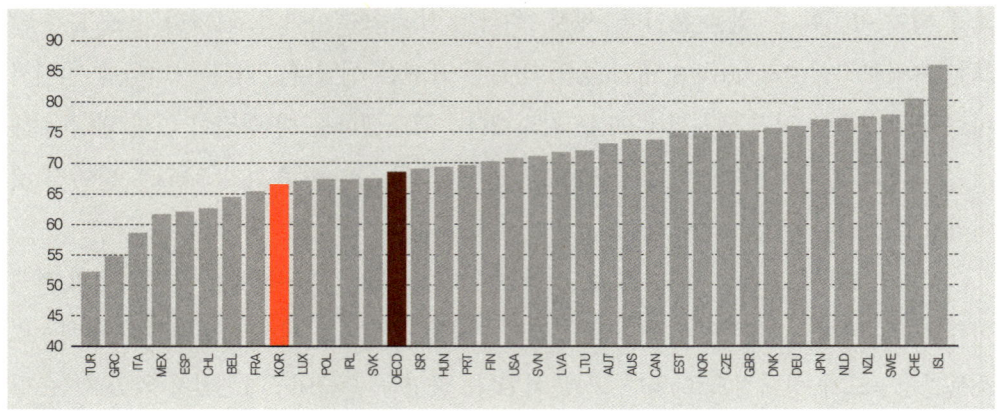

출처: OECD, 'OECD Korea Economic Surveys 2020, p.32.

OECD에서 하위 9위에 해당하는 15~64세 취업률

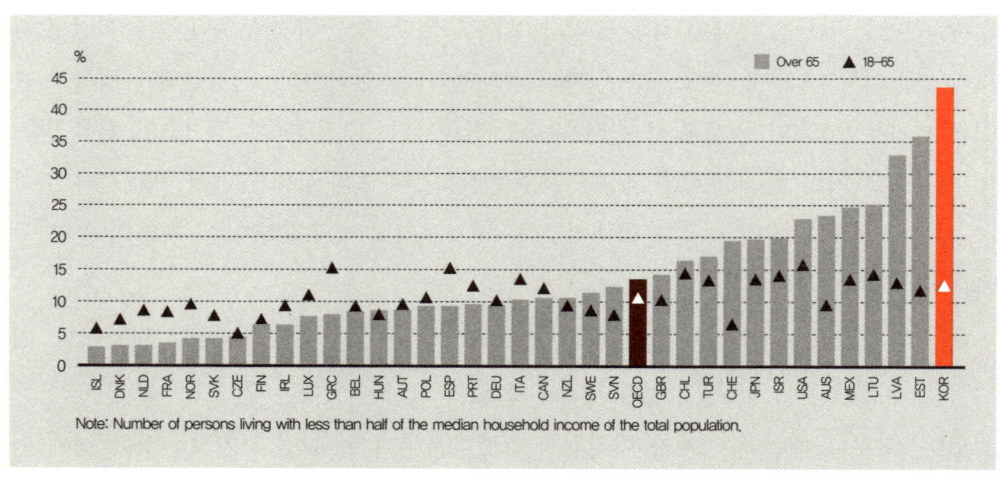

출처: OECD, 'OECD Korea Economic Surveys 2020, p.72.

노인빈곤율 OECD 최악

정부의 부동산에 대한 인식은 부자들의 축재 수단이라는 것이다. 한마디로 투기꾼들의 난장판이라는 인식이다. 그래서 반드시 때려잡겠다고 했다. 그러나 잡히지 않았다. 부동산 등 자산가격의 급격한 증가는 가진 자와 못 가진 자 사이의 소득불균형을 거꾸로 최대화시켰다.

소득이 없는 은퇴 노인들의 삶도 빡빡해졌다. 집 한 채 갖고 살고 있는데 부동산 보유세 등 세금 폭탄이 여기저기서 터진다. 평생 모아 저축한 돈으로 생활비를 충당하는데 세금으로 거둬 가니 노인들이 쓸 수 있는 돈은 줄어들 수밖에 없다. 따라서 OECD 최고라는 노인빈곤율은 개선보다는 악화의 길을 걸어갈 확률이 더 높다.

모든 통계의 추세가 말하는 것은 하나다. 설령 올해 코로나 국면에서 벗어나 지표가 개선되더라도 함께 잘사는 나라가 됐다는 증거는 찾을 수 없을 것이라는 점이다.

지금 우리가 걱정할 문제는 과연 한국이 외환위기, 2008년 글로벌 금융위기 이후 처음으로 다시 함께 못사는 나라로 후퇴할 것인지의 여부다. 성장과 분배의 선순환이 깨지면 함께 못사는 나라로 가는 거다. 상위 소득계층과 하위 소득계층의 격차만 봐서는 안 된다. 최하위 계층의 삶이 개선되고 있는지도 함께 판단해야 한다. 상대 빈곤 못지않게 절대 빈곤도 살펴야 한다. 함께 못사는 나라라는 말은 상대 빈곤도 악화되고 절대 빈곤도 악화되는 상황을 말한다. 성장 없이 분배에 치중하는 정책이 부른 파국이다. 문재인 정부의 정책 기조가 바로 이렇다.

정부가 성장을 외면하고 있다고 말하면 당장 반박이 날아올 것이다. 성장을 말하기는 하지만 성장하는 방법을 모른다고 표현하는 게 더 정확한 표현일 수 있다.

우선 경제를 혁신 부문과 비혁신 부문으로 나누는 오류를 범하고 있다. 구 산업, 즉 자동차·조선·철강 등 한국의 대들보 산업은 혁신 부문이 아니라고 생각한다. 그러나 이는 엄청난 오해다. 4차 산업혁명은 기술 인프라를 말하는 것이지 산업의 특정 부문을 말하는 게 아니다. 이 기술 인프라는 자동차산업, 반도체산업부터 봉제, 교육, 택시, 심지어 편의점, 마스크 제조업에 이르기까지 전통 제조, 서비스업에서 이전에 불가능했던 생산성 혁신과 새로운 사업 모델의 탄생과 번창을 가능케 한다. 예를 들어 미국 전자상거래 업체 아마존은 전자동 봉제공장 특허를 출원했다. 자동차는 자율주행차로 곧 바뀐다. 철강공장이 제조판매업에서 철강제품의 생태계 전체를 연결하는 플랫폼회사로 바뀐다. 이제 한국에서도 무인 편의점을 쉽게 발견할 수 있다. 스스로 혁신하면 혁신기업이 되는 거고, 과거에 머물러 있으면 도태되는 것이다. 혁신산업과 비혁신산업의 구분은 이 세상에 존재하지 않는다.

두 번째 오류는 대기업 없는 성장이 가능하다는 생각이다. 지금 정부는 이 역시 사실이 아니라고 부인할 것이다. 아마도 대통령이나 총리가 대기업 회장들을 얼마나 자주 만나고 격려하고 있는지 면담 횟수를 공개하며 반박할 것이다. 그러나 만나면 뭐하나? 대기업들의 애로를 속 시원히 풀어준 적이 있는가? 1분 1초가 바빠야 할 대기업 회장들을 그렇게 자주 소환하는 정부도 선진국에서는 아마 대한민국밖에 없을 것이다. 대기업 회장들을 이렇게 노력 봉사를 시키고도 대기업의 성장을 가로막는 정책을 집행하는 데는 한 치의 흔들림이 없다. 대기업의 지배구조를 옥죄고 경영상의 권한을 빼앗고, 국민연금을 통해 통제하려 한다. 반기업적이고 반시장적인 정책의 대홍수다. 여당 대표는 고 이건희 회장의 죽음에 대해 논평하면서 "안타깝다"면서도 "재벌 중심의 경제구조 강화, 노조 불인정, 불투명한 지배구조, 조세 포탈, 정경 유착의 그늘을 남겼다"며 삼성에 "새롭게 태어나라"고 주문했다. 국민들에게 "너무 슬퍼하지 마, 알고 보면 삼성 나쁜 짓 많이 했어"라고 속삭이는 셈이다. 한국 최고 기업 총수가 세상을 떠난 날 낸 논평치고는 참 속 좁고 옹색하기 그지없다. 전체 기업 매출의 48%, 영업 이익의 61%, 고용의 20%를 담당하고 있는 대기업에 대한 인식이 이러하니 이들이 포부를 펴고 제2, 제3의 도약을 꿈꿀 수 있겠는가.

세 번째 오류는 한국 경제의 범주를 5천 2백만 명이 사는 한반도 내로 한정해서 생각하는 폐쇄주의적 발상이다. "수출해서 좋은 게 뭐 있냐"라는 그릇된 인식이다. 한국이 단군 이래 처음으로 세계 강국이 된 힘은 전 세계 78억 인구를 대상으로 장사한 결과다. 비록 공장은 한국에 있어도 물건은 세계로 내다 팔았다. 그러나 언제부터인가 수출해도 국민경제에 도움이 되지 않는다는 발상이 자리 잡기 시작했다. 한국이 도대체 갖고 있는 자원이 무엇이 있나? 사람을 제외하면 자원이 없는 나라다. 한국은 사람을 자원으로 세계를 대상으로 무역함으로써 여기까지 성장해 왔다. 수출해도 돈이 남지 않을 수는 있다. 그러나 적어도 국내에 반드시 필요한 일자리를 수출기업들이 제공해 왔다. 그러나 무역을 중시하고 격려하는 분위기가 어느새 사라지고 있다. 한국의 수출액은 2020년 5,128억 달러, GDP의 3분의 1에 가깝다. 무역수지에서 흑자만 820억 달러를 챙기고 있다. 한국은 여전히 수출 주도형 국가며 수출의 시계가 멈추면 한국의 성장도 멈춘다. 한반도에 바글바글 모여 사는 5천만 국민에게 성장의 과실을 나눠 줄 생각을 하기 전에 제품과 서비스의 교역을 통해 부(富)를 더욱더 창출해서 국민 전체의 소득 수준을 높이고 일자리를 많이 만드는 생각을 해야 한다. 이것이 바로 지속 가능한 분배 문제 해결 방식이다. 신흥개발국의 추격으로 수출환경이 어려워진 것은 사실이다. 그러나 오늘날 교역은 제품에 한정되지 않는다. BTS를 보라. 얼마나 자랑스러운 Made in Korea인가. 특히 한국이 그렇게 자랑하는 ICT 분야는 제품이 아니라 서비스를 놓고 보면 교역에서 사각지대다. 세계지적재산권기구(WIPO)가 발표하는 글로벌혁신지수(Global Innovation Index)에 따르면, 전체 교역에서 차지하는 ICT 서비스 비중이 수출은 세계 89위, 수입은 세계 108위다. 그러나 누구도 이에 대해서는 관심이 없는 듯하다.

혁신에 대한 오류, 대기업 없는 성장에 대한 착각, 한국 경제의 영역을 5천만 한반도로 좁게 보는 폐쇄주의적 사고의 결과는 뻔하다. 성장과 분배 선순환의 기회가 사라지는 것이다. 대한민국 경제의 쇠퇴가 불가피하다는 말이다. 함께 못사는 나라는 이미 진행되고 있다.

기업을 해외로 내몰고 있다

'해도 해도 너무한 건설노조 조폭식 갑질.' 한 매체가 2년 전 보도한 건설 현장 실태다. '새벽 야간집회 등 의도적 민원 발생, 현장 출입 봉쇄 불법집회, 불법체류 외국인 근로자 검사 및 비노조원 현장 출입 봉쇄, 회사 기물 훼손, 현장관리자 폭행, 합의 없는 작업시간 준수 강요, 타노조근로자 해고 종용…' 건설 현장인지 무법천지인지 헷갈린다.

2년이 지난 지금 이러한 불법은 사라졌을까? 절대 아니다. 청와대 국민청원을 보면 알 수 있다. 건설 현장을 둘러싼 민노총 계열과 한노총 계열의 압박과 불법을 호소하는 청원이 여전히 꼬리를 물고 올라오고 있다. 그중 한 청원은 "노동자가 노동자를 착취"할 뿐 아니라 "노동자를 위험, 죽음으로 내몰고 있다"고 적고 있다. 물론 청와대는 답변하지 않는다. 대부분 청원 동의 수가 답변 요건을 채우지 못하기 때문이다. 대답 없는 메아리. 그럼에도 절규한다. 지푸라기라도 잡는 심정이기 때문일 게다.

건설 현장의 문제만이 아니다. 한국 경제 전반에 걸쳐 노조는 짐이 된 지 오래다. 대한민국 사람이라면 모두가 안다. 노조는 모를까? 노조도 안다. 차이가 있다면 노조는 그 위치를 즐기고 있을 뿐이다. 민주당, 국민의힘, 민노총 중에서 누가 더 힘이 셀까? 민주당이라고 답하면 바보다. 민노총이 한국에서는 절대 권력이다.

노사분규로 발생하는 노동 손실 일수를 살펴보자. 2015년부터 2019년까지 5년 간 합계가 약 430만 일이다. 연평균 86만 일이다. 숫자만 보면 느낌이 없다.[1]

OECD 국가들과 비교해 보자. 같은 기간 동안 노동 손실 일수를 보고한 OECD 회원국 25개국 중 15개국에서는 노동 손실이 전혀 없는 해가 있었다. 반대로 매년 노동 손실이 발생한 나라는 10개국이다. 한국은 이 중에서도 두드러진다. 5년 간 노동 손실 일수가 캐나다의 6백만 일 다음으로 많기 때문이다. 당당한 은메달이다. 비교적 쟁의가 많이 발생하는 스페인, 독일, 네덜란드도 한국보다는 적다.

특히 한국에서는 상대적으로 조용한 해가 전혀 없다. 노사분규에 관한 한 세계적으로 유명한 '꾸준함의 대명사'다. 노동쟁의가 매년 100건 이상씩 발생한다. 노동 손실 일수가 연간 40만 일 이하로 떨어진 해가 없다. 이 점에서 겨룰 수 있는 나라는 캐나다와 스페인뿐이다. 독일만 해도 분규가 적은 해는 손실 일수가 13만 일까지 떨어진다(**최대 109만 일**). 폴란드의 경우는 가장 적은 해의 노동 손실이 3,700일에 불과하다(**최대 40만 일**). 네

---

[1] 통계청 국가통계포털(KOSIS)에서 OECD 통계를 인용함. 손실 일수는 각국의 정의가 다소 차이가 나 절대적인 기준으로 비교할 수는 없음에 유의.

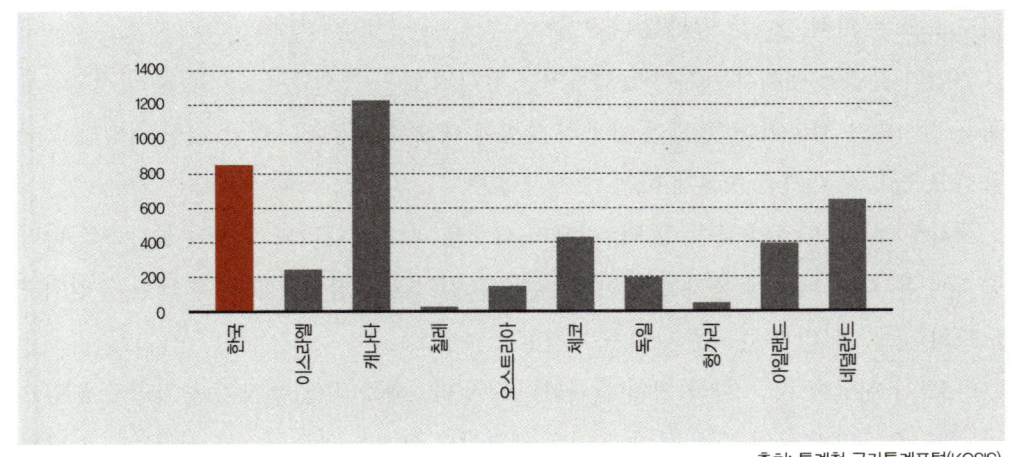

출처: 통계청 국가통계포털(KOSIS).

연평균 노동 손실 일수(2015~2019, 단위: 천 일)

덜란드는 최대 39만 일, 최소 1만 9천 일이다. 한국에는 노사 화합의 해가 전혀 없는 반면 대부분 나라는 싸울 때 싸우더라도 간혹 화목을 과시한다는 말이다. 한마디로 한국에서는 쟁의가 노사 현장의 '양념'이 된 지 오래다.

더욱 큰 문제는 한번 쟁의가 발생하면 끝까지 간다는 점이다. 대개 경영진이 항복해야 정리된다. 제동장치가 있어도 작동하지 않는다. 한국외국기업협회장은 한국경제와의 인터뷰에서 "노사 갈등이 일어났을 때 중앙노동위원회가 실질적인 중개 역할을 하지 못해 결국 파업으로 이어진다"고 말한 바 있다. 노조의 물리력 행사를 견제할 세력이 한국에는 없다는 말이다.

노조는 이에 더해 정치적 권력까지 손에 넣고 있다. 문재인 정부 들어 민노총은 정부의 각종 위원회에 대표를 파견하고 있다. 2019년 6월 현재 53개 위원회에 민노총 일꾼이 들어가 있다. 일자리위원회에 참여하는 것은 당연하다. 그런데 저출산고령화사회위원회, 국민연금운용위원회, 건강보험정책심의위원회 등 노사 이슈와 다소 거리가 있는 위원회까지 진출해 있다. 정부 각종 위원회 10곳 중 한 곳에 민노총 대표가 참가한다. 그만큼 노조는 한국에서 무소불위의 신적인 존재가 됐다. 아무도 건드리지 못한다. 코로

나도 노조는 피해 간다는 말이 있다.

　기업의 불법에 대해서는 사방에 번뜩이는 감시의 눈이 존재한다. CCTV로 일거수일투족을 감시받는 형국이다. 반면에 노조의 불법에 대해서는 당하는 쪽만 있지 처벌하고 규율하고 '반드시 대가를 치르게 하는' 주체가 없다.

　생각해 보자. 노조의 불법, 탈법, 강요가 극성을 부리는 나라와 그것이 불가능한 나라 중 당신은 어느 나라에 투자할 것인가. 같은 조건이라면 당연히 파업에 대한 불안이나 노조의 일탈로부터 자유로운 나라에 투자할 것이다.

　바로 이 현상이 지금 한국 경제에 나타나고 있다. 해외 직접 투자는 증가일로에 있으며, 한국으로의 외국인 직접 투자 유입은 제자리걸음이다. 엑소더스가 시작됐다고 말하면 과장이라고 하겠지만 해외로 빠져나가는 투자자금의 규모가 절대 예사롭지 않다.

　최근 해외 직접 투자 동향과 관련해서는 두 가지 주목할 만한 현상이 나타나고 있다.

　첫째, 증가율이 급격히 높아지고 있다. 2019년 844억 달러를 기록해(신고 기준) 2015년 404억 달러보다 100% 증가했다. 투자 실적 기준으로도 같은 기간 100% 이상 늘었다. 문재인 정부 4년 동안(2017~2020년)의 해외 직접 투자 총액은 2,423억 달러. 직전 4년과 비교하면 50% 증가다.

　두 번째 특징은 중소기업 해외 투자 러시다. 중소기업 해외 직접 투자(실적 기준)는 2019년 152억 달러로 전체 투자의 25%를 차지했다. 4년 만에 그 비중이 9%포인트 높아졌다. 152억 달러는 2015년과 비교하면 200% 증가한 규모다. 개인 투자도 같은 기간 2배 증가함으로써 중소기업의 해외 투자 러시에 개인들도 가세하는 모양새다.

　반면에 한국으로의 외국인 투자 유입은 2015년 처음으로 200억 달러(신고 기준)를 기록한 이후 200~270억 달러 박스권에서 지지부진하다.

　이에 따라 해외 투자 역조 규모도 최근 빠르게 증가하고 있다. 해외 투자 역조는 2011년 328억 달러로 최고치를 기록한 후 2014년 169억 달러까지 추세적으로 감소했다. 이것이 다시 증가하기 시작해 2019년에 611억 달러의 역조를 기록했다. 2018년까지 한국은 해외 투자 신고액이 600억 달러를 넘은 적이 없다. 그런데 2019년 한 해에만 600억 달러 이상의 투자 역조가 나타난 것이다(그림 참조).

(해외 직접 투자 – 외국인 국내 투자, 신고 기준, 억 달러)

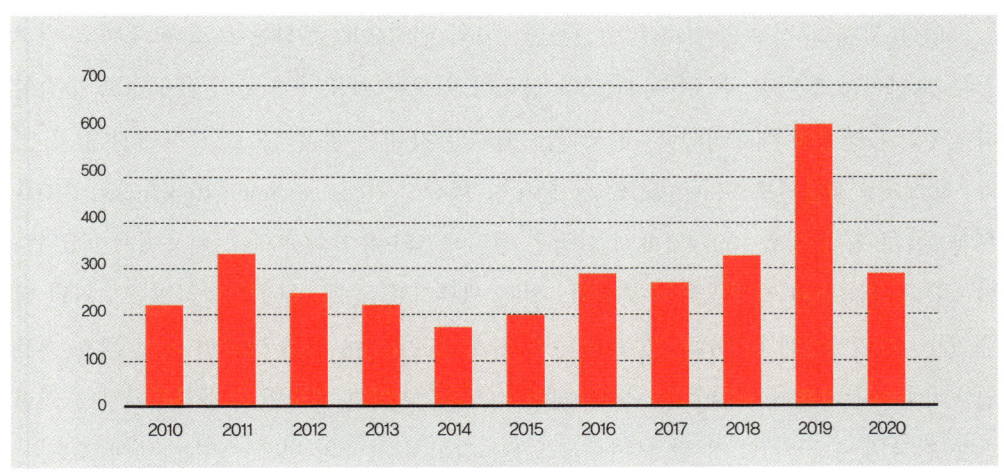

출처: 수출입은행 '해외직집투자 동향분석', 산업통상자원부 '외국인 투자동향' 등.

해외 투자 역조

　정부가 2018년 사상 최대 규모의 외국인 직접 투자를 유치했다며 팡파르를 울리는 그 순간에도 해외 투자 역조는 2010년 이래 가장 큰 수치를 기록하고 있었다. 어쩌겠는가, 모든 정부는 불리한 것은 숨기는 속성이 있으니. 해외 투자 역조가 피크에 달했던 2018년과 2019년은 두 해 연속 국내 설비 투자가 감소한 해이기도 하다. 2010년 이래 연속된 설비 투자 감소는 이때가 처음이다. 민간의 투자 심리가 극도로 얼어붙은 가운데, 해외로의 탈주 행렬이 이뤄졌던 것이다.

　물론 이같은 국내 투자 기피 현상을 모두 노사관계 때문이라고 말할 수는 없다. 2018~19년에는 최저임금 인상률이 연속해서 두 자릿수를 넘겼다는 변수도 있었다. 주휴수당을 최저임금 계산에서 제외하기도 했다. 주52시간 근무제도 전격 시행됐다. 전반적으로 기업의 수익에 영향을 미치는 너무나 큰 변화가 숨고를 겨를 없이 몰아치던 시기다. 이런 변수도 기업인들로 하여금 해외로 눈을 돌리게 하는 계기가 됐을 것이다. 여기에 더해 기업에 대한 배척, 존중심의 상실 등도 한국에서 기업하고자 하는 마음을 접게 만드는 요소로 작용했을 것이다.

그러나 문재인 정부 들어서 명실상부한 제1의 권력으로 부상한 노조의 행태도 결코 작은 요인이라고 말할 수 없다. 노조가 강력하면 모든 제도가 노조의 요구대로 수렴한다. 고용 유연성이 대표적이다. 한국에는 해고의 자유가 실질적으로 보장되지 않고 있다. 세계지적재산권보호기구(WIPO)의 글로벌 혁신지수(Global Innovation Index: GII)를 보자. 전체 평가 대상 139개국에서 한국은 정리해고의 유연성과 해고 비용에서 109위를 기록했다. 제3세계 저개발국 수준이다. 전체 세부지표 80개 중에서 한국이 100위권 밖에 있는 지표가 2개 더 있다. 그중 하나가 경제 규모(GDP) 대비 외국인 직접 투자 순유입액이다. 이 지표가 110위다. 노사관계의 비효율, 그리고 외국인 투자자들로부터 외면받는 한국의 현실을 GII가 잘 보여주고 있다. 참고로 한국의 전체 순위는 세계 10위다. 미스매치도 이런 미스매치가 없다.

지금 한국에 필요한 것은 노사관계의 기울어진 운동장을 바로잡는 것이다. 노조를 존중하는 정부의 태도, 당연히 바람직한 일이다. 그러나 노조만큼 기업에도 애정을 쏟아야 한다. 기업을 더 잘 봐주라는 말이 아니다. 적어도 균형감을 되찾아야 한다는 것이다. 기업이건 노조건 불법과 탈법에 동일한 잣대를 들이대야 한다. 노조의 강압으로 기업이 숨 쉴 수 없는 나라에 성장은 있을 수 없고, 성장 없이는 함께 잘사는 나라도 없다.

정치가 사회 갈등을 조장한다

국회의장 직속 자문기구인 국회국민통합위원회가 국회도서관에 등록된 전문가 1,801명을 대상으로 한국의 사회 분열, 갈등 수준을 물었다. 89%가 심각하다고 진단했다. 특히 매우 심각하다는 응답이 49.2%로 절반가량을 차지했다. 그러면 앞으로는 어떻게 될 것인가? 80% 이상이 갈등의 완화보다는 갈등의 악화를 예측했다. 갈등공화국 한국의 현재와 미래를 잘 보여주는 설문 결과다.

갈등이 많아진다는 것은 한국이 민주주의 사회라는 증거일 수 있다. 권위주의 시대라면 갈등이 있어도 봉합된다. 문제가 불거지지 않은 채 안으로 곪는다. 그래서 권위적 전제정부는 이 세상에서 소수이지 다수가 아니다. 곪다 보면 일시에 폭발하기 때문이다. 그러나 민주사회에서는 언제든 반대 의견을 표명할 수 있기 때문에 갈등은 표면화되고 현재화된다. 문제는 갈등을 해소할 수 있는 사회 제도가 제대로 작동하느냐에 달려 있다. 갈등이 민주사회의 당연한 귀결이기는 하나 그것을 해소하고 해결하는 사회 제도가 작동하지 않으면 국가는 만인의 만인에 대한 투쟁의 상태로 혼돈에 빠진다. 이것이 바로 갈등공화국 한국의 상황이다.

갈등 해소 사회 제도 중 최정점에 있는 것이 무엇인가. 바로 정치다. 정치는 근본적으로 국민의 대표자들이 모여, 혹은 국민에 의해 선출된 권력이 정책이라는 수단을 통해 사회 갈등을 최소화하면서 국가를 바람직한 방향으로 이끌어 나가는 과정이다.

그러나 유감스럽게도 한국에서는 정치가 사회 갈등을 해소하기보다는 증폭시키는 방향으로 기능하고 있다. 위의 설문조사에서 분열과 갈등의 원인을 물은 결과 63.1%가 정치적 원인을 갈등의 원천으로 꼽았다. 흔히 자본주의 사회에서의 사회 갈등의 가장 큰 원인으로 거론되는 빈부 격차, 소득불균형, 분배 문제 등 경제적 원인을 꼽은 전문가는 이의 절반에 불과한 30.9%였다. 갈등 해소에 앞장서야 할 정치가 오히려 갈등을 부채질하는 역기능을 하고 있다고 믿고 있는 것이다.

도대체 왜 이런 현상이 나타나고 있는가? 정치행위 자체가 통합적이지 못하기 때문이다. 국민을 통합적으로 이끌어 나가지 않고 분열적으로 이끌고 나갈 때 갈등이 증폭한다. 예를 들어 보자, 한 정부가 대선에서 승리했다. 여러 명의 후보자가 나와 41% 득표율로 1등을 차지했다. 그러면 이 대통령은 41%를 위한 정치를 해야 하나, 자신을 뽑지 않은 다수 국민, 즉 59%의 마음까지 보듬고 정치해야 하나? 59%까지 끌어안는 정치를 하면 갈등이 증폭될 수 없다. 그러나 41%만을 바라보고 정치하면 갈등이 폭발한다. 바로 이러한 현상이 한국에서 나타나고 있는 것이다.

문재인 정부처럼 대통령선거 당시의 공약을 이행하는 데 목숨을 건 정부도 드물다. 대부분 대권을 잡고 정부를 구성해서 현실을 제대로 파악하게 되면 대선공약을 '할 수 있는 것'과 '할 수 없는 것'으로 나눠 할 수 있는 것에 집중한다. 게다가 공약을 만드는 과정에서 가장 크게 영향을 미치는 것은 대선에 임하는 정치집단의 규범적·이념적 성향이다. 자신에게 표를 줄 집단이 선호하는 공약을 내세워야 한다. 그러다 보니 누가 집권하건 대선 공약은 집단의 이념적 규범적 영향으로부터 자유로울 수 없다. 그러나 일단 대통령이 되면 대한민국 절반의 대통령이 아닌 대한민국 전체의 대통령이다. 그러니 이러한 이념적 규범적 공약도 전체 국민 이익의 관점에서 수정하는 것은 당연한 절차다.

그러나 문재인 정부는 표를 찍어 준 지지자들이 선호한 정책을 가감 없이 실행에 옮겼다. 그 결과는 사회 갈등의 증폭으로 나타났다. 대표적인 사례들을 나열해 보면 2017년부터 2019년까지 계속된 주52시간 근무제 도입과 관련된 운수업계 갈등, 2017년 시행된 인천공항공사 비정규직의 정규직 전환 갈등, 2017년 근로시간 단축이라는 노동정책 실천 과정에서 발생한 이마트 근로시간 단축 시행과 그에 따른 이마트·롯데마트·홈플러스 3사 노조 및 마트산업노동조합의 정책 갈등, 2017년부터 2018년까지 교육부가 추진한 수학능력시험 절대평가 전환(2022년 **대입제도 개편**) 갈등, 2017년부터 2018년까지 추진된 공정 10% 미만 석탄화력발전소 건설을 LNG발전소로 변경하는 정책 전환 갈등, 2014년부터 이슈화되기 시작해 2017년 정책 실행 과정에서 사회 갈등으로 확산돼 2018년 헌법소원이 제기된 국내 자사고 폐지 갈등, 2017년부터 2019년까지 진행된 국내 생계형 적합 업종 선정 갈등, 2017년부터 현재까지 지속되고 있는 국내 복합쇼핑몰 영업시간 제한 갈등, 2017년 시작돼 현재까지도 지속되고 있는 건강보험 보장성 강화 정책 실행에 다른 보장성 강화 실효성과 재정 부담 증가에 관한 갈등 등이다.

이 정책 갈등의 공동점을 추려 보면 하나같이 공약이나 정당이 지향하는 이념적 지평을 실현하기 위한 급격한 정책 전환이나 정책 실행을 시도했으며, 실행 과정에서 사회 전반에 상당한 갈등이 유발됐다는 점이다.

그러한 정책의 실행이 원래 추구했던 정책 목표를 달성했다면, 사회 갈등을 무릅쓰고 실행한, 국가 전체의 이익과 발전을 위한 용기 있고 선견지명 있는 정책이라는 평가를 받을 수 있었다. 그러나 주52시간제 근무나 비정규직의 정규직 전환, 근로시간 단축 등은 노동자 보호라는 정책 본래의 취지가 무색할 정도로 그 효과가 적거나 원래의 정책 목표 달성에 실패하기도 했다.

문재인 정부에서 사회 갈등을 현명하게 해결한 사례가 없는 것은 아니다. 대표적인 예가 신고리 5,6호기 건설 중단을 철회한 것이다. 2017년 문재인 대통령은 탈원전/친환경 에너지 정책 기조를 제시하며 신고리 5,6호기의 폐쇄를 공약했다. 신고리 5,6호기는 2012년 한국수력원자력이 원자력안전위원회에 건설 허가를 신청한 후 2014년 1월 정부가 실시계획을 승인했으며, 2016년 6월 원자력안전위원회에서 건설허가안을 의결하고 공사를 진행했다. 이를 중단한다는 공약을 내세운 문재인 정부는 다른 정책과는 달리 신중을 기했다. 2017년 6월 27일 문재인 대통령 주재 국무회의에서 신고리 5,6호기 공사 일시 중지 및 공론화위원회를 구성해 공론조사를 거쳐 건설 지속 여부를 결정할 것을 의결했다.

이에 따라 7월 24일 공론화위원회가 출범하고 이후 총 14차례의 정기회의화 각종 설문조사, 토론회, 이해관계자 협의회 등을 거쳐 10월 20일 '공사 재개'를 주요 내용으로 한 정부 권고안을 제출했다. 정책 결정에 의한 원자력발전소 건설 중지는 찬성 지역 주민, 반대 지역 주민, 원자력발전소 건설사업자, 한국수력원자력 등 직접적 이해관계자의 복잡한 이해관계 변화를 야기했을 뿐만 아니라 에너지원으로서 원자력 발전과 친환경 발전이 갖는 장점과 단점에 관한 논쟁을 불러일으켰다. 결론 없는 논쟁이 격화되는 상황에서 정부는 공론화위원회의 권고안을 수용해 신고리 5,6호기 건설 재개를 결정했다.

이 사례의 특징은 공론화라는 합의 가능한 소통구조를 만들어 신고리 5,6호기 건설이라는 직면한 문제의 해결 방법에 대한 승복할 수 있는 결과를 도출한 거의 최초의 정책 갈등 사례라는 점이다. 이처럼 훌륭한 틀을 만들었으면 다른 많은 정책 과제에도 이를 시도하는 노력이 있어야 했다. 최저임금제, 주52시간 노동제, 정규직의 비정규직 전환, 월성 1호기 수명 연장 불허 등에 대해서도 비슷한 방식의 갈등 해소 프로세스가 있었어야 했다.

그러나 현실에서는 이것이 작동하지 않았다. 정부의 밀어붙이기 정책이 잇달았고 갈등은 증폭됐다. 이런 유형의 정책 갈등이 늘어나는 것은 이른 시간 안에 정책 성과를 내겠다는 전형적인 성과 조급증에서 비롯되기도 하지만, 실제 정책 대상 집단의 이해관계와 유인구조가 어떻게 바뀌는지 꼼꼼히 따져 보기 어렵다는 점을 간과한 지나치게 이상적인 정책 접근이 그 원인이 되기도 한다. 아무리 이념적으로 규범적으로 바람직한 정책이 설계되더라도 실제 정책을 구현하는 현장에서는 이해관계자의 구획이 어렵고, 권리 혹은 이해관계의 변화에 대한 당사자의 요구가 획일적이지 않으며, 정책을 학습하고 대응하는 과정에서 행위자들이 어떤 선택을 할지 알 수 없는 경우가 더 많기 때문에 어떤 정책 효과가 발생할지 예측하기 어렵다. 이런 상황임에도 불구하고 점진적이거나 조정에 기반한 정책 추진이 아닌 획기적이고 파격적인 정책을 설계하고 집행한다는 것은 하나의 모험이며, 정책에 의한 갈등과 부작용의 소지는 오히려 크다고 볼 수 있을 것이다.

이념적·규범적 정책 집행이 이해관계의 변화를 초래하는 경우, 그 갈등은 더욱 증폭된다. 2018년 발생했던 유치원 공공성 강화 사례나 2017년 발생했던 게임중독 질병 분류 갈등이나 세월호 추모공원 설립 갈등, 2018년 '쏘카' 자회사인 VCNC에 의해 서비스가 시작된 차량공유사업 '타다' 서비스를 둘러싼 갈등 등이 대표적인 예다. 자신의 기득권이 조금이라도 침해된다면 사람들은 자신이 지향하는 이념도 버리고 길거리에 나와서 데모한다.

정부가 존재하는 이유는 이러한 사회 갈등을 해소해 공동체의 건강성을 유지하는 것이다. 이러한 정부의 책무를 방기하고 스스로 사회 갈등의 폭풍 속을 걸어 들어가는 정부라면 결코 국민 다수를 위한 정부라고 말할 수 없다.

사회 갈등이 모두 정부 탓인 것도 아니다. 갈등 주체들의 민주적 역량 또한 중요한 변수다. 많은 사례에서 우리는 민주주의 작동 원리 중 하나인 대화와 토론, 타협의 정신이 존재하지 않음을 목격하고 있다. 갈등 당사자들이 대화와 협상, 상대방 입장에서 생각하기 등을 통해 공감대를 확보하고 문제를 풀어가기보다는 폭력적이고 일방적인 자기 주장과 소위 떼쓰기 전략을 반복하고 있다.

이런 상황에서 세상이 시끄럽다는 비판은 실제 갈등 해결에 도움이 되지 않는다. 게다가 갈등 문제를 해결하는 방법으로 정부의 권위적 개입이나 강제적 규제가 동원될 경우

당사자들의 순응을 확보하기 어려울 뿐만 아니라 소모적 대립을 야기하게 된다.

더욱 큰 문제는 이러한 갈등이 시장에 미치는 영향이다. 경쟁과 사익 추구를 보장하는 자본주의 시장제도하에서 많은 시장 행위자는 새로운 제품의 개발과 이윤 창출을 위해 끊임없이 노력하게 된다. 그 결과물은 혁신을 통한 새로운 제품이나 서비스 개발로 연결되며, 경쟁 메커니즘을 통해 소비자 편익을 증진하는 방향으로 작동하게 된다.

그러나 법과 제도가 신기술의 시장 진출을 어렵게 하고 있는 경우나 새로운 제품이나 서비스에 대한 기준이 마련되지 않은 상황에서 신규 사업자가 시장 진출을 꾀할 경우, 기존 시장의 수혜집단과 갈등을 피하기 어려운 경우가 많다.

사실 이런 경우 기득권을 가진 이해관계자의 조직력과 영향력이 더 큰 경우가 많고 상충하는 이해관계에서 발생하는 저항을 뚫고 완전히 새로운 시장을 만들어 내는 것은 쉽지 않은 일이다. 우리는 '타다' 사례에서 이를 이미 체험한 바 있다. 지난 2020년 10월에는 블록체인 기술을 활용해 공인중개사 없이 부동산 거래가 가능한 시스템을 개발한다는 기획재정부의 예산안 문구 하나로 공인중개사협회의 강한 반발에 부딪히고 국토부, 과학기술정통부 등 관련 부서들은 서로 해당 부서의 업무가 아니라고 부인하는 등 갈등이 증폭됐다.

앞으로 기술 발달과 함께 더 늘어날 것으로 보이는 이런 갈등의 해결을 위한 갈등관리의 제도화 수준이 낮을 경우 시장 메커니즘의 작동은 지체되고 사회 전체의 발전은 정체될 수밖에 없다.

결국 갈등 해소 제도로서 정치의 역할이 중요하다. 민주주의 원리에 충실한 정부를 우리는 필요로 한다. 대화, 토론, 협상, 타협 등의 소통 메커니즘과 조정, 중재, 합의 등의 해결 메커니즘, 그리고 이들의 운용 절차를 제도화하는 것과 결과를 수용하는 사회문화의 정착 노력이 바로 정치의 역량이다. 우리에게 필요한 것은 바로 이러한 정치적 역량을 갖춘 정부다.

끝으로 한국 사회의 병폐 중 하나를 짚고 넘어가야겠다. 갈등공화국 대한민국에 크게 기여하는 또 다른 집단이 있다. 언론과 팬덤이다. 언론의 사명은 사실 보도다. 해석은 그 다음이다. 한국 사회의 갈등 중 적지 않은 부분은 사실 중립적 가치를 포기한 언론의 가짜 뉴스로부터 시작된다. 사실이 아니라 '카더라'가 신문방송에 버젓이 등장한다. 정치권과 언론이 결탁해서 가짜 뉴스를 공동 제작하기도 한다. 마치 그 행태가 공산국가 언론과 같다. 정부에 유리한 사실만 보도하고 불리한 뉴스는 아예 빼버리거나 왜곡한다. 불행하게도 오늘날 한국은 이러한 불순한 정언유착으로 오염돼 있다.

팬덤정치도 갈등 증폭자다. 내가 지지하지 않는 사람은 적이다. 내가 지지하는 사람은 잘못을 저질러도 죄가 없지만 내가 반대하는 사람은 잘하고 있어도 쳐 죽일 놈이 되는 게 한국의 현실이다. 조국-추미애-윤석열의 갈등에서 우리는 팬덤의 비이성적 행태를 질리도록 목격했다. 이들은 자기 진영에 불리한 정보나 발언이 나오면, 즉각 SNS로 의견을 공유하고, 몰려다니며, 테러에 가까운 온라인 행동주의를 보이기도 한다. 이러한 팬덤의 행태를 민주주의의 양념이라고 추켜세운 정치인도 있다. 그것은 양념이 아니라 암덩어리다. 악성 종양으로 오염된 팬덤에 의존하는 정치. 그러니 사회 갈등의 해소는 더욱 난망한 게 한국의 현실이다.

나라의 곳간이 비고 있다

"우리나라 국가재정은 다른 어느 국가들보다 매우 건전한 상태를 유지하고 있다." 문재인 정부의 핵심층을 구성하는 정치인들의 일반적 인식이다. 한결같은 근거는 우리나라의 국내총생산(GDP) 대비 정부 부채 비율이 여타 경제협력개발기구(OECD) 국가들에 비해 터무니없이 낮다는 것이다. 2018년 현재 우리나라는 43.2%이지만 경제협력개발기구(OECD) 평균은 95.6%로서 우리나라의 재정 여력이 너무도 풍부하다는 것이다.

그러나 급격한 고령화가 진행 중이라는 사실을 제쳐 놓은 채, 우리나라의 현 재정지표들을 고령화가 이미 충분히 진행된 경제협력개발기구(OECD) 국가들과 비교하는 것은 매우 위험한 일이다. 이는 마치 젊은 한국인이 이미 노인이 된 서구인의 몸 상태와 비교하며 혈압, 비만, 당뇨 수치 등에 여유가 있다며 건강관리를 소홀히 하고 쾌락에 탐닉하는 것과 같다. 우리나라의 2018년도 현재 복지재정 규모는 국내총생산(GDP) 대비 11.1%로서 경제협력개발기구 평균 수준 20.1%에 비해 10% 포인트 더 낮다. 그러나 이러한 복지재정 규모는 고령화가 진전되면 2040년에 경제협력개발기구 평균 수준, 2060년에 북유럽 복지국가들의 세계 최고 수준에 도달한다. 정부(국무총리실 사회보장위원회)는 보도자료(2014. 1. 28)를 통해 국내총생산(GDP) 대비 우리나라의 복지 지출이 2040년에 22.6%, 2060년에 29.0%에 달할 것으로 이미 발표한 바 있다.

그렇다면 우리나라에서 고령화가 진전돼 30~40년 뒤에 나타날 우리나라 재정의 전체 모습은 과연 어떻게 될 것인가? 각종 자료를 세심하게 살펴보면 파악할 수 있는데, 유감스럽게도 그 모습은 매우 암울하다. 장기재정 전망의 필요성은 2006년 8월 노무현 정부가 준비한 '함께하는 희망 한국, Vision 2030'에서 처음으로 제기됐는데, 여기서는 20년의 장기적인 시계(視界)에서 재정 운용의 방향을 수립하고자 했다. 이후 2010년부터 국책연구기관들을 중심으로 장기재정 전망이 간헐적으로 시도됐는데, 그 전망치가 매우 비관적으로 나타나면서 재정당국을 곤혹스럽게 만들었다.

행정부의 재정 운용을 견제하고자 설립된 국회예산정책처는 2012년에 의욕적으로 2060년까지의 장기재정 전망을 발표했다. 이후 2년 간격으로 전망치를 업데이트하고 있는데, 2016년까지의 세 차례 전망에 따르면, 이들은 한결같이 "국가채무가 국내총생산(GDP) 대비 70.6% 수준이 되는 2036년 이후 재정의 지속가능성을 확보하기 어려울 것으로 보인다"고 결론내렸다. 그런데 그 어느 정부보다 재정 확대에 가장 적극적인 문재인 정부가 출범한 직후인 2018년도 장기재정 전망에서 국회예산정책처는 이전 전망과 달리 상당히 낙관적인 전망 결과를 내놓았다. 전망 연도를 2050년에 한정했으며, 또 전망 수치의 변동에 대해 아무런 해명도 하지 않았다. 국회예산정책처의 전망이 정치적 영향을 받을 수 있다는 사실을 명확하게 확인할 수 있었던 대목이다.

장기재정 전망에서는 의무지출과 재량지출을 구분하고 있다. 법적으로 강제되는 의무지출은 5년 단임의 정권과 무관하게 결정되지만, 재량지출은 매 정권이 재량적으로 증감할 수 있는 지출을 말한다. 공적연금, 지방교부금, 국채이자 등 의무지출은 항목별로 전망되지만 재량지출은 총액으로 전망되기 때문에 장기재정 전망에서 이를 어떻게 전망할 것인가는 매우 민감한 이슈가 되고 있다. 법적 강제력은 없지만 사실상 정치적으로 불가피한 경직적 지출인 공무원 인건비, 중요한 복지사업비 등이 재량지출로 간주되기 때문이다. 재량지출은 그 용어가 의미하는 대로 정부가 재량적으로 결정할 수 있는 지출이지만 실질적 내용은 그렇지 않다는 것이다.

국회예산정책처가 2012년부터 매 2년마다 장기재정 전망을 발표하던 것과 달리 기획재정부는 이 결과를 애써 무시하고 있었다. 기획재정부는 국고 또는 재정의 수호자가 돼야 하겠지만 다른 한편으로 정부·여당의 확장 재정 요구에 압박감을 느낄 수밖에 없었기 때문이다. 기획재정부는 2015년 12월에 처음으로 장기재정 전망을 공식 발표했는데, 장기재정 전망 결과에 상당한 우려를 갖고 있던 정치인이 대통령에 당선됐기 때문에 그 분위기가 반전된 것이었다. 기획재정부는 보도자료에서 "일반재정 부문은 강력한 세출 구조조정을 지속할 때 지속 가능하고, 사회보험 부문은 현 제도 유지 시 지속가능성이 없다"고 실토했다.

2016년 8월 기획재정부는 이런 전망을 기초로 「재정건전화법」을 입법 예고하며 국가채무 45% 이내, 관리재정수지 –3% 이내의 재정준칙을 수립하고자 했다. 이처럼 정부 여당이 의욕적으로 재정준칙을 제안했으나 10월부터 국정 농단 의혹이 터지면서 정치권의 논의는 표류하게 됐다. 특히 일부 시민단체들은 재정준칙이 복지지출 증가에 방해가 된다는 이유로 이를 즉각 반대했다. 참여연대의 조세재정개혁센터는 재정건전화법안에 대한 논평에서 "복지지출을 억제하고 사회보험을 약화시킬 재정건전화법 제정안, 국회 입법권을 제약하고 기획재정부에 과도한 권한을 집중시키는 문제점"이 있다고 반대했다.

이로부터 5년 뒤 2020년 9월 문재인 정부의 기획재정부는 두 번째의 장기재정 전망을 발표했다. 2060년의 국가채무 비율은 현상 유지 시나리오(기준선)하에서 81.1%로 전망되지만, 의무지출을 구조조정할 수 있다면 65.4%로 낮아진다고 주장했다. 이전의 전망과는 정반대로 낙관적인 전망 결과가 나왔기에 많은 전문가를 어리둥절하게 했다. 기획재정부는 국가채무 비율이 2045년에 정점을 찍고 이후 하락하는 것으로 기준선을 전망했는데, 이는 2030년경부터 정부가 재량지출을 감소시킬 것이라는 막연하고도 무책임한 가정을 전제로 했기 때문이다.

만약 재량지출이 이전과 동일한 비율을 유지한다면 기획재정부의 전망 역시 국회예산정책처의 기존 전망과 유사하게 2060년경에는 국가채무 비율이 최소한 150%대로 진입할 것이다. 기획재정부는 이처럼 재량지출에 대해 매우 강하고도 편파적인 가정을 채택하면서도 보도자료에서는 이를 전혀 밝히지 않았다. 객관적이고도 과학적이어야 할 장기재정 전망에서 기획재정부도 정치적 영향으로부터 자유로울 수 없다는 사실을 또 한번 확인할 수 있었다.

기획재정부의 이러한 입장과 달리 국회예산정책처는 2020년도 장기재정 전망에서 2016년의 비관적 전망을 계속 이어나갔다. 기획재정부 차관을 지낸, 국민의힘 추경호 의원을 포함한 야당 국회의원들은 국회예산정책처의 2018년도 장기재정 전망 결과가 정부·여당의 눈치를 보는 것이 아니냐고 상당한 비판을 가했다. 이러한 배경에 따라 국회예산정책처는 "현재의 재정 여력은 충분하지만 시간이 지남에 따라 급격하게 축소"돼 "현행 제도 유지 시 장기적으로 재정이 지속 가능하기 힘든 상황"이라고 다시 한번 실토했다.

> "국민연금과 사학연금의 경우 … 적립금이 소진된 이후에 발생하는 재정수지 적자에 대한 논의가 필요한 상황이다. … 국민연금기금 적립금 소진 이후 2070년까지 발생할 것으로 예상되는 기금의 누적 재정수지 적자 규모는 … 국내총생산(GDP) 대비 61.3%에 달할 것으로 전망된다. … 국민부담률은 … 2070년 26.9%에 이를 것으로 전망. 건강보험, 노인장기요양보험, 국민연금, 사학연금 등의 사회보험이 수지 균형을 달성하는 데 필요한 보험료 인상을 반영한 '사회보험 수지 균형 국민부담률'을 전망한 바, 2018년 기준 경제협력개발기구(OECD) 회원국의 평균 수준인 34.3%보다 높은 수준일 것으로 추계"(「2020 NABO 장기 재정전망」, pp.80~81과 p.86)

한 걸음 더 나아가 국회예산정책처는 지금의 장기재정 전망에 포함되는 재정 범위에 한계가 있다는 것을 분명하게 했다. 일반회계·특별회계·기금을 대상으로 하는 현재의 장기재정 전망은 ① 국민연금·사학연금 적자를 방치하고, ② 건강보험공단을 제외하고, ③ 재량지출에 속하는 경직성 경비들의 전망이 이뤄지지 않는다는 문제가 있다고 지적했다. 만약 이들을 포함해서 장기 전망을 한다면 그 결과는 더 악화된 모습으로 나타날 것이다.

국회예산정책처는 장기재정 전망 발표 두 달 전에 우리나라의 공적연금(**국민연금, 공무원연금, 사학연금, 군인연금**) 실상을 명확하게 보여주는 보고서, 「4대 공적연금 장기재정 전망」을 발표했다. 현재의 법·제도를 유지한다고 가정해서 2090년까지 70년간의 공적연금을 재정 전망했다. 공무원연금과 군인연금은 이미 고갈됐기에 그 수지적자는 국민들의 일반 세금을 통해 보전되고 있다. 사학연금의 적립금은 2040년대에, 국민연금의 적립금은 2050년대에 고갈이 예정돼 있다. 적립금 고갈 이후의 연금 지출을 어떻게 충당할 것인가는 우리나라 재정의 가장 심각한 문제로 대두되고 있다.

만약 연도별 연금 지출 전액을 가입자들의 보험료만으로 충당할 때 필요한 보험료율 수준은 (소득 대비) 국민연금 31%, 공무원연금 40.2%, 사학연금 49.2%, 군인연금 52.6%로 전망하고 있다. 미래 세대는 노령 인구의 연금 지급을 위해 자신들의 소득 중 30~50%를 연금보험료로 납부해야 하는 것이다. 물론 이 연금보험료와 별도로 각종 세금(**소득세, 부가가치세, 재산세, 건강보험료 등**)을 추가로 납부해야 한다. 공적연금에 대한 장기재정 전망은 연금 지급을 위한 미래 세대의 부담이 이렇게 막중하다는 사실을 분명하게 지적하고 있다.

국회예산정책처의 공적연금 보고서는 연령대(**코호트, cohort**)별 연금 수익비도 보여주고 있는데, 이 또한 미래 세대의 부담이 증가한다는 사실을 증명하고 있다. 가입자들의 '보험료 납입금' 대비 '연금급여 수급액'의 비율을 현재가치에 따라 계산하면 연금 수익비가 계산된다. 이는 연령대별로 연금 가입에 따라 얼마만큼의 수익을 누릴 수 있는지 보여준다. 국민연금의 경우 전체 가입자의 평균 소득(**A값**)을 기준으로 할 때 1960년생은 3.17, 1970년생은 2.68, 1980년생은 2.32, 1990년생은 2.19, 2000년생은 2.16으로서 점차 하락하고 있다. 이러한 세대별 격차는 공무원, 사학, 군인연금에서도 유사한 형태로 나타나고 있다.

2020년에 발간된 국회예산정책처의 「장기재정 전망」과 「공적연금 장기재정 전망」은 우리나라 재정의 미래 상황을 분명하고도 명확하게 경고하고 있다. 이러한 사실은 2015년과 2020년 두 차례에 걸친 기획재정부의 「장기재정 전망」에서도 확인할 수 있다. 눈 깜박할 사이에 나라의 곳간은 텅텅 비게 된다는 사실을 명확하게 경고하고 있다. 우리나라에서 국가재정과 복지재정의 상황을 조금이라도 연구한 전문가들이라면 이 사실을 분명하게 인지하고 있다. 이처럼 쓰나미는 다가오고 있는데, 문재인 정부를 지탱하는 그 많은 정치인과 경제전문가들은 이 문제를 지적하지 않는다. 과연 우리는 이를 어떻게 이해해야 할 것인가?

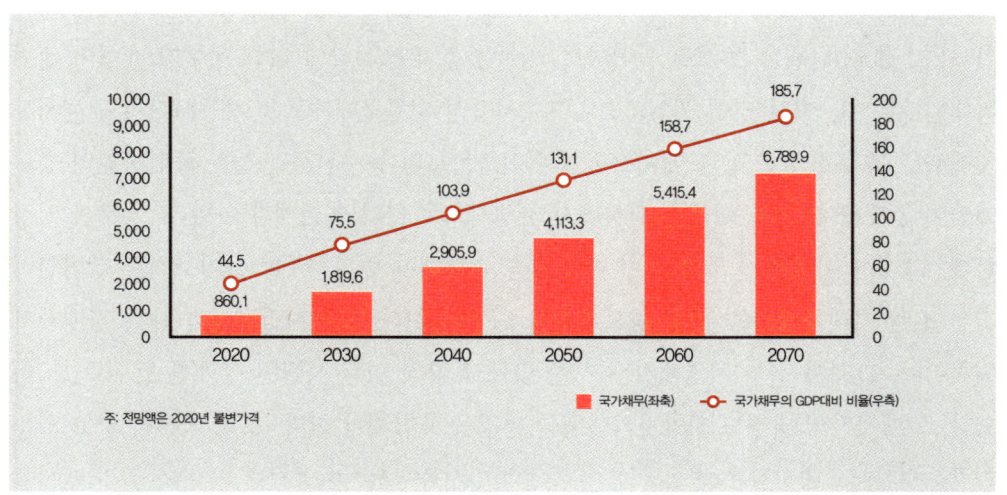

국가채무 규모 및 GDP 대비 비율

문제 해결 능력을 상실한 정부

「농수산물 유통 및 가격 안정에 관한 법률(이하 농안법)」, 농민들에게도 생소한 이 법률은 우리나라 농수산물 유통시장을 구조화한 법률이다. 시장이란 원래 사람들이 만나 거래하는 공간이라 자율성을 근간으로 한다. 그런데 농안법은 농어민들이 자신이 생산한 농수산물을 파는 방법을 규제한다. 산지에서 생산된 농수산물이 유통되는 방법은 직접 시장에 내다 팔거나, 대형마트 등과 직거래하는 것, 도매시장에 판매하는 것이다. 이 중 도매시장은 농어민이 가져온 농수산물을 의무적으로 사줘야 한다. 50년 전, 대형마트도 없었던 그 시절엔, 정부가 나서서 유통시장을 만들고, 안정적인 판로를 열어주니, 농민들의 농수산물 유통에 대한 걱정과 불확실성을 줄일 수 있었다. 농안법은 소규모 영세 농어민들의 판로를 안정적으로 보장하는 장치였던 것이다.

농안법은 1976년에 제정됐다. 제정 당시 업무 승인 사항은 6개, 1995년이 되면 17개가 되고, 2000년에는 37개로 늘어났다. 농수산물 유통시장에 대한 정부의 개입이 점점 확대된 것이다. 어떤 것이 있었을까? 도매시장의 의무구매제도를 작동시키기 위해서는 거래하는 품목을 정하고, 도매시장법인과 이들로부터 농수산물을 사는 중간상인인 중도매인이 존재해야 한다. 이들은 시장에서 자생적으로 나타난 존재가 아니라, 정부가 지정한다. 그래서 이들은 정부가 정한 사업만을 수행해야 한다. 예를 들어 도매시장법인이 직접 소매 거래를 할 수 없다. 중도매인을 거쳐야 한다. 도매시장에서 거래는 경매제가 원칙이다. 그래서 정부는 경매사 자격을 만들고 자격 있는 사람만 경매를 할 수 있도록 했다. 도매시장의 명칭도 지방자치단체의 명칭을 포함해야 한다. 우리가 흔히 알고 있는 가락농수산물도매시장은 정식 이름이 서울특별시농수산식품공사다. 농수산물 도매시장에서 벌어지는 다양한 분쟁을 조정하기 위해 분쟁조정위원회를 두고, 그 운영 방식도 정했다. 농수산물 유통시장을 정부가 구조화하다 보니, 점점 더 많은 일에 정부가 간여하지 않을 수 없게 됐고, 그에 따라 법령 수도 계속 증가해 왔다.

그렇다면, 이렇게 정부에 의해 구조화된 우리나라 농수산물 시장은 잘 작동하고 있을까? 규제가 늘어난 만큼 문제 해결 능력도 개선됐을 거라 기대하겠지만, 현실은 그 반대다. 정부가 개입할수록 문제 해결 능력은 오히려 줄어들고 있다. 2021년 현재, 우리나라에서 농수산물의 유통은 50년 전과 전혀 다른 양상이다. 산지에서 농어민들이 온라인 직거래를 통해 소비자와 거래를 트고, 대형마트는 산지 계약을 통해 품질 좋은 농수산물을 미리 선점하려 노력한다. 생협과 같은 소비자 생산 유통 단체는 아예 직접 생산하거나 산지 생산자를 회원으로 두고, 자율적인 품질관리를 한다. 농안법에서 구조화한 '농어민-도매시장-중도매인-소매인-소비자'로 이어지는 유통의 채널과는 다른 유통 방식이다. 이렇다 보니, 농안법을 따르는 유통구조에서는 생산자인 농어민도 소비자도 불만이다. 중간 유통 채널이 길다 보니, 이 과정에서 가격이 조금씩 보태져서, 생산자는 더 비싸게 받을 수 있고, 소비자는 더 싸게 살 수 있는데도 그렇지 못한 것이다. 여기다가 도매시장법인과 중도매인으로 지정되면, 시장에서 퇴출이 거의 일어나지 않는다.

실제 우리나라 최대 규모인 가락동 도매시장의 경우, 도매시장 개설 후 법인이 퇴출된 경우는 없었다. 시장 거래에서 안정적이고 독점적인 지위가 유지되면서 가락동 도매시장 청과부류의 경우, 2015~2018년 영업이익률이 17.6%로 동종 업종 대비 6.5배에 이르렀다. 그러면서도 시설 개선이나 서비스 개선을 위한 노력에는 소극적이고, 경우에 따라서는 농수산물을 몰래 직접 내다 팔아 큰 수익을 챙기는 문제가 생기기도 했다. 경매인도 마찬가지다. 특정인 밀어주기 경매, 중도매인 명의 도용, 동일 날짜에 출하된 동일한 농산물에 대한 경매 가격 차이가 수배에 이르는 이상한 가격 설정 등의 문제가 나타나고 있다. 이런 난맥상은 또 다른 정부 규제를 유혹하고 있다. 경매사에 대한 처벌 규정을 강화하거나, 도매시장 퇴출을 위한 평가제도를 손보고, 도매시장법인과 중도매인의 역할을 함께 수행하는 시장도매인을 좀 더 활성화하는 것, 그 밖에도 도매시장의 현대화를 위한 시설 기준 등을 강화할 수도 있을 것이다.

그렇다면, 이러한 정부 개입은 농수산물 유통시장의 문제들을 잘 해결할 수 있을까? 농안법의 규제 조항을 늘려 정부 개입 수준을 점점 높여온 우리나라와는 달리 일본은 거꾸로 갔다. 2018년, 중앙정부의 도매시장에 대한 관여를 대폭 축소해서 조문 수를 기존의 8장 83조에서 6장 19조로 간소화했다. 도매시장 개설자의 자율성을 대폭 강화해 도

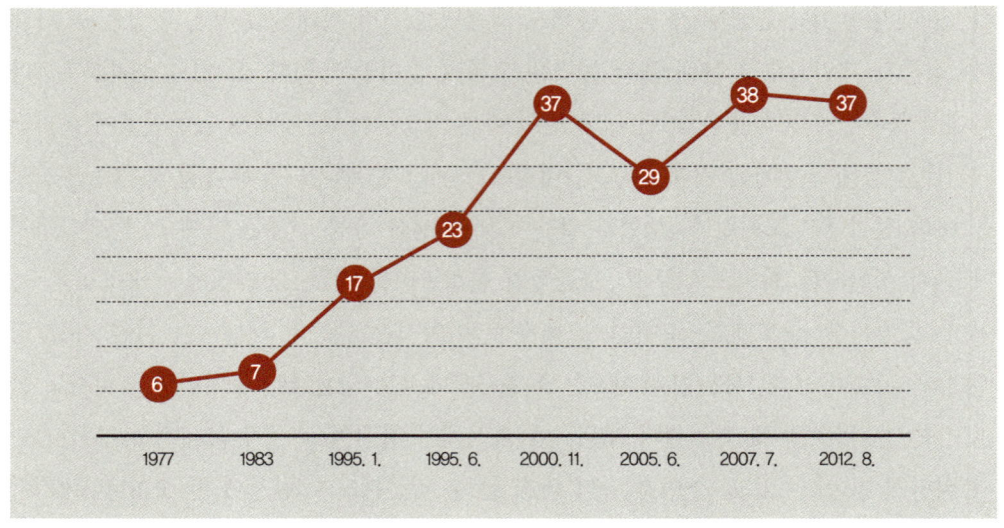

출처: 서울시 농수산식품공사(2020).

농안법 내 업무 규정 수[2]

매시장 개설 허가제를 신고제로 완화하고, 도매시장 지정 권한도 중앙정부 장관에서 도매시장 개설자로 이관했으며, 도매시장법인의 제3자 판매나, 중도매인이 직접 산지 농수산물을 구매하는 것을 개설자의 재량으로 허용했다. 농수산물 유통에서 도매시장법인은 산지 농산물을 경매로 구매, 중도매인에게만 팔고, 중도매인은 도매시장법인으로부터만 농수산물을 사서 소비자에게만 팔 수 있는 경직된 농수산물 시장이 사라진 것이다. 여기에 농수산물 도매시장 자체를 신고만 하면 개설할 수 있으니, 사실상 일반적으로 보는 시장과 같이, 누구나 물건을 가져와 팔 수 있는 구조가 된 것이다. 일본은 왜 이런 조치를 취했을까? 농안법의 경직적인 유통구조를 그대로 두고서는 농수산물 유통시장의 문제를 해결할 수 없다는 깨달음 때문이었다. 역설적이게도, 농수산물 유통시장의 문제

---

2) 2012년 이후 농안법 개정이 20여 차례 더 있었으나 새로운 업무 규정을 만들어 규제를 강화한 내용은 없었음. 규정을 상세화하고 비리에 대한 처벌을 강화하는 내용이 대부분이었음. 따라서 현재의 업무 규정 수는 12년과 같음. 차이가 있다면 일본은 이 기간 동안 업무 규정을 대폭 축소했다는 것임.

는 정부가 농안법으로 유통시장을 규제하고, 문제점이 생길 때마다 이것을 고치겠다며 계속 새로운 규제를 만들어 왔기 때문에 점점 증폭되어 왔음을 이해하게 된 것이다.

정부가 규제를 더 많이 할수록 문제 해결이 오히려 더 지체되는 역설은 농안법에만 있을까? 우리나라에서 정부 부문은 계속 확대돼 왔다. 2016년 1,397개의 법률은 2020년에는 1,524개로 증가했다. 5년 만에 127개의 법률이 새로 생겼다. 1960년 24만 명 정도였던 공무원은 계속 증가해 2019년에는 110만 명이 넘었다. 여기에 공공기관 임직원까지 더하면 그 수는 훨씬 많을 것이다. 2013년 341조였던 국가 예산은 2021년, 8년 만에 63%나 증가한 558조가 됐다. 이렇게 정부가 비대해진 것은 정부의 문제 해결을 기다리는 경제사회 문제가 점점 많아지고 복잡해졌다는 것을 의미할 수 있다. 그런데 그렇지도 않다. 정부가 해결할 문제가 아니거나, 해결할 수 없는 문제에까지 규제를 만들어 세세하게 개입하는 경우가 많아졌기 때문이다. 규제가 늘어나면 조직은 덩달아 커진다.

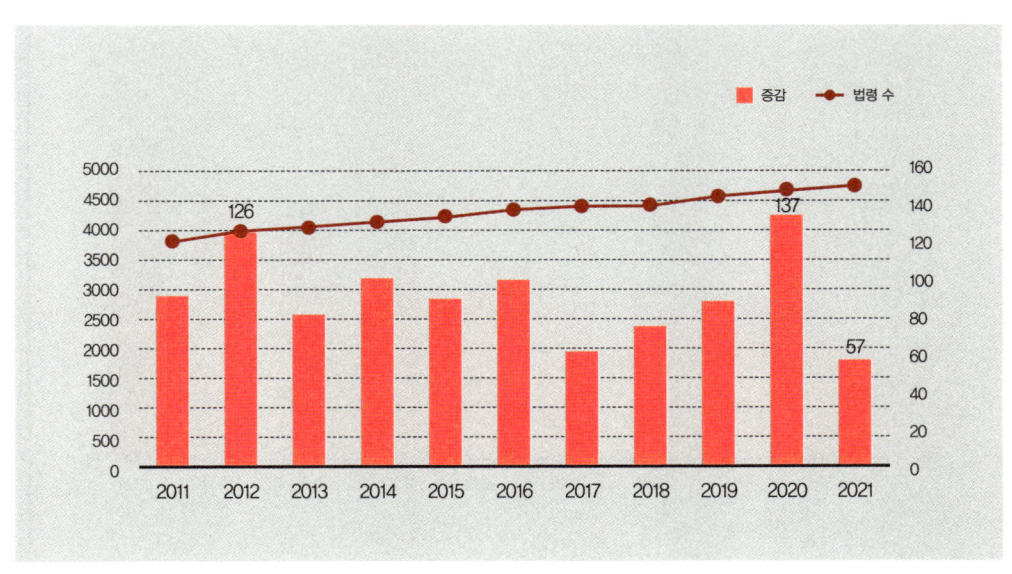

출처: 법제처 홈페이지(https://www.moleg.go.kr).

절대로 줄지 않는다 I : 연도별 법령 현황(2021. 4. 2 현재)

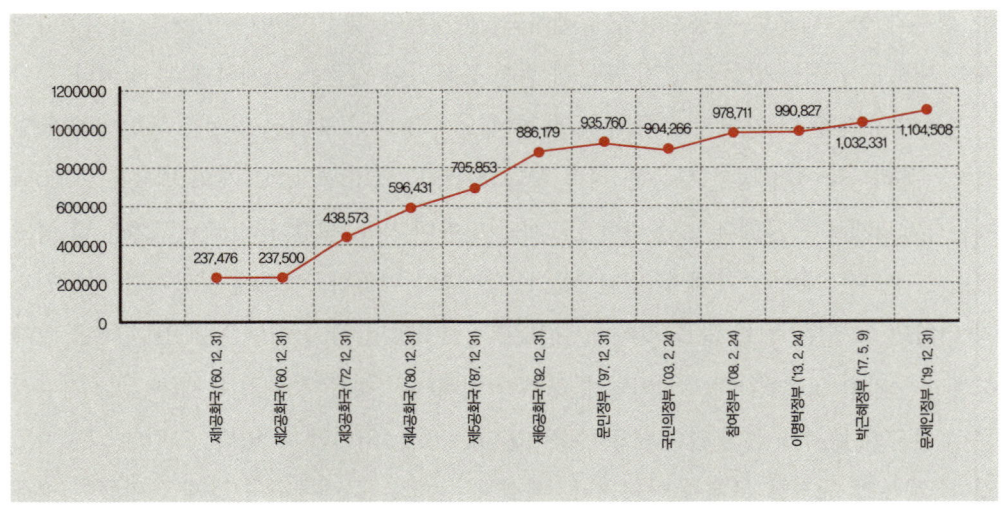

출처: 정부조직관리정보시스템(https://www.org.go.kr/).

절대로 줄지 않는다 II: 공무원 수

(단위: 조 원)

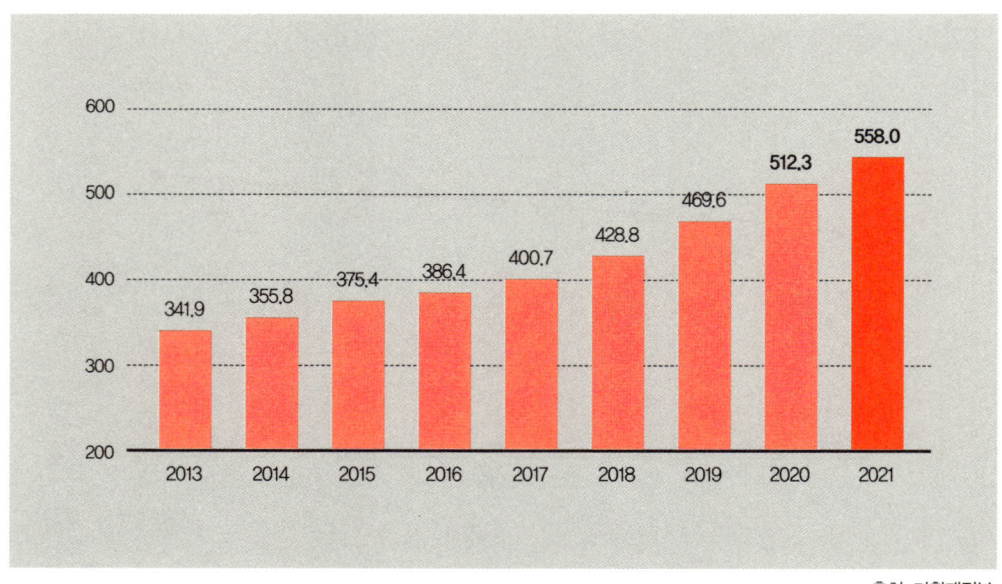

출처: 기획재정부.

국가 예산 추이

문제가 아닌데 문제라고 정의하는 것을 '제3종 오류'라고 한다. 사회에서 문제야 일상적으로 있지만, 그것이 정부가 개입할 만한 문제인가는 전혀 다른 얘기다. 중국 문화혁명 때, 참새가 농사를 망친다며 박멸 대상으로 정했다. 참새 한 마리가 한 해 3.5kg을 먹어, 5천만 마리만 되면 3백만 명의 사람이 먹을 식량을 해치운다는 논리였다. 여기까지 보면 참새는 심각한 문제며, 정부가 개입해 참새를 없애야 한다는 정책에 공감이 간다. 그러나 1958년, 11억 마리에 이르는 대대적인 참새 박멸은 심각한 문제를 초래했다. 참새를 잡아 없애다 보니, 메뚜기나 곤충이 창궐했기 때문이다. 결과는 기근 발생, 4천만 명이 넘는 중국인이 굶어 죽었다. 문제가 아닌데 문제라고 개입한 결과가 이랬다.

우리나라에도 이런 사례가 많다. 셧다운제라고 불리는 청소년 게임 규제는 원래 청소년의 건강을 위해 도입된 규제지만, 그 실효성에 큰 의문이 있는 상태에서 2021년 현재도 시행되고 있다. 자정부터 아침 6시까지 게임을 못하게 하지만, 우리나라 청소년들은 공부하느라 자정을 넘기기 일쑤다. 청소년이 공부를 하면 건강이 괜찮고, 게임을 하면 건강에 문제가 생기는지를 질문하면 대답이 너무 궁색할 수밖에 없다. 사실 셧다운제는 가정에서 부모가 통제하고 훈육해야 할 것을 정부가 나서서 규제로 정한 것이다. 정부가 개인의 삶에 이렇게 깊숙이 개입해야 하는지 의문이 들기도 하지만, 문화체육관광부에서는 이 규제를 만들기 위해 예산과 인력을 투입했다. 규제 도입과 함께 규제의 성과를 모니터링하는 새로운 일도 생겼다. 이렇게 어떤 일이든 정부가 문제로 규정하고, 인력과 예산을 투입해 법령을 만들면, 새로운 일이 또 생긴다. 그 결과 정부는 점점 더 커진다.

흥미로운 점은, 이런 식으로 한번 커진 정부는 일이 종결되거나 줄어든다고 해서 원위치하지 않는다는 것이다. 예산이나 공무원 수가 지속적으로 증가하는 것은 사실은 업무량과 무관하다는게 윌리엄 니스카넨(William A. Niskanen)과 시릴 파킨슨(Cyril N. Parkinson)의 주장이다. 1935년부터 1954년까지 영국은 꾸준히 식민지를 상실했다. 그러나 같은 기간 식민지 행정직원 수는 372명에서 1,661명으로 크게 증가했다.

정부만이 그런 게 아니다. 공기업에서도 이런 현상은 예외 없이 나타난다. 2021년 난데없이 KBS 시청료 논쟁이 벌어졌다. 2011년 1,000원이던 시청료는 2,500원까지 올라 있는데, 이걸 다시 4,000원 정도로 인상하겠다는 것이다. 더 좋은 품질의 프로그램을 개발하기 위해서는 돈이 더 필요하다는 이유다. 시청료 논쟁에서 KBS 직원들의 46.4%가 억대 연봉자이고, 업무를 배정받지 못한 무보직자가 1,500명에 이르며, 연간 1,000억 원 이상의 적자를 내고 있다는 사실이 드러났다. 예산 비중도 프로그램 제작보다 인건비가 높다. 공영인 KBS에 비해 민영방송사인 SBS는 흑자경영을 하고 있고, 직원도 1,000명 수준으로 KBS의 4,600여 명보다 훨씬 단출하다. 문제를 찾아 일을 한다며, 덩치를 점점 더 키웠음에도 불구하고 민간의 다른 경쟁 기관보다 특별히 나은, 아니면 차별화된 서비스를 제공하지 못하고 있는 곳은 딱히 KBS만이 아니다.

그래서 정부는 사회 문제를 해결하겠다고 무작정 규모와 영향력을 키우는 데 나설 게 아니라, 해야 할 일과 하지 말아야 할 일을 구분하고, 하지 말아야 할 일을 하고 있다면 이를 정리해야 한다. 정부 운영의 미학은 채우는 것이 아니라, 비우는 것이 돼야 한다. 1970년대는 대중가요 검열이 있던 때였다. 양희은의 〈아침이슬〉은 '붉게 타오르고'란 가사가 불온하다, 김추자의 〈거짓말이야〉는 '불신감을 조장한다', 한대수의 〈물 좀 주소〉는 '물고문을 연상시킨다'는 이유로 금지 가요가 됐다. 일본은 적성국이라며, 대중문화 교류를 아예 끊고 지냈었다.

수퍼맨 급 정부의 민간 개입이었지만, 정부가 도대체 무슨 문제를 해결하려고, 이런 조치를 취했는지는 지금 아무도 설명하지 못한다. 당연히 이런 규제는 대중문화, 음악산업의 발전도 지체시켰다. 2021년 K-한류는 정부가 이런 개입을 중단하지 않았으면 불가능한 일이었음을 알아야 한다. 정부가 해서는 안 될 일에까지 불필요하게 개입하면 할수록 규제당하는 산업은 발전의 원동력을 상실한다. 해서는 안 될 일은 민간 부문 혹은 시장에 맡겨 놓았을 때 오히려 더욱 성장 발전해 더 많은 일자리를 만들어 낸다. 그리고 산업이 발전하면 세금이 늘고, 재정도 튼튼해져 소외계층에 좀 더 두터운 사회복지 혜택을 제공할 수 있다.

시장을 이해하지 못한다

chapter 2

자본주의 없는 세상을 꿈꾼다

자본주의에 대한 불만은 전 세계인의 초등학생부터의 고질병이다. 대학 입학 면접에선 공부 좀 했다는 친구들도 피도 눈물도 없는 자본주의를 지적하고, 방송 앵커는 마트 폐점 결정에 뜬금없는 약탈적 자본주의를 갖다 댄다. 그런데 자본주의를 이렇게만 이해한다면, 완전히 오판한 거다. 자본주의는 세상을 윤택하게 해 온, 앞으로도 윤택하게 할 제도다. 여러 불만에도 불구하고 인간은 아직 이것을 대체할 제도를 만들지 못했다.

스티브 잡스(Steve Jobs)는 가장 먼저 자신의 유전체 서열(Whole Genome Sequencing)을 분석했던 사람 중 하나다. 췌장암을 치료하기 위한 유전정보를 분석하기 위해서였다. 2011년, 그는 여기에 10만 달러, 우리 돈으로 12억 원에 이르는 거액을 지불했다. 이런 시도도 그는 죽음을 피할 수 없었지만 스티브 잡스가 유전자 분석을 했다는 뉴스가 나오자 치료에서도 빈부 격차가 더욱 가속화되고, 앞으로 소수의 부자들만이 유전자 검사를 통해 암을 극복하고 오래오래 살 수 있게 될 거란 예측이 나왔다. 암은 유전자 이상 때문에 생기는 질병이기 때문이다.

스티브 잡스가 받았던 검사는 불과 3년 후인 2013년 5,800달러, 700만 원 정도로 떨어졌다. 그리고 2021년 현재는 100달러, 단돈 12만 원이면 가능해졌다. 향후 이 금액은 더 떨어질 가능성이 높다. 더구나 지금은 스티브 잡스 때보다 '치료할 수 있는 유전자(actionable gene)'가 늘어났다. 스티브 잡스는 유전자 검사를 통해 유전자 이상은 찾아냈지만, 당시 의학으로는 치료가 가능한 유전자가 아니었다. 지금도 소수의 부자들만 암을 극복하는 유전자검사를 받을 수 있다고 말할 수 있을까?

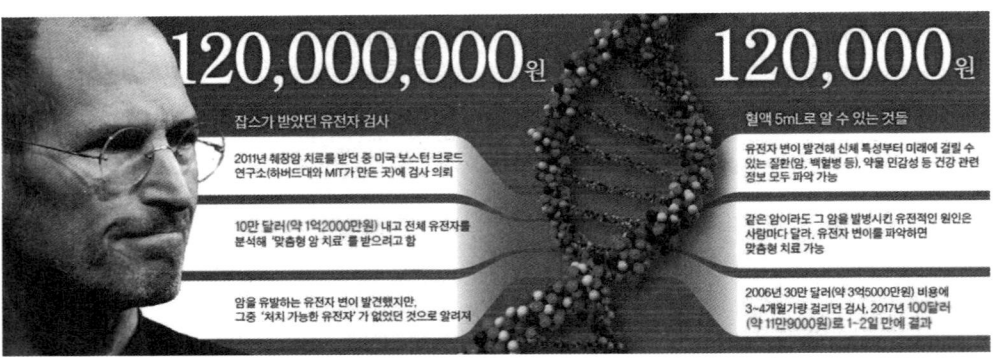

출처: 중앙일보(2017.1.12).

불과 10년 만에 최고급의 의료 진단과 치료가 이렇게 대중화됐다. 의료 서비스, 의료 접근성의 형평성도 압도적으로 개선됐다. 도대체 10년간 무슨 일이 있었던 걸까? 기술 개발 때문이라고? 당연하다. 그렇다면 이런 기술 개발은 어떻게 가능했을까? 과학자, 의학자들이 열심히 해서라고? 오답은 아니지만, 정답도 아니다. 이들이 호기심만으로 천문학적 연구비가 소요되는 이 연구를 했다는 건 거짓말이다. 돈이 없으면 연구 자체가 불가능하다.

그렇다면, 그 많은 돈은 어디에서 왔을까? 갑자기 억만장자가 나타나 인류를 위해 헌신하겠다며, 아니면 큰돈을 버는 사업에 투자를 해 보겠다며, 눈 딱 감고 그 많은 돈을 지원할 수도 있을 것이다. 그런데 이건 보편적인 방식이 아니다. 요즘은 이런 연구를 하려면, 회사를 만들어야 한다. 그래야 투자를 받을 수 있다. 연구개발에 성공해 좀 더 큰 회사가 되면, 아예 주식을 발행한다. 연구개발, 제품 생산, 판매를 하려면 더 많은 돈이 필요할 텐데, 이것을 억만장자 한두 명이 아닌 불특정 다수로부터 투자를 받는 것이다. 우리 주변 회사들 얘기다.

스티브 잡스가 받았던 개인 유전체 서열분석 검사 역시 마찬가지였다. 그의 유전자 분석은 하버드와 MIT대학이 만든 브로드연구소(Broad Institute)에서 이뤄졌다. 파운데이션 메디신(Foundation Medicine)이란 바이오벤처가 이 연구소에서 나와, 2012년부터 일반인을 대상으로 진단상품 파운데이션 원(Foundation One)을 판매하기 시작했다. 회사를 차린 것이다. 이후 유전자검사 회사는 봇물 터지듯 많아졌고, 엄청난 투자가 이뤄졌다. 2024년, 세계 유전자검사 시장은 118억 달러, 약 13조 원에 이를 것으로 예상되고 있다. 이렇게 큰 시장에 있는 무수한 유전자 기업엔 아무리 돈이 많다 해도 한 사람의 부자가 투자할 수는 없을 거다.

자본은 노동생산물이 교환된 후에도 잉여가 남았을 때부터 있었다. 원시시대부터 있었던 거다. 자본에 남다른 의미를 부여한 건 이런 잉여생산이 재산으로 축적되고 돈으로 치환돼 교환성이 커지면서부터다. 잉여물이 자본으로서 다른 노동, 다른 가치들과 교환되면서 자본이 노동의 한 대안적 생산 요소가 된 것이다.

자본주의의 번성은 자본의 집적가능성이 커지면서다. 아무리 부자라도 자신의 돈만으로 할 수 있는 건 한계가 있다. 그런데 1600년대에 시작된 주식회사는 1844년 회사법이 만들어지고 투자 방식으로 보편화되면서 자본 집적이 쉬워졌다. 파편적으로 존재하던 개인의 부(富)가 거대한 자본으로 전환될 수 있게 됐다. 그 결과 19세기 말이 되면, 웬만한 국가보다도 자본 규모가 큰 기업이 나타나기 시작했다.

자본의 집적이 만들어 낸 건 한두 가지가 아니다. 근대 이후 지금까지 문명의 모두가 대규모 자본 집적 덕이다. 스티브 잡스가 받았던 유전자검사, 전기, 엘리베이터, 컴퓨터, 스마트폰, 테슬라, BTS가 브로드연구소 연구원의 노력이나 에디슨, 잡스, 머스크, RM과 방시혁이 한 걸로 생각하면 단견이다. 이들의 성취 뒤엔 자본이 있다.

오늘날의 자본주의 사회에서는 개인의 잉여생산이 돈으로 바뀌고, 이것이 금융기관을 통해 집적되며, 이것이 투자와 주식시장을 통해 참신한 아이디어나 노동, 지식과 같은 다른 생산 요소와 실시간으로 호환된다. 자본을 많이 가진 자보다 자본 집적 능력, 즉 투자 유치 능력이 높은 자가 성공한다. 이들은 자본으로 설비를 갖추고, 노동을 고용해 더 큰 부가가치를 가진 상품과 서비스를 만든다. 이걸 두고 돈 놓고 돈 먹는 걸로 비하해선 곤란하다. 자본은 이익을 좇아다니며, 그 이익을 실현하는 과정에서 새로운 기술이 나오고, 고도화되고, 대중화돼, 사람들에게 값싸게 제품을 판매할 수 있게 되는 것이다. 지금 우리가, 조선시대 왕도 꿈꾸지 못했던 호사스런 생활을 할 수 있는 것도 자본주의 때문이다.

자본주의를 노동과 비교해, 피도 눈물도 없고 돈만 생각하는 것으로 치부하기도 한다. 사실 생산 요소로서 노동은 자본에 비해 가치가 낮을 가능성이 높다. 아무리 고도의 인적 자본을 가졌어도 주식시장을 통해 집적되는 자본만큼 가치를 가지긴 힘들다. 그래서 노동과 자본의 경쟁에선 자본이 이길 가능성이 높다. 마트가 장사가 안 되면, 자본을 정리하고 다른 데로 자본을 이전시키지 노동가치 유지를 위해 자본 손실을 포기하지 않는다. 회사가 나빠서가 아니라 자본의 속성이 그렇다. 집적된 자본은 노동을 위해서가 아니라 자본 투자자의 손익을 따르는 것이다. 그리고 이렇게 재조정된 자본은 노동을 위한 새로운 일거리를 만들어 낸다.

불과 150년 전만 해도 지금과 같은 고도로 집적된 자본이 없었다. 인류 역사 내내 대부분 사람들은 노동 생산만이 유효한 생산의 거의 전부인 시기를 살았다. 아침에 일어나면 들에 나가 씨를 뿌리고, 잡초를 뽑거나, 대장간에 가서 직접 망치를 들고 수작업으로 낫과 호미를 만드는 게 익숙했던 시기다. 인간은 이런 노동에 기반한 생산 시기를 수십만 년 동안 살아온 것이다. 이것이 오늘날 자본이 노동을 압도하는 불균형이 본능적으로 어색하고 수용하기 어려운 이유일 수 있다. "일해서 먹고 살아야지." 요즘도 하는 어른들의 말이다. 그래서 사람들은 약탈적 자본주의, 악랄한 자본주의란 말을 하고 여기에 공감한다.

그러면, 자본주의가 사라질 수 있을까. 자본주의를 이해하려면 감정을 누르고 멀찌감치 서서 적어도 150년간의 생산 방식을 봐야 한다. 자본 집적을 점점 더 고도화시켜 점점 더 많은 고도의 상품을 만들어 내고, 최근에는 인공지능과 자율주행 자동차까지 만들어온 메커니즘이 자본주의 외의 다른 방법으로 가능했을까? 우리가 밤낮으로 비판하는 자본주의의 방식이 이전보다 점점 많은 기업이 생기게 만들고 분업을 촉진해 일자리를 늘렸다.

자본주의 시대, 자본에 대한 본능적 어색함을 공격하면서도 앞으로도 한참은 계속될 자본주의와 함께 살아야 한다는 것을 이해해야 한다. 그리고 가끔은 자본의 논리를 냉정하게 이해하려 해야 한다. 감정만으론 자본을 제대로 이해할 수 없다. 자본주의의 큰 그림을 이해하려 해야지 자본이 노동을 밀어낸다든지, 자본이 인간의 삶을 망가뜨린다와 같이 감정적으로 평하고 대응해서는 대안이 없다. 물론 자본주의가 절대선은 아니다. 부의 불균형 등 폐해가 적지 않다. 그러나 이것은 치유할 수 있는 자본주의의 부산물이지 자본주의를 부정하고 폐기토록 하는 이유가 될 수는 없다. 적어도 앞으로는 언제가 될지는 모르겠지만, 자본주의보다 나은 생산 체제를 인류가 고안할 때까지는 말이다.

거지 같은 경쟁, 없으면 정말 거지 된다

시장경제의 특징 중 하나인 경쟁을 강의하면서 자주 쓰는 말이 있다. "경쟁은 거지 같지만, 경쟁이 없으면 거지처럼 살게 된다." 선배님에게 얻은 말씀이다. 국내에서는 지난 수년간 경쟁을 막으려는 많은 규제가 도입됐다. 중소기업 적합 업종 제도, 대형마트 의

무휴일제 및 영업시간 제한, 휴대전화 보조금 제한, 도서정가제 등이 대표적이다. 그런데 이런 정책들은 소비자의 후생을 크게 감소시키는 데 그치지 않고 해당 산업의 경쟁력마저 급격히 약화시키는 결과를 초래하고 있다. 경제적 약자를 보호한다는 명분 아래 인기영합주의적인 많은 규제가 생성돼 결국 해당 중소기업, 상인도 보호하지 못하고 해당 시장 및 해당 산업을 침체시키는 결과를 낳고 있는 것이다.

요즈음에는 거실에 앉아서도 세계 각국의 주요 스포츠를 모두 볼 수 있는 세상이다. 축구 보기를 좋아하는 사람에게는 엄청난 축복이다. 잉글랜드 프리미어리그(EPL)는 그중에서도 압권이다. 하위팀도 만만치 않아 상위팀이라도 긴장을 놓을 수 없다. 순위 경쟁도 치열하다. 영국 전체도 아니고 잉글랜드만의 리그임에도 무려 20팀이 있고 세계 프로축구 리그 랭킹에서 당당히 1위를 차지하고 있다. 최근에는 분데스리가나 라리가에 조금 밀리는 감이 없지 않지만 말이다.

왜 그럴까? 박지성 선수가 15여 년 전 처음 프리미어리그에 진출했을 때부터 품었던 의문이었다. 그 이유를 2년이 지나서야 깨달을 수 있었다. 독자들도 한 번 생각해 보기 바란다. EPL의 경쟁력은 어디서 나오는 것일까? 유럽에는 프리미어리그 말고도 독일의 분데스리가나 스페인의 라리가도 있다. 그런데 프리미어리그에는 유럽의 다른 리그보다 외국 자본이 인수한 구단도 많고 외국 선수가 더 많다. 힌트다.

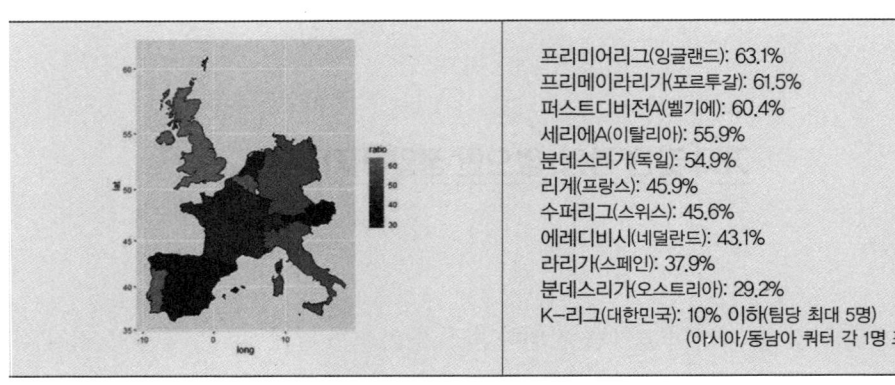

출처: 오마이뉴스(2019.12.29).

유럽 10개국 프로축구 리그별 외국인 선수 비율

그 답을 알아보기 전에 일본의 기단(棋壇), 바둑계를 살펴보자. 1960, 70년대 우리나라의 젊은 바둑 지망생들은 대부분 일본으로 유학을 갔다. 일본 바둑계가 세계를 호령했던 시기였다. 1980년대엔 한국이 부지런히 일본을 뒤쫓았고, 1990년대 이후엔 일본이 그 힘을 잃어가더니 한국이 주도권을 잡았다. 2000년대 이후에는 한국과 중국이, 최근에는 바둑 인구 자체가 엄청나게 많은 중국이 바둑 종주국의 지위를 노리는 형세다. 한때 바둑계의 대표 주자였던 일본은 왜 힘을 잃게 됐을까? 의문이 아닐 수 없다.

해답의 실마리는 일본의 3대 기전 -기성, 명인, 본인방- 중 하나인 본인방에서 찾을 수 있다. 본인방은 오직 일본기원 소속 기사만 참가할 수 있다. 일본 3대 기전 중 랭킹은 3위이지만 우승 상금이 일반 세계 기전의 2배에 달할 만큼 대단해 그 권위는 가히 최고라 할 만하다. 그러나 이 본인방에 일본기원에 소속되지 않은 기사는 참여할 수 없었다. 외부인에게 본인방은 그림의 떡이었던 것이다. 그 결과는 어떠했을까? 일본기원 소속 기사만 참가해서 최고의 기력을 유지할 수 있었을까? 최고의 상금을 내걸었지만 폐쇄적으로 운영된 본인방의 쇠락에서 우리는 해답을 찾을 수 있다.

잉글랜드 프리미어리그와 일본 본인방의 사례에서 우리는 개방하지 않고 자신들만의 리그를 지켜가는 그룹은 서서히 힘을 잃는 반면, 끊임없이 새로운 힘을 밖에서 수혈하는 그룹은 발전한다는 사실을 알 수 있다. 개방하면 경쟁의 강도는 심해질 수밖에 없다. 당연히 힘들어진다. 그러나 그 경쟁을 통해 경쟁력은 커지게 마련이고 지속 가능한 발전이 이뤄진다.

우리들의 본성은 경쟁 없이 편안히 살 수 있으면 좋은 것으로 생각한다. 경쟁을 좋아하는 사람은 거의 없다. 그런데 엄청난 고생이 따르는 경쟁에 뛰어들어, 이겨 내면 어느덧 자신의 힘이 배가됨을 느낄 수 있게 된다. 경쟁 없이 결코 경쟁력을 얻을 수 없다!

경쟁이 살아 숨 쉬는 시장을 만들기 위해서는 시장의 진입 장벽을 제거해 누구에게나 기회를 제공할 수 있어야 한다. 그러려면 정부는 온갖 규제로 기득권자를 보호할 것이 아니라 기술의 변화에 따른 새로운 패러다임의 비즈니스 모델(BM)이 꽃피울 수 있도록 해야 한다. 신기술로 장착한 제품 혹은 서비스가 소비자에게 제공될 수 있도록 도와야 한다.

최근 정치적 진영 논리에 갇혀 사회적 약자를 돌본다는 명목으로 신기술 및 새로운 비즈니스 모델로 무장된 신사업이 시장에 발도 붙이지 못하게 막는 일이 자주 발생하고 있다. 타다, 우버 등의 서비스가 시장에 공급되지 못하는 것이 대표적인 예다. 경쟁을 회피한 이런 정책으로 당분간은 상생하고 있다고 여길 수 있다. 그러나 산업의 판이 바뀌고, 시장이 개방될수록 구산업과 신산업이 한꺼번에 날아가 버리는 매우 위험하고 슬픈 상황에 직면할 수 있음도 알아야 한다. 경쟁의 결과로 불평등이 불가피하다는 사실이 경쟁을 배제하는 이유가 되어서도 안 된다. 경쟁을 통한 불평등은 오히려 경쟁을 강화시켜 어제의 패자도 내일의 승자가 될 수 있는 기회를 제공해야 한다는 당위를 강화할 뿐이다. 경쟁의 폐해는 경쟁을 통해서 해결해야 한다는 말이다. 그래서 불가피한 불평등의 결과 때문에 경쟁의 싹을 없애려는 정부나 입법부의 노력은 결국 존재하는 경쟁력 있는 기존 기업마저 좀비기업으로 만드는 매우 품질 낮은 정책이다.

경쟁을 제한하면 결국 높은 가격 및 저급한 질의 제품이나 서비스로 나타나 소비자 후생의 감소로 연결된다. 경쟁이 있었더라면 좀 더 나은 제품을 살 수 있었던 기회를 없애는 것이기 때문이다. 우리가 매년 신제품 스마트폰을 만날 수 있는 이유는 삼성과 애플이 정말 피 튀기게 경쟁하기 때문이다. 기업이 경쟁력 있는 제품과 서비스를 생산해 낼 때 일자리도 지키고 나아가 더 많은 일자리도 창출할 수 있는 기반을 만들어 낼 수 있다.

그래서 우리는 결정해야 한다. 대한민국 내의 5천만을 대상으로 경쟁할 것인지 전 세계 70~80억 시장을 대상으로 경쟁할 것인지. 드넓은 세계시장 경쟁에서 이겨야 큰 시장을 장악하고 일자리도 창출해 낼 수 있음은 명백하다. 우리 안에 머물러 대한민국이라는 좁은 시장 안에서 이전투구할지 더 큰 세상을 향해 큰 꿈을 꿀 것인지 생각해 보자. 사실 2021년 대한민국 극성기는 경쟁을 적극적으로 수용한 결과물이다. 1960년대의 세계 변방의 후진국이 이만큼의 국력을 갖게 된 것은 정부 때문이 아니다. 경쟁의 바다에 나아가, 치열한 경쟁을 뚫고 경쟁력을 확보해 세상에 최고의 제품과 서비스를 만들어 냈기 때문이다.

경쟁을 억제하자는, 상생을 위해 그게 좋다는 낡은 프레임은 정치에서 비롯된다. 표를 먹고 사는 정치인들은 경쟁을 싫어하는, 부담스러워하는 사람이나 기업을 위해 경쟁을 제한하는 규칙을 만들 준비가 언제든 돼 있다. 그런데 아니다. 만일 정치가 경쟁은 곧 낙오자 생산, 개방은 우리 모두를 죽게 만든다는 그릇된 프레임에 매몰되면 국가의 미래는 없게 된다. 개방을 통한 경쟁을 막으면 결국 누가 이득을 보고, 누가 손해를 입겠는가? 기존 기업, 기득권 세력은 독과점 등으로 이득을 보고 그 폐해는 제품 및 서비스의 높은 가격, 낮은 품질로 이뤄져 고스란히 소비자가 떠안게 될 것이다.

정치권도 우리 기업들이 국내뿐만 아니라 글로벌 시장에서 더욱 성장할 수 있도록 국내에서 치열한 경쟁을 거쳐 글로벌 경쟁력을 갖출 수 있게 도와줘야 할 것이다. 기득권을 요구하는 소수의 결집된 이익집단의 목소리에만 귀 기울여 경쟁을 막는 규제 생성에 앞장서는 일을 멈춰야 한다. 소비자를 무시해서도 안 된다. 그들도 유권자다. 기득권을 보호하고 소비자의 이익을 외면하는 정치를 계속할 경우 반드시 소비자들의 심판을 받을 것이다. 경쟁 없는 기업이 만든 품질 낮은 제품과 서비스를 소비자가 언제까지나 참아줄 것이라 생각하면 정말 오산이다.

기업을 존중하지 않는다

궁금한 게 하나 있다. 정권 상속하고 기업 상속하고 무엇이 더 나쁜가? 소위 진보 세력은 대기업 상속은 족벌경영이라는 말을 써가며 비난해도 국가 전체를 통째로 상속하는 북한 체제에 대해서는 입을 닫는다. 국민에게 끼치는 해악이 어느 쪽이 더 막대한지 말하지 않아도 안다.

2021년 1월, 이재용 삼성전자 부회장이 구치소로 수감되자 "원래 국민들이 세금으로 키운 기업인 삼성을 이제 국민에게 돌려줄 때가 됐다"는 주장이 나오기도 했다. 국민연금 등을 동원해 족벌경영을 폐쇄하자는 주장이다. 상속이 그렇게 나쁜 것인가? 국민 대부분이 열심히 벌어서 재산을 남겨 자식들에게 넘겨주고 싶어하지 않는가? 소위 재벌대기업은 상속하면 안 되고 정부의 감시의 눈에서 벗어나 있는 대기업집단 이하 기업들은 상속해도 되는가? 규모 있는 중견기업에서 전문경영인에게 가업을 물려줬다는 이야기는 그리 많지 않다. 유한양행 등 극히 일부의 예일 뿐이다.

　복지국가의 대명사로 칭송되고 있는 스웨덴을 보자. 스웨덴 경제의 30% 이상을 차지하는 우리로 따지면 거대 재벌이 하나 있다. 바로 발렌베리재단이다. 5대째 150년 이상 가업 상속의 전통을 잇고 있다. 문어발 확장이 나쁘다고 하는데 발렌베리는 전문기업인가? 아니다. 마찬가지로 150년 동안 문어발 확장을 거듭해 왔다. 전문기업으로 컸다면 스웨덴 경제에서 최대 지분을 행사하는 기업으로 크지 못했을 것이다. 한국에서는 산업

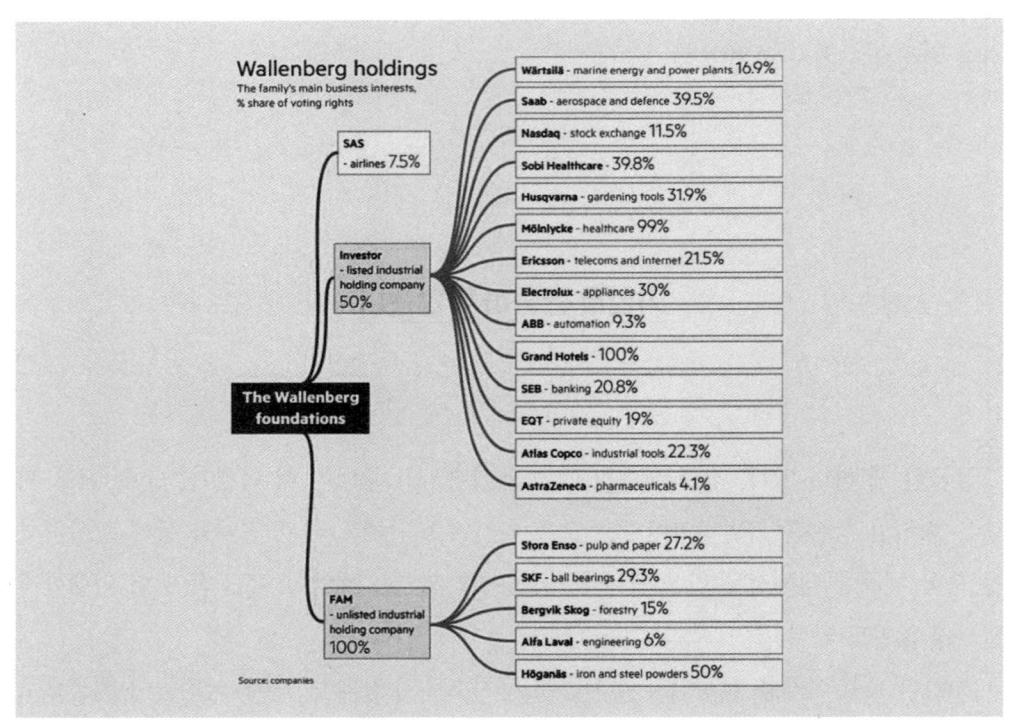

출처: Financial Times(June 5, 2015).

발렌베리재단 지배구조

자본의 금융 지배를 죄악시하는데 발렌베리는 금산그룹이기도 하다. 코로나 백신을 생산하는 아스트라제네카도 발렌베리재단이 투자 회사를 통해 지배하고 있다.

이렇게 말하면 발렌베리재단의 후계자 선정 과정, 사회 공헌, 지배구조의 투명성, 전문경영인 활용 등을 예로 들어 삼성과 다르다고 말할 것이다. 그러나 이들이 말하지 않는 게 있다. 스웨덴에서는 재단을 통한 그룹의 지배가 가능하며 차등의결권을 통해 소수 지분만으로도 경영권을 확보할 수 있다. 한국에서는 이 모든 것이 불가능하다.

미국 대기업 중에서 창업자 가족이 운영하는 기업이 얼마나 되냐고 반문하기도 한다. 그러나 미국도 처음부터 전문경영인 체제가 들어선 것이 아니다. 19세기 말 20세기 초, 산업화 초기, 미국 기업은 상속이 주류였다. 가업 상속은 자본주의의 예외가 아니라 오히려 전문경영이 예외다. 미국에서는 상속을 하지 않을 경우, 기업을 매각해서 그 돈을 자식들에게 물려주는 게 일반적이다. 기업 대신 부를 물려주는 것이다. 현재 미국 기업의 33%, 프랑스와 독일 기업의 40%는 여전히 가족기업이다.

한국에서는 상속도 나쁘고 문어발 확장도 나쁘고 소수의 지분으로 기업을 지배하는 것도 모두 죄악시된다. 기업이 높은 수익을 올리면 주식을 갖고 있는 사람 이외에 모두 배가 아프다. 한 번은 여당의 원내대표가 삼성전자 이익잉여금 중 20조 원을 쓰면 20만 명에게 1천만 원씩 줄 수 있다며 왜 베풀지 않느냐고 압박했다. 기업 이익을 사회적으로 공유해야 할 공공재산으로 여기는 것이다.

자본주의 사회에서 기업의 역할은 무엇인가? 기업은 투자를 통해서 경제 성장에 기여한다. 투자는 생산 및 고용과 직결된다. 자본주의 시장경제에서 고용의 주체는 어디까지나 기업이다. 그렇다면 이렇게 말했어야 한다. "삼성이 20조 원을 투자하면 연봉 1억 원 일자리를 1만 개 정도 만들 수 있지 않을까 생각한다." 그러나 사고가 딱 20조 원을 나눠 주는 수준에서 멈춰 버렸다.

「부(富)는 어디에서 오는가」라는 책은 현대 자본주의 시스템을 인류의 오랜 역사 속에 진화해 온 사회적 기술, 제도로 설명하는 복잡계 경제학 책이다. 여기서 가장 중요한 사회적 기술, 진화의 산물이 바로 통치자경제(통치자가 경제를 좌지우지하는 시스템)에서 시장경제로의 진화였다. 저자 에릭 바인하커(Eric D. Beinhocker)는 과학혁명과 더불어 시장의 조직화를 인류의 두 가지 메타 혁신이라고 설명한다. 그리고 시장경제 발전의 중요한 임계점으로 주식회사 제도의 탄생을 들고 있다.

요약하면, 현대 자본주의 시장경제에서 기업을 빼놓고는 시장을 이야기할 수 없다는 것이다. 우리가 중세식 통치자경제를 추구하지 않는 한 기업은 한국 경제의 주축이다. 그러한 기업을 한국에서는 냉대하기 그지없다. 기업은, 특히 대기업은 존경의 대상이 아니고 저주의 대상이다. 내 몫을 다 뺏어다가 자기 배를 채우는 증오의 대상일 뿐이다.

사실 이러한 기업에 대한 반감, 반기업 정서는 한국만 겪는 일은 아니다. 미국에서도 산업화 초기 급성장하기 시작한 대규모 자본에 대한 반발이 적지 않았다. 카네기, 모건, 록펠러 등 19세기 말, 20세기 초 대기업들은 악덕 자본가라는 뜻으로 유럽 중세의 노상강도 귀족을 뜻하는 로버 배런(Robber Baron)으로 불렸다. 이처럼 자본주의 발전 과정에서 기업은 언제나 도전받았다. 한국만의 현상이 결코 아닌 것이다.

부의 집중과 소득불균형 문제가 확대되면서 이윤 추구 동기를 부정하는, 즉 사기업을 부정하는 거대한 실험도 진행됐다. 바로 소련의 소비에트 사회주의 실험이었다. 마오쩌둥(毛澤東) 치하의 중국 공산당도 같은 실험을 했다. 사기업의 존재는 부정되고 모든 기업은 국가가 운영했다. 사실 사회주의하의 기업은 기업이 아니라 정부의 생산담당 부서에 불과하다. 정부 계획에 맞춰 필요한 양을 생산해 내는 생산의 도구였을 뿐이다. 우리는 모두 안다. 이러한 실험은 모두 실패했다는 사실을.

자본주의의 폐해를 교정하는 것과 자본주의 자체를 부인하는 것은 완전히 다른 이야기다. 반기업 정서의 독소는 그것을 말하는 사람들이 전자를 말하는지 후자를 말하는지 불분명하다는 점이다. 재벌 적폐를 지적하는 사람들에게 묻고 싶다. 그들이 원하는 체제적 지향점이 무엇인지, 만약 자본주의 시장경제가 지향점이 아니라면 솔직해져야 한다. 우리가 추구하는 경제는 사회주의경제라고. 그렇지 않고 자본주의 시장경제 내에서의 모순 해결을 지향한다면 기업을 죄악시하고 배척할 것이 아니라 오히려 기업이 성장에 성장을 거듭하도록 도와야 한다. 부작용이 있다면 시장경제를 유지하는 틀 안에서 그것을 해결할 수 있는 지혜를 찾아내야 한다.

반기업 정서는 분명 진보의 적폐다. 그렇다고 보수가 잘했다는 것도 아니다. 보수 정치 세력은 대기업을 자기들이 만들어 줬다고 생각했다. 그러니 기업에 대해 깊은 존경심이 없다. 정치적으로 필요하면 언제든 기업인을 핍박해 왔다. 보수정권이라고 재벌총수들을 앞장서서 보호해 주지도 않았다. 이명박 정부 때도, 박근혜 정부 때도 재벌총수 중 몇몇은 수사받고 기소되고 징역형을 면치 못했다. 어떻게 보면 한국 정치의 최대 희생양 중 하나가 대기업일지 모른다.

이제 보수건 진보건 기업에 대한 시각을 바꿔야 한다. 진보라 할지라도 자본주의 체제 내 진보를 의미한다면 생각을 바꿔야 한다. 그렇다고 친기업 정책을 펴라는 말이 아니다. 기업의 잘못을 억지로 덮을 이유도 없다. 시장 질서를 교란하고 주식회사 제도를 악용해 자신의 배만 채우는 행위에 대해서는 엄격한 법적 잣대를 들이대야 한다. 이것이 공정한 시장경제다.

핵심은 기업을 시장경제의 파트너, 국가경제의 파트너로 제대로 인정하고 존중하는 것이다. 기업가를 중세의 기사에 비유해 '자본주의의 영웅'이라고 칭송한 경제학자도 있다. 한국의 기업인들이 원하는 것은 영웅 대접이 아니다. 경제를 성장시키고 일자리를 제공하며 많은 세금을 부담함으로써 국민생활을 살찌우게 하는 긍정적인 기여에 대해 조금이라도 인정해 주기를 바랄 뿐이다.

대기업 수가 절대적으로 부족하다

대한민국에 만연한 반기업 정서를 감안할 때 한국은 대기업이 많아서가 아니라 적어서 문제라는 말을 하면 아마도 정신 나간 사람 취급을 받을 수 있다. 그러나 이는 엄연한 사실이다. 한국은 대기업이 결코 많은 나라가 아니다. 대한상공회의소가 2020년 12월 발표한 '국제 비교로 본 우리 기업의 신진대사 현황과 정책 시사점' 자료를 보자. 한국에 글로벌 100대 기업은 몇 개나 될까? 세계 10위권을 넘보는 경제대국이니 한 대여섯 개는 되지 않을까? 천만에 하나뿐이다. 삼성전자 하나다. 지난 10년간 새롭게 글로벌 100대 기업에 진입한 한국 기업은 하나도 없다. 중국 기업 11개, 미국 기업 9개, 일본 기업 5개가 세계 100대 기업에 새롭게 진입하는 동안 한국은 단 한 개 기업도 영광을 누리지 못했다.

글로벌 100대 기업은 너무 큰 이야기일 수 있다. 그렇다면 한 국가 내에서 대기업이 차지하는 비중을 비교해 보자. 경제협력개발기구(OECD)가 발표하는 「한눈에 보는 기업가정신(Entrepreneurship at Glance, 2018)」 보고서를 통해 국제 비교가 가능하다. OECD 기준(상시고용 250명 이상)으로 파악한 대기업 수다. 보고서는 OECD 회원국에 러시아를 포함, 37개국을 대상으로 작성됐다.

한국은 제조, 서비스, 건설업 분야 종업원 250인 이상 대기업 숫자가 2,413개에 불과하다. 미국은 이보다 11배가 많은 2만 6,628개다. 일본은 1만 957개로 4.5배. 영국도 2.5배가 많은 5,991개다. 우리가 강소기업이 많은 나라로 알고 있는 독일도 1만 690개로 4.4배나 많다.

한국보다 경제 규모가 큰 (국내총생산 기준) 10개국 중 한국과 비교해 대기업 숫자가 적은 나라는 전무하다. 한국보다 경제 규모가 작은 나라 중에서도 캐나다는 대기업 숫자가 한국보다 5배가량 많다. 폴란드(2,925개), 스페인(2,643개), 호주(2,556개)도 한국보다 많은 대기업을 보유하고 있다.

전체 기업 중 대기업이 차지하는 비중을 보면 더욱 적나라하다. 한국의 대기업 비중은 0.11%. 조사 대상 37개국 중에서 한국보다 이 비율이 낮은 나라는 그리스, 포르투갈, 이탈리아뿐이다. 전체 평균은 0.26%. 한국은 전체 평균의 절반에도 미치지 못한다. 진보 쪽에서 모델 국가로 칭송받는 스웨덴도 0.16%로 한국보다 높다. 미국(0.62%), 독일(0.48%), 일본(0.37%), 영국(0.29%) 등 G7 국가와는 비교가 안 될 정도로 낮다. 결론은 이렇다. 한국은 경제 규모에 비해서 대기업 숫자가 적고 대기업 비중도 낮은 나라다.

경제 규모와의 상관관계를 좀 더 파악하기 위해 '상대적 대기업 비중'이라는 지표를 만들어 봤다. '상대적 대기업 비중'은 한국을 기준으로 한 대기업 수 배율(비교 대상 국가 대기업 수/한국 대기업 수)을 한국과의 GDP 배율(비교 대상 국가 GDP/한국 GDP)로 나눠 구한다. '상대적 대기업 비중'이 1인 나라는 경제력 격차를 감안할 때 대기업 수가 한국과 동일한 수준임을 말한다. 아일랜드가 1.0이다. 1보다 크면 경제력에 비해 한국보다 대기업이 상대적으로 많다는 뜻이며, 적으면 그 반대다. 분석 결과 1보다 적은 국가는 단 2개국이었다. 그리스와 이탈리아다. 한마디로 한국은 그리스, 이탈리아에 버금가는 중소기업 대국인 셈이다.

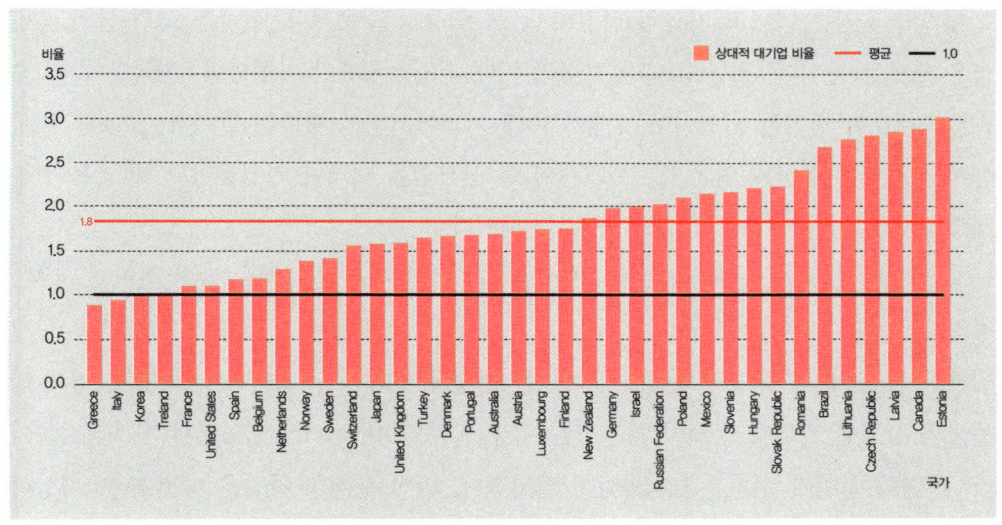

주: GDP 격차를 감안한 대기업 숫자의 상대적 비중. 1이면 경제 규모에 비해 한국과 비슷한 수의 대기업이 있는 것. 1 이상이면 한국보다 대기업 수가 더 많은 것. OECD 평균은 1.8. 한국은 대기업 숫자가 경제력에 비해 매우 적은 나라임을 보여줌. 37개국 중 한국보다 대기업 비중이 높은 나라가 33개국임. 대기업 수는 OECD, Entrepreneurship at Glance(2018)에서 추출.

한국보다 대기업 숫자가 상대적으로 많은 나라가 33개국

대기업에 대한 공격 포인트 중 하나가 그만큼 컸으면 고용을 더 많이 해야 하는데 안 한다는 것이다. 실제로 대기업의 고용기여율이 20% 수준으로 낮은 것은 사실이다. 37개국 중 36위다. 그런데 위에서 보듯이 상대적 대기업 비중도 37개국 중 35위다.

무엇을 말하는가? 고용을 더 할 수 있음에도 안 하는 것이 아니라 고용에 기여할 수 있는 대기업 숫자와 비중 자체가 적은 것이다. 이를 마치 대기업이 능력이 있는데도 실업 문제 해결에 나서지 않는, 도무지 사회적 인식이 없는 증거라고 비난하는 것은 전혀 온당치 않다. 그냥 나는 한국에 대기업이 존재하는 게 싫다고 말하면 된다. 작은 기업들이 옹기종기 모여 사는 국가로 남기를 바란다고 말하면 된다. 그렇지 않고 기업이 고용이라는 중대한 이슈와 관련 사회적 책무를 충분히 하지 않는다고 비난하는 것은 정당하지 않다. 대기업 고용 비율을 높이고 싶은가? 간단하다. 대기업 숫자를 늘리면 고용 비중도 늘어난다. 단위 기업당 고용 인원이 많기 때문이다.

대기업 숫자뿐 아니고 기업의 신진대사, 즉 역동성도 문제다. 한국은 고인 물이고 미국은 흐르는 물이다. 지난 10년간 한국의 10대 기업은 3개만 바뀌었다. 미국은 10개 중 7개가 새로이 진입한 기업이다. 7개가 10대 기업에서 탈락했다는 말이다. 그것도 미국에서 새로이 진입한 기업은 IT, 헬스케어 등 신산업을 개척한 기업들이다. 한국은 전통 제조업 등 구산업이 구산업으로 대체됐을 뿐이다.

정부가 벤처 창업 숫자를 자랑하지만 이것도 잘 따져 보면 내세울 만한 것이 못 된다. 창업의 질이 그다지 좋지 않다. 대한상의는 창업을 기술 기반 기회형 창업과 먹고 살기 위해 부동산, 요식업, 도소매업에 뛰어드는 생계형 창업 등으로 나눠 분석한다. 경제 역동성의 상징인 기회형 창업이 차지하는 비중은 지난 4년간 15~17%에서 제자리걸음이다. 지난해 상반기 수치는 14.4%까지 떨어졌다. 반면 생계형 창업은 매년 60% 이상이다. OECD 통계로 살펴보면, 2014년 기준 기회형 창업은 21%다. 반면 미국은 절반 이상이 기회형 창업이다. 생계형은 거꾸로 한국이 63%, 미국이 26%다. 미국은 살아 있는 자본주의이나 한국은 죽어가는 자본주의인 셈이다. 대한상의는 최근 10년 사이 민간 부문의 성장기여도가 2011년 3.6%에서 2019년 0.4%로 급전직하한 이유도 '고인 물' 자본주의에 원인이 있다고 평가했다.

결론은 이렇다. 더 많은 대기업을 만들기 위해 중소기업에 성장 사다리를 제공해야 한다. 대규모 기업집단으로 꽁꽁 묶어 피라미드 맨 꼭대기를 고인 물로 만들어 버리는데 어떻게 그 밑에 있는 기업들에게 성장 사다리가 제공되겠는가? 소기업은 중기업으로의, 중기업은 대기업으로의 야망을 꿈꾸고 실현할 수 있도록 기업 규모에 따른 규제를 모두 없애야 한다. 분식회계, 횡령, 불공정 거래 등 시장경제의 공정을 저해하는 행위를 규제하지 말라는 말이 아니다. 이것은 현재보다 더 엄격하게 규제해야 한다. 다만 기업이 성장하는 것을 두렵게 만드는 편향된 기업 규제는 없애야 한다.

중소벤처기업부도 역할을 재인식해야 한다. 중소기업에 정책자금을 주면서 중소기업을 상대로 갑질하고 돈 나눠 주는 재미로 살아서는 안 된다. 중소벤처기업부의 역할은 중소기업이 대기업으로 성장할 수 있도록 성장 사다리를 제공하는 것이다. 잘 하는 중소기업이 혁신에 혁신을 거듭하도록 돕는 것이지 못하는 중소기업의 연명을 돕는 것이 아니다. 중소벤처기업부의 성과는 1년에 몇 개의 기업을 대기업으로 키워 냈느냐로 평가해야 한다. 생계형 창업이 대부분인 창업 숫자로 평가하지 말라는 이야기다. 대기업 비중이 늘어나면 중소벤처기업부도 성공하는 것이다.

일자리를 찍어 낼 수 있다는 정부

2017년 발표한 공공 서비스 일자리 81만 개 중 비정규직의 정규직 전환 30만 개를 제외한 순수 일자리 창출은 51만 개 정도다. 고용노동부의 고용 동향 통계에 따르면, 이 계획이 발표된 당시, 우리나라 취업자가 2,672만 2천 명, 실업자 수가 102만 3천 명 정도였다. 순수 취업자만 계산해도, 실업자의 50% 정도를 공공 부문 일자리로 취업을 시키겠다는 것이었다. 정부는 이를 위해 공격적인 정책을 집행했다. 5년간 21조 원의 재원을 투입하겠다고 밝혔다. 실제 2020년까지 100조 원이 넘는 예산이 일자리 예산으로 쓰였다. 2019년, 정부는 2019년 6월까지 2년 만에 38만 8천 개의 일자리를 창출해, 목표치의 48%를 달성했다고 국회에 보고했다. 이 중 비정규직의 정규직 전환 실적이 22만 694개였으니 실제로 창출된 신규 일자리는 16만 7,300개 정도였다. 늘어난 일자리는 경찰, 교원, 군부사관·군무원, 소방, 아이돌보미, 노인돌보미, 장애인 활동 지원이다.

행정실무원은 사무보조 인력이다. 꼭 필요한 인력이지만, 업무의 난이도가 높은 직종은 아니다. 주로 서류 정리나 사무실 관리, 상급자의 업무 보조를 담당한다. 보통 행정부처에는 사무실마다 실무원이 한 명은 꼭 있다. 2018년, 인천광역시 교육청에서 행정실무원 88명을 모집하는데 3,114명이 몰렸다. 경쟁률이 35.4 대 1이다. 지원자 대부분은 대졸이고, 영어를 능숙하게 구사하며, 각종 자격증이 한두 개는 있고, 공공기관 인턴 경험도 있는 이들도 상당하다. 석사학위의 연구원 출신도 있고, 대학까지 클래식 음악 엘리트 교육을 받은 이들도 있다. 청년취업난을 반영한 오늘의 취업시장 풍경이다.

해결 방법은 한 가지밖에 없다. 일자리가 많아져야 하는 것이다. 이들이 취업을 하지 못한 채, 경력 공백의 청년기를 오래 보내면, 청년들 하나하나의 어려움도 어려움이지만, 사회 문제가 된다. 세대 간 이어달리기의 연속성이 깨지기 때문이다. 결혼이 늦어지고, 출산이 늦어지며, 공적연금을 위한 기여금 납부 시기도 지연된다. 선배 세대와의 격차가 점점 커지고, 어쩌다 취직에 성공한 청년과 그렇지 않은 청년들 사이의 차이도 커진다. 사회 갈등도 심화된다.

이렇게 시급한 일자리 창출에 정부가 나섰다. 방법은 공공일자리를 만들어 정부가 직접 고용하는 것이었다. 2017년, 2022년까지 공공 부문 일자리 81만 개를 만들겠다는 공약은 이렇게 나왔다. 공공일자리 창출은 재정만 있으면 가능하다. 정부가 각 부처, 행정조직, 공공기관에 새로 창출해야 할 일자리의 수를 할당하고, 이를 위한 예산을 편성하면, 일자리는 자동으로 만들어진다. 일이 있어서 일자리가 만들어지는 것이 아니고, 거꾸로 일자리를 먼저 만들어 놓고, 무슨 일이 있는지를 따지는 구조다.

이런 논리라면 인천광역시의 교육청 행정실무원 경쟁률을 낮추는 방법은 한 가지밖에 없다. 고용 인원을 늘리는 것이다. 정부가 밝힌 직접 고용은 세 가지다. 비정규직의 정규직 전환 등 공공 부문 간접고용의 직접고용 전환이 30만 개, 그 외 51만 개는 국방, 소방 및 치안, 사회복지 전달 서비스, 육아 및 요양 돌봄 서비스, 공공거래 감시나 근로감독관 등 공공 서비스 성격이 강한 분야의 일자리다. 우리나라 공공 부문 일자리가 OECD의 21.3%에 비해 7.6%로 매우 낮기 때문에 공공일자리를 만들면, 공공 서비스의 양적·질적 개선도 이룰 수 있고, 이와 함께 수년간 우리 사회의 어려움으로 지속된 일자리 문제도 해소할 수 있다는 판단이었다.

갑자기 공공 부문 일자리가 늘어나니 벌어진 웃픈 현상이 많다. 공무원 준비, 공공기관이나 행정부서의 행정실무원이라도 들어가려는 청년들이 많아졌다. 2015년 소방공무원 지원자는 12,112명에서 2019년엔 24,715명으로 늘었다. 매년 2~3차례 공채가 이뤄지는 경찰공무원의 경우, 2015년 1차에서 55,700명에서 2017년 1차에서 152,600명으로 급증했다. 2019년엔 그 숫자가 66,500명으로 줄어들긴 했지만 여전히 높다. 비정규직의 정규직 전환은 어떨까? 인천국제공항 사태에서 불거진 것처럼 수년간 수험생활을 거쳐 시험에 합격한 청년과 그렇지 않은 청년들과의 갈등도 갈등이지만, 더 큰 문제가 있다. 2017년에서 2020년 사이 대규모로 진행된 비정규직의 정규직 전환은 해당 행정기관에 비정규직으로라도 취직할 수 있었던 바로 다음 세대 청년의 일자리를 없애는 결과를 초래했다. 각급 국책연구원에 대학원 석박사 과정을 병행하며, 계약직으로 고용돼 행정 업무를 수행한 이들을 보자. 이들을 정규직으로 전환하다 보니, 연구원을 거쳐 박사를 받고, 연구자가 되고, 학교에 자리도 잡는 연구자의 취업생태계가 교란됐다. 결과는 대학원 운영의 어려움이다. 대학원을 다니며 호구지책을 해결할 중요한 방책이 사라졌기 때문이다. 설상가상, 시간강사법으로 이들에겐 시간강사 일자리도 줄어들었다. 이 문제를 해결하는 쉬운 방법은 정부가 다시 연구원의 일자리를 늘리는 것이다. 정부가 다 고용해 주면 실업 걱정을 안 해도 된다.

그런데 이런 식의 일자리 창출은 곤란하다. 좋은 일자리를 만들지 못하기 때문이다. 더구나 정부가 직접 고용하는 공무원을 급격히 증가시키는 것은 급여만이 아니라, 연금까지 고려하면 국가재정에 수십 년 동안 부담을 주게 된다. 일자리는 원래 사회 발전에 따른 분업이 많아지며 민간에서 만들어지는 것이다.

골프존은 2000년, 자본금 5,000만 원, 직원 5명으로 대전 카이스트 창업보육센터 작은 사무실에서 시작했다. 2021년, 이 기업은 전국에 스크린골프장 체인을 갖추고, 국내외 골프장 경영을 하고 있으며 직원은 406명에 이른다. 좋은 일자리는 이렇게 창출되는 것이다. 사업이 있고, 그 일이 점점 커지면서, 다양한 지식과 기술을 가진 사람이 더 필요해지고, 일자리도 많아지는 것이다. 골프존의 406명은 골프장 조경을 담당하는 사람,

회계담당자, 직원 성과관리 담당자, 스크린골프 프로그램 개발자, 스크린골프 체인 마케팅 담당자. 외국사업장 개설을 위한 외국어 능력자, 컴퓨터 그래픽 전문가가 있을 것이다. 목소리 녹음을 위한 담당자가 있을 수도 있다. 사업을 성공시켜야 하는 기업은 다양한 전공을 가진 다양한 사람을 찾게 되고, 기업의 성장과 함께 이들의 실력도 쌓이고, 급여도 올라간다. 이 중 일부는 독립해서 창업하고, 필요한 일자리를 또 창출한다.

물론 정부에서도 제대로 된 행정을 하려면 다양한 영역의 다양한 전문가가 필요하다. 전산 프로그램 담당자, 통계분석자도 있어야 하고, 산림 전문가나 문화재 전문가도 필요하다. 그런데 이런 특수 직렬도 있지만, 정부가 창출하는 공공일자리는 대부분 자격 제한을 두지 않는 일반행정을 담당하는 직이 많고, 다음으로 교육이나 소방, 경찰직이 많다. 그 외는 행정실무원이나, 아이돌보미나 노인돌보미와 같은 단기 일자리다. 청년실업이 급하다고 이 같은 일자리를 늘리게 되면, 청년들이 자신의 전공, 역량과 무관하게 수험을 준비하고, 사회복지사나 요양치료사, 보육교사와 같은 자격증 취득에 골몰하게 된다. 공공일자리에 취직한 당사자야 좋겠지만 사회 전체의 분업에는 도움이 안 된다. 다

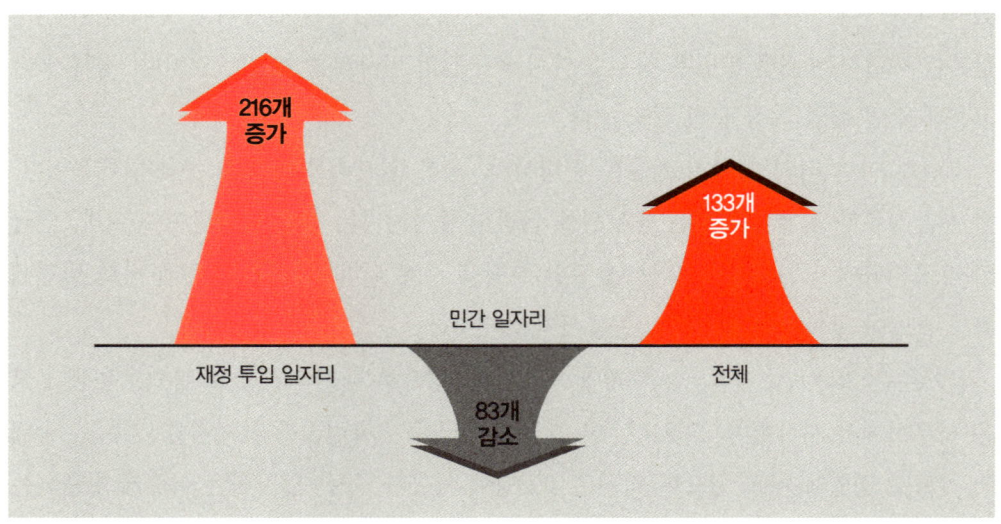

출처: 한국고용정보원.

재정 10억 원 투입 시 고용 효과

양해야 할, 그래서 되도록 각자 자기 분야에서 전문성을 만들어 가고 그러는 가운데 다시, 분업을 통해 또 일자리가 만들어지는 선순환이 아니라 정부가 내놓은 공무원, 공공기관 채용 가이드라인에 맞게 청년들이 획일화된다. 이렇게 되면 일자리는 생길지 몰라도, 일자리 창출의 요체인 다양성의 극대화를 통해 사회적 분업이 활성화되는, 그래서 사회를 더욱 역동성 있게 만드는 비밀의 메커니즘은 약화되는 것이다.

공공이 이렇게 급하게 일자리 창출에 나서면, 민간의 일자리가 상대적으로 줄어드는 것은 당연한 일이다. 실제 2017년 한국고용정보원의 분석에 따르면, 재정 10억 원 투입 시, 일자리 133개가 증가하는데, 재정이 투입되는 공공일자리는 216개 증가하는 반면, 민간 일자리는 오히려 83개가 감소하는 것으로 분석했다. 좋은 일자리 창출의 원천인 민간 일자리를 공공일자리가 구축한 것이다.

그렇다면 좋은 일자리는 어떻게 만들어야 할까, 공공일자리를 만드는 것이 주가 돼서는 안 된다. 더 많은 기업이, 더 많은 사업을 시도하고, 그런 사업에서 성공해서, 좀 더 다양한 전문성을 갖춘 인력 수요가 필요하도록 해야 한다. 연예기획사는 처음에는 1명의 작곡가나 제작자로 출발할 수 있지만, 자리 잡으면 매니저가 필요하고, 메이크업 아티스트가 필요하다. 회사 운영을 위한 경영학 전공자도 필요하고, 조직이 커지면 직원관리를 위한 행정학 전공자도 필요하다. 이들은 연예기획사에 특화된 각 전공 분야 전문가가 되며, 능력을 인정받으면 업계에서 고액의 계약금을 받으며 전직한다. 이렇게 만들어지는 일자리야말로 좋은 일자리다.

영리, 비영리가 별개라는 오해

비영리법인은 말 그대로 영리를 목적으로 하지 않는 법인이다. 기업이 아니라는 말이다. 우리나라에서 비영리법인은 대학, 병원, 사회복지법인이 대표적이다. 이들이 하는 사업은 영리를 목적으로 하는 기업에 뒀다가는 큰일이 날 거라는 우려가 있다. 학교나 병원, 사회복지시설을 기업이 운영하다가는 이윤 추구, 자금 절약의 논리에 앞서 제대로 된 서비스가 제공되지 못할 것이라 생각한다. 과연 그럴까?

"기업은 왜 존재하는가?" 1932년 겨우 21세의 나이에 로널드 코스(Ronald F. Coase)가 품었던 의문이었다. 5년 뒤 그는 "기업의 본질(The Nature of the Firm)"이란 논문을 발간했는데, 학계에서 거의 읽혀지지 않았다. 1960년에 저술한 또 다른 기념비적 논문 "사회적 비용의 문제(The Problem of Social Cost)"가 비로소 경제학자들의 주목을 받기 시작했다. 이 두 편의 논문에서 그는 대부분의 경제학자들이 집착하고 있던 생산비용(production cost)에서 벗어나 거래비용(transaction cost)을 강조했다. 거래비용에 대한 그의 통찰력이 폭넓게 인정되면서 그는 80세가 되던 1991년에 노벨경제학상을 수상했다.

1932년에 코스가 제기한 의문은 바로 이것이었다. 이상적인 시장에서는 모든 경제 거래가 가격 시스템을 통해 잘 작동할 것인데, 왜 현실에서는 많은 거래가 시장이 아니라 기업 내부에서 이뤄지고 있는가? 다시 말해, 생산자는 모든 부품을 시장 거래를 통해 조달할 수 있을 것인데, 왜 일부 부품은 생산자가 기업조직 내에서 직접 생산하고 있는가? 이 의문은 거래비용 경제학을 발전시켰던 또 다른 노벨경제학상 수상자 올리버 윌리엄슨(Oliver E. Williamson)에 의해 '생산할 것인가 구매할 것인가(make-or-buy)'의 의문으로 정리됐다.

이 의문에 대한 코스의 대답은 다음과 같다. 부품을 외부에서 구매할 때에는 시장 계약의 '거래비용'이 나타나고, 기업이 직접 생산할 때에는 기업조직의 '관리비용'이 등장하기 때문이다. 만약 실질적인 생산비용이 동일하다면, 시장 계약의 '거래비용'과 기업조직의 '관리비용' 크기에 따라 시장 계약이 선택되기도 하고 기업조직이 선택되기도 한다. 따라서 기업이 존재하는 이유는 시장 계약의 거래비용이 관리비용보다 더 크게 나타날 수 있기 때문이다.

'시장 계약'의 거래비용은 명문화된 계약서가 '거래 내용의 불확실성/복잡성', '거래당사자의 기회주의적 태도'라는 두 가지 문제를 적절하게 대응하지 못하기 때문에 나타나는 것이다. 그런데 '기업조직'은 이 두 가지 문제를 사전에 명문화돼 있는 계약이 아니라 관리자에 의한 임기응변적 명령과 통제에 의해 해결한다. 다시 말해 사전적인 약정(commitment)이 아니라 협력적인 응변(cooperative adaptation)에 의해 문제를 해결하는 것이 기업조직이다. 그리고 기업조직의 관리비용 역시 이 문제를 해결하는 데 소요되는 비용이기 때문에 일종의 거래비용이라 할 수 있다.

생산조직으로서의 기업이 거래비용을 절감하는 수단이라는 사실은 ⓐ~ⓚ의 11개 거래자를 표현한 아래 그림에서 잘 이해할 수 있다. 그림 가)는 기업조직이 존재하지 않는 경우에 거래자 ⓐ, ⓑ, ⓒ로부터 시작한 생산 계열이 최종적으로 소비자 ⓚ에게 전달되는 과정을 나타낸다. 그림 나)는 점선의 사각형으로 표현된 기업조직이 등장해 ⓖ, ⓗ, ⓘ의 거래자들을 하나의 조직으로 통합한 과정을 보여준다. 기업조직이 등장하면서 ⓓ~ⓙ 거래자들 사이의 다양한 거래들이 단순하게 정리될 수 있음을 알 수 있다. 이는 기업조직이 하나의 법인격을 갖춤으로써 시장 계약의 거래비용을 상당히 줄일 수 있음을 시사한다.

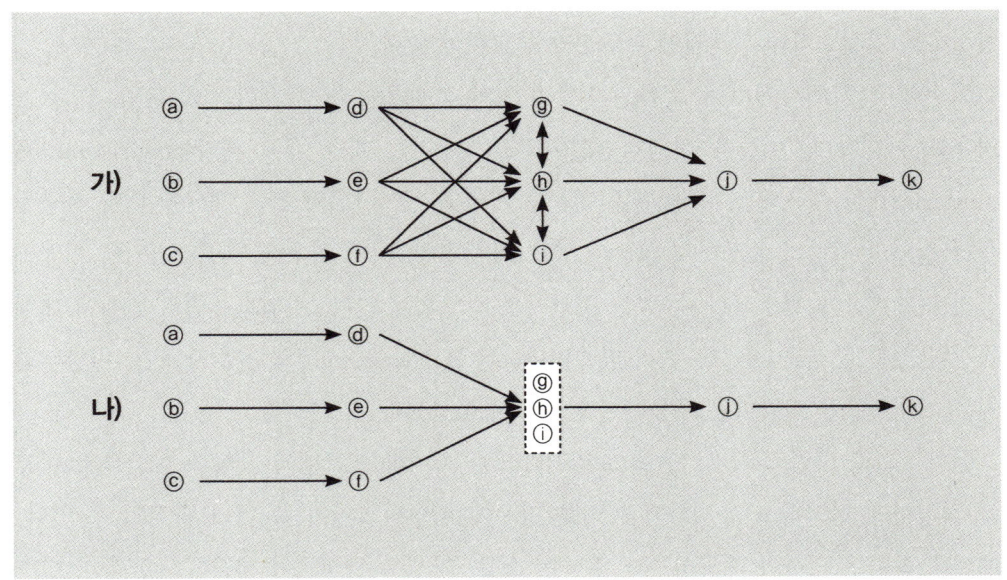

그런데 기업조직에서는 조직을 책임지고 임기응변적 통제를 행사하는 관리자를 필요로 한다. 다시 말해 소유권자가 있어야 한다. 소유권(ownership)이란 기업조직이(그림의 점선 사각형) ⓓ, ⓔ, ⓕ 그리고 ⓙ와 체결한 시장 계약의 모든 비용을 청산한 이후에 남는 잉여가치에 대한 권리를 말한다. 이 때문에 소유권을 전문적인 용어로서 '잔여적 개입권(the residual rights of intervention)' 또는 '잔여청구권(residual claims)'이라 한다.

이제 우리가 기업조직에 대해 제기해야 할 두 번째 의문은 다음과 같다. 기업조직의 거래비용(또는 '관리비용')을 줄이기 위해서는 어떤 형태의 거버넌스가 바람직할 것인가? 다시 말해 그림 나)에서 ⓖ, ⓗ, ⓘ 중에서 누가 소유권자로서 조직을 관리하는 것이 바람직할 것인가? 또한 소유권자가 어떤 거버넌스를 구축하는 것이 기업조직의 거래비용을 최소화할 수 있겠는가?

현실적으로 기업의 소유권자는 기업의 투입물(inputs)에 대한 판매자와 기업의 산출물(outputs)에 대한 구매자가 될 수 있다. 생산 요소 등 투입물을 판매하는 거래자들이 소유권자가 되는 대표적인 경우로는 각종의 농업, 어업, 임업, 낙농업 등의 협동조합을 들 수 있다. 주식회사 역시 생산 요소로서 자금(자기 자본)을 제공하는 거래자가 소유권을 행사하는 특수한 경우다. 반면 산출물 구매자들이 소유권을 갖는 경우로는 생산 계열을 형성하는 기업조직들 상호간에 다양하게 등장하고 있다.

그런데 기업조직에서는 소유권자가 없어야 거래비용을 최소한으로 줄일 수 있는 경우도 존재한다. 이들을 비영리법인이라고 하는데, '배당 금지 제약(nondistribution constraints)'이 적용되는 비영리법인에서는 기업의 잉여가치와 잔존 재산에 대한 청구권을 가진 소유권자가 존재하지 않는다. 여기서 우리는 어떤 경우에 비영리법인이 기업조직의 거래비용을 최소화할 수 있을 것인지를 검토해야 한다. 기업소유권의 변천에 대해 통찰력 있는 분석을 제공한 헨리 한스만(Henry B. Hansmann) 교수에 따르면, 비영리법인은 거래비용을 절감하는 유용한 수단으로서 등장했다는 것이다.

일반적으로 기업조직의 산출물(또는 서비스)을 소비하는 구매자가 당해 산출물의 내용을 적절하게 파악하고 통제하기 어려운 경우에 비영리법인이 좀 더 효과적일 수 있다. 예컨대 환자는 의사가 제공하는 의료 서비스를, 학생은 선생님이 제공하는 교육 서비스를, 기부자는 자선단체가 제공하는 자선 서비스를 속속들이 파악하고 통제하기가 매우 어렵다. 즉, 이들 서비스는 정보의 비대칭성(asymmetry of information)이 강하게 나타나기에 사전적 약정(commitment)에 의한 통제가 매우 어렵다. 이 경우에는 당해 기업조직에 소유권자가 존재하는 것이 오히려 서비스가 오남용될 위험이 높을 수 있다. 오남용의 가능성을 줄이기 위해서는 소유권자가 존재하지 않는 비영리법인 형태의 거버넌스가 바람직할 수 있다.

그러나 훌륭한 의사, 선생님, 자선가들은 경영관리에 매우 둔감할 수 있다. 비영리법인에서는 소유권자가 존재하지 않아 내부적으로 느슨한 유인구조가 형성돼 근로자들이 영향력을 더 많이, 경우에 따라서는 부적절하게 행사한다. 지도적 지위의 근로자들(또는 임직원)이 어떻게 행동하느냐에 따라 조직 내부의 부정부패, 전략적 선택 등 성공 여부가 결정적으로 좌우되는 것이다. 만약 이들이 느슨한 관리 속에서 서비스의 경쟁력 제고와 철저한 내부관리에 나서지 않는다면 소비자들은 피해를 입게 될 것이다.

만약 기업조직의 산출 서비스가 상당한 정도로 정형화돼 소비자들이 충분히 통제 관리할 수 있다고 한다면 사정은 완전히 달라질 수 있다. 이 경우에는 사전적 약정에 의한 관리와 통제가 이뤄질 수 있기 때문이다. 이와 같이 상황이 변화한다면 기업조직 내에 소유권자가 존재하는 것이 오히려 기업의 거래비용을 훨씬 더 줄일 수 있다. 이 때문에 서구 여러 국가에서는 의료, 교육뿐만 아니라 다양한 자선 서비스에서도 소유권자가 존재하는 영리법인을 적극 허용하고 있는 것이다.

우리나라에서도 거래비용 절감의 차원에서 영리법인과 비영리법인의 활발한 경쟁을 보장할 수 있어야 한다. 우리나라에서는 비영리법인이 영리법인에 비해 좀 더 공익적인 사업을 하고 있는 것으로 오해받고 있다. 그러나 이는 전혀 사실이 아니다. 영리와 비영리의 구분은 이익의 배당 여부 또는 소유권자의 존재 여부라는 거버넌스의 한 가지 형태일 뿐이다. 기업조직은 생산활동을 하는 조직이며, 여기서 영리와 비영리의 선택은 어떤 조직 형태가 소비자들에게 더 잘 기여하고 있는가에 따라 달라져야 한다. 우리는 교육, 의료, 자선 등 비영리법인의 전통적 영역으로 알려져 있는 사업들에 대해서도 영리법인을 허용함으로써 자율적인 경쟁을 통해 적정한 사회적 선택이 이뤄지도록 해야 한다.

chapter 3
이상사회가 있다는 순진한 착각

유토피아를 말하면서 디스토피아를 만들다

　유토피아(Utopia)에서 U는 그리스 말 ou에서 온 말로 '없다'라는 뜻이고 토피아는 toppos에서 유래한 말로 '장소'를 뜻한다. 직역하면 '없는 세상'이다. 그리스어 ou는 '좋은' 이라는 뜻도 있다 한다. 그러니 좋은 이상적인 사회는 이 세상에는 없다고 이해할 수 있다. 결국 유토피아는 꿈꿀 수 있을 뿐이지, 당장에 실현할 수 없는 미지의 영역이다. 그런데 몇 가지 정책으로 당장 유토피아를 만들 수 있다고 생각하는 사람들이 적지 않다.
　문재인 정부의 정치적 구호는 유토피아적이다. "기회는 균등하고, 과정은 공정하며 결과는 정의로운 나라"다. 이 얼마나 이상적인 나라인가. 그리고 이를 실현한다고 많은 정책을 쏟아냈다.

기회 균등의 대표 정책 중 하나가 2017년에 도입한 블라인드 채용이다. 수도권 명문대 학생들만 취업 기회를 독점한다는 생각에 공공기관 채용 지원서에 학교와 전공, 학점 등 학력 사항과 출신지 정보를 적는 난을 없애 버렸다. 이제 이공계 국책연구기관 박사도 블라인드로 뽑아야 한다. 해외에서 공부한 이공계 박사를 채용할 때는 이런 해프닝도 있었다. 미국의 경우 대학마다 경쟁력 있는 분야가 다르다. 그래서 이공계 연구원이 미국 박사를 채용할 때는 어느 학교 출신인가가 중요하다. 그러나 이를 볼 수 없다. 한 연구원에서는 지원자가 제출한 논문의 공동 저자들을 추적해 대학을 추정했다고 한다. 깜깜이 채용에 충실한 결과 국가보안시설인 한국원자력연구원이 외국인을 최종 면접에서 통과시키는 일도 벌어졌다.

정부는 이러한 부작용에 대한 대안 마련보다 블라인드 채용 확대에 초점을 맞췄다. 블라인드 채용을 2019년 7월부터 상시근로자 30명 이상의 사업 혹은 사업장, 즉 민간기업으로 확대 적용한 것이다.

정부가 재정을 투입하는 공공기관의 경우, 채용 방법을 정하는 것은 정부의 몫이라고 말할 수 있다. 그러나 민간기업의 채용 절차와 채용 방식까지 정부가 개입한다? 세상에는 없는 제도다. 정부는 더 나아가 '기초 심사자료 표준양식'을 만들어 배포한다. 민간기업의 채용 심사자료를 국가가 표준화하는 것이다.

블라인드 채용을 강제하는 「채용 절차의 공정화에 관한 법률」은 박근혜 정부 시절인 2014년에 도입됐다. 그러나 이때는 채용 비리를 막는 게 목적이었다. 응시자의 지적재산권 보호 목적도 있었다. 인터뷰 때 지적재산에 해당하는 정보를 채용 자료로 제출했으나 사람은 떨어뜨리고 지적재산권은 도용해 버리는 비리 등을 없애겠다는 것이었다. 채용시장에서의 탈법, 불법을 근절하겠다는 것이지 기업의 채용 방식을 정부가 감시하겠다는 목적은 없었다.

궁금한 게 하나 있다. 정부는 블라인드 채용이 권고 사항이지 강제 사항이 아니라고 주장한다. 그러나 블라인드 채용을 위반하면 징역형은 없지만 과태료 500만 원을 내야 한다. 그러니 단순권고라는 정부의 설명은 설득력이 없다. 정부 말대로 권고 사항이라고 믿으면 채용의 고유 권한을 지키려는 민간기업들이 블라인드 채용에 반기를 들고 자신만의 방법을 고수할 법도 하다. 그러나 그렇게 마이웨이했다는 기업의 소식은 전혀 없다. 한국에서는 '찍히면' 끝장이다. 그러니 블라인드 채용의 시늉이라도 내야 한다.

중소기업은 복잡해진 채용 과정을 감당할 수 없으니 외부 용역기관에 의존한다. 그러나 외부기관의 전문성도 크게 기대할 수 없다. 아직 축적된 경험이 없기 때문이다. 비용은 비용대로 들고 최적의 인재를 뽑았는지 자신할 수도 없다. 나쁜 정책이 기업에 불필요한 비용을 초래하는 전형적인 정부 외부 효과(external effect)다.

정부가 민간기업의 채용의 자유까지 박탈하면서 도입한 블라인드 채용은 당초의 정책 목표를 달성하고 있는가? 우선 채용 비리는 끊이지 않고 있다. 블라인드 채용도 마음먹고 비리를 저지르고자 하면 무력하다는 점이 입증됐다. 외부 용역기관에 맡겼는데 여기서 비리가 발생하면 기업은 알 도리가 없다. 학력 이력을 볼 수 없으니 기업들도 답답하다. 유일한 방법은 지원자의 능력을 검증할 수 있는 다양한 방법, 이전에는 시도하지 않았던 새로운 방법을 고안해서 필요한 인재를 찾아내는 것이다. 그러니 기업은 기업대로, 취업준비생은 취업준비생대로 할 일이 많아졌다.

과연 블라인드 채용이 공정한가 하는 의문도 끊이지 않는다. 부모 찬스가 아니라 스스로의 노력으로 좋은 대학 가고 스펙 많이 쌓고 자격증을 하나라도 더 따려고 노력한 사람과 그렇지 않은 사람을 동일 조건에서 시작하게 하는게 과연 공정한가 하는 의문이다. 대학에서 남들 놀 때 열심히 공부해서 학점을 높여도 이것을 쓸 수 없으니 역차별 아니냐는 의문도 제기된다. 목표했던 대로 지방대, 비명문대 학생들의 대기업 취업 문호가 활짝 개방됐는지도 의문이다.

국책연구기관인 한국노동연구원이 2019년 2월 펴낸 「공정채용의 현실과 개선 방안」 보고서에 따르면, 블라인드 채용 방식이나 지역인재 할당제를 정부가 강제하는 제도는 해외에서 그 사례를 찾아보기 어렵다. 해외 사례와 문헌을 조사해 봤는데 블라인드 채용은 '상당히 이례적인 제도'라는 것이다. 적어도 채용에 관한 한 우리는 이미 '한번도 경험해 보지 못한 나라'에 살고 있는 셈이다.

게다가 한국노동연구원이 설문조사와 전문가 좌담을 통해서 확인한 바에 따르면, 블라인드 채용으로 직원들의 직무 역량이 획기적으로 높아졌다는 증거도 없다. 예전과 비숫하다는 응답이 가장 많았다. 조직 적응도도 비슷하다가 제일 많았다. 두 질문 모두에서 '좋아졌다'가 '나빠졌다'보다는 많았다고 하나 보고서는 이를 유의미한 차이로 보지 않은 듯하다. 민간의 채용의 자유까지 빼앗고 실시한 블라인드 채용이라는 점에서 보면 초라한 성적표다.

원래 균등, 공정, 정의라는 개념은 상대적이다. 절대적인 기준이 없다. 소득 상위 1% 혹은 10% 계층에 속하는 사람을 부자라고 정의할 수 있는 것과는 다르다. 지방대학 출신 몇 명 더 뽑았다고 기회가 균등해지고 채용 과정이 공정했다고 말할 수 있는가? 상대적으로 이 합격자들로 인해 탈락한 수도권 학생들은 열심히 노력했음에도 공정한 기회가 주어지지 않았다고 불만을 품을 수 있다. 문호가 늘어난 사람들에게는 유토피아일지 모르지만 문호가 닫힌 사람들에게는 디스토피아일 뿐이다.

세상일은 정부가 절대로 군사작전처럼 통제할 수 없다. 부동산 투기 없는 사회를 건설하기 위한 수단의 하나로 대출 규제를 강화했더니 어떤 일이 발생했나? 좋은 사례가 있다. 2019년 일이다. 30평형 분양가가 9억 원인 아파트를 419가구 분양했다. 홍제동에 위치한 H아파트다. 100% 분양을 완료했으나 174가구가 계약을 포기했다. 누가 9억 원을 집에 현금으로 쌓아 놓고 있겠는가? 알토란같이 모은 돈에 대출을 보태 계약하려 했던 진짜 서민들이 계약을 포기했다. 시공사는 이 물량을 소화시키기 위해 무순위 분양을 실시했다. 돈 많은 현금 부자들이 몰려 경쟁률이 30 대 1을 넘겼다. 부동산 투기를 잡아 서민을 보호하겠다고 했으나 오히려 부자들의 잔칫상을 마련해 준 것이다. 마찬가지로 다주택자들을 중과세로 압박하고 있으나, 진짜 돈 많은 아파트 부자들은 상관하지 않는다. 정부가 집값을 잡지 못할 것이라고 확신하기 때문이다.

부동산정책은 실제로 문재인 정부가 유토피아를 말하면서 디스토피아를 만들어 낸 대표적인 사례다. 문재인 정부 들어 자산 양극화가 오히려 확대된 것이다. 자산에서 부채를 제외한 순자산을 기준으로 상위 20%의 평균 수치가 하위 20% 계층의 평균보다 2020년 3월 기준 167배나 많았다. 간단히 말하면 상위 20%가 하위 20%보다 167배나 더 부자라는 말이다. 2017년 이 수치는 100배였다. 무려 67배나 격차가 벌어졌다. 자산에는 부동산 외에 주식, 은행 예금 등도 포함된다. 따라서 모든 것을 부동산정책 실패의

탓으로 돌릴 수는 없다. 그러나 부자는 더 부자가 됐고, 가난한 사람은 더 가난해졌다는 사실에는 변함이 없다. 이것은 유토피아인가, 디스토피아인가?

현대적 정부에서 좋은 정부, 나쁜 정부를 구분하는 것은 의미가 없다. 정부 내 일부 일탈은 있을지언정 정부가 국민을 볼모로 삼아 국가를 의도적으로 위험에 빠뜨리고자 하는 일은 없을 것이기 때문이다. 모두가 선한 의지를 갖고 국가를 운영한다고 봐야 한다.

단지 유능한 정부와 무능한 정부의 차이만 있을 뿐이다. 유능한 정부는 정책이 목표를 달성하지 못할 때 이를 즉각 교정하는 복원력이 뛰어난 정부다. '의도'보다 '결과'를 중시하기 때문이다. 그러나 무능한 정부는 실패한 결과를 있는 그대로 받아들이지 못한다. 오히려 '의도'에 맞춰 '결과'를 왜곡함으로써 자기합리화한다. 정책 성과에 대한 희망의 끈을 놓지 못하고 더 세게 헛발질하는 경우도 있다. 우리는 지금 이런 현상을 목격하고 있다. 분명 디스토피아로 가고 있는데 유토피아로 가고 있다고 강변한다. '한번도 경험해 보지 못한 발전'은 언제나 환영이다. 그러나 섣부른 유토피아 정책은 우리를 '한번도 경험해 보지 못한 나락'으로 이끌 수 있다.

착한 기업을 정부가 만든다고?

지리산 밑 구례에는 자연드림파크가 있다. 아이쿱생활협동조합에서 운영하는 이곳은 맥주공장, 라면공장과 같은 생산 라인을 갖추고 있을 뿐만 아니라, 조합원을 위한 숙박시설도 있다. 우리나라엔 이런 생활협동조합으로 아이쿱생협을 비롯해 두레생협, 한국대학생협, 한살림생협, 행복중심생협 등 5개가 크다. 2019년 기준, 생협 조합원은 140만 가구이고, 사업 규모는 1조 4천억 원, 고용 인원도 1만 명에 이른다. 2010년에 비해 두 배 정도 성장했으니 시장에서도 확고하게 자리를 잡았다고 평가할 수 있다.

생협은 식품에 대한 우려가 큰 소비자를 타깃으로 친환경 고품질 식료품을 생산 단계에서부터 관리하는 체계를 만들어 내고 소비자와 직거래하면서 자생적으로 성장해 왔다. 물건을 사서 소비자에게 공급하는 마트나 동네 수퍼와는 다른 차별화된 전략이 성공의 포인트다. 생협의 특징은 사업 확장에 필요한 자본을 조합원의 출자로 조달한다는 점이다. 충성도가 높은 조합원들이 생협의 출자제도를 적극 활용하기 때문에 가능한 일이다. 수익률도 시중 금리가 1%대라는 점을 감안하면 훨씬 쏠쏠하다.

생협에 탄력을 받은 것일까, 정부가 사회적 경제를 외치며, 아예 협동조합과 사회적 기업을 인증해 주고, 이들을 대안적 경제 주체로 키우기에 나섰다. 이탈리아의 성공을 논거로 댄다. 이탈리아에서 가장 큰 마트체인은 쿱(Coop)이다. 두 번째 큰 마트체인도 코나드(Conard)다. 이들 모두 협동조합이다. 사실 이탈리아는 협동조합이 세계에서 가장 많은 국가다. GDP의 1%, 총고용의 5% 정도를 협동조합이 차지한다. 이탈리아도 하는데 우리나라가 못할 이유가 없다는 게 사회적 경제 옹호론자들의 논거 중 하나다. 맞다, 우리나라도 할 수 있다. 생협의 성공이 이를 입증한다.

그런데 생협과 같은 성공 모델을 정부가 만들 수 있을까? 그렇지 않다. 생협은 정부의 지원 때문에 성장한 것이 아니라, 2009년 광우병 사태 이후 먹거리 안전성에 대한 관심이 급격히 높아지면서 성공 가도를 달렸다. 안심하고 먹을 수 있는 친환경 브랜드로 포지셔닝하는 전략이 주효했다. 지역마다 결성된 조합을 이끄는 조합원들의 헌신과 관심이 이를 이끌었다. 한국에서 생협은 자생적으로 성장하고 뿌리내린 것이다.

사회적 경제, 우리나라에서 그 주체는 협동조합과 사회적 기업 등을 말한다. 우리나라에서 사회적 경제의 주체가 되기 위해서는 정부의 인증을 받아야 한다. 한국사회적기업진흥원에서 사업 목표, 정관, 고용, 자본금 등 여러 가지 조건을 따져 인증 여부를 결정한다. 일단 인증을 받으면 다양한 혜택이 부여된다. 정부로부터 경영 컨설팅 지원을 받고, 도시재생 등 다양한 정부사업에 사업자로 참여한다. 정부와 공기업은 물자를 조달할 때 사회적 경제 주체들에게 우선 구매 기회를 제공해야 한다. 정부가 지방자치단체와 공기업, 조달청을 평가하는 기준 중 하나가 사회적 경제 영역의 제품을 얼마나 구매했는가, 이들과 네트워크를 얼마나 형성했는가다.

이에 반해 이탈리아는 협동조합 발전에 정부의 그림자가 없다. 이탈리아, 특히 북부 이탈리아에서 협동조합이 발달할 수 있었던 것은 이 지역 주요 도시들이 1200년대 이후, 군주정도 공화정도 아닌 자치도시로 유지돼 왔던 전통에 기인한다. 연대의 개념에 대한 뿌리가 깊다. 풀뿌리로 자생해 왔기 때문에 한국과는 달리 인가제는 실시할 수도 없다. 정부의 지원이 아예 없는 것은 아니다. 세제 지원 정도가 있다. 그러나 우리나라처럼 정부가 우선구매제도나 평가제도를 통해 인위적으로 만들어 내는 배타적 시장은 존재하지 않는다. 이탈리아의 쿱과 코나드가 시장 1위, 2위의 지배력을 갖게 된 것은 정부 지원 때문이 아니라 카르푸와 같은 민간 마트와의 경쟁에서 이겼기 때문이다. 전국 단위 조합원의 구매력과, 지역 생산자와 손잡은 강력한 유통망 구축이 경쟁력의 원천이었다. 협동조합에 우호적인 이탈리아 고유의 문화도 기여했다.

우리나라는 정부가 개입해 사회적 경제를 만든다고 나서면서 시장이 뒤죽박죽되고 있다. 사회적 경제 주체를 정부가 인가로 결정한다는 것 자체가 어불성설이다. 장애인을 30% 고용하면 되고, 5%만 고용하면 안 되는가? 문화예술 활동은 해도 되고 교육 컨설팅이나 학원은 하면 안 되는가? 이 질문에 우리나라 제도는 답할 수 없다. 어떻게 인증하든 자의성이 남는다. 인증된 사회적 경제 주체에 대한 우선 구매도 마찬가지다. 사회적 기업인 인쇄업과 빵집은, 그렇지 않은 인쇄업과 빵집과 무엇이 다르기에 정부로부터 우선 구매라는 큰 혜택을 받아야 하는지에 대답하기 난감하다.

사회적 경제 주체들 중 생협, 한살림 등 일부를 제외하면 대부분 자생력을 갖추지 못하고 있다는 사실은 정부 주도의 사회적 경제가 얼마나 허구적인지를 보여준다. 2015~2017년 사이 사회적 기업 중 46.3%는 적자를 기록했다. 정부가 전방위적인 혜택을 주는 상황에서도 이 정도라면 정부 지원이 없었을 경우에는 어땠겠는가? 정부의 고민은, 인증까지 해 준 사회적 기업을 어떻게든 살아남을 수 있게 해야 하는데, 그렇게 하려면 더 많은 지원을 제공해야 한다는 점이다.

지난해부터 본격 논의되기 시작한 생협법 개정 논의도 자체 모순을 잉태하고 있다. 2020년 11월 국회에서 생협의 자립적 활성화를 위한 제도 개선 입법 토론회가 열렸다. 핵심은 법인 회원의 출자 허용 문제다. 현재는 개인이 아닌 법인의 출자는 금지돼 있다.

대형 민간 마트와 경쟁하려면 자본력이 확보돼야 하는데 자금이 풍부한 법인들을 회원으로 받을 수 없으니 한계가 있다는 게 생협의 주장이다. 이탈리아의 협동조합에는 법인 출자가 가능하다. 그러니 한국도 허용해야 한다는 논리다. 그러나 이탈리아와 한국은 이미 지적했듯이 정부 지원이라는 면에서 크게 다르다. 자본 유치의 자율성을 확대하면 협동조합과 민간기업의 경계가 모호해진다. 그럼에도 이탈리아에는 없는 정부 지원을 사회적 기업이라는 명목으로 계속 받는 것이 공정한 것인가 하는 문제가 발생한다. 생협이 민간기업과 마찬가지로 자유롭게 자본을 유치하면 당연히 협동조합으로서의 지원은 없어져야 하는 게 공정한 것이다.

게다가 이미 대형 유통 체인의 발달로 생존을 위협받고 있는 동네 수퍼의 문제도 심각하다. 생협이 대규모 자본을 유치해서 대형화되고 점포 수를 늘릴수록 동네 수퍼는 설 자리를 잃는다. 초대형 민간 유통 체인에, 대형 생협의 공격이 더해진다면 결과는 뻔하다. 동네 수퍼는 대표적인 자영업자다. 사회적 경제가 무엇을 추구하는가. 함께 잘 사는 것 아닌가? 그렇다면 동네 수퍼도 사회적 기업 못지않게 도와줘야 할 대상이 아닐까? 해법은 간단하다. 사회적 경제 주체들에 대한 정부의 각종 개입과 지원을 줄이는 것이다. 인증제도를 폐지하고, 최소한의 세제와 기타 지원을 전제로 우선 구매와 같은 강력한 배타적 시장 창출 정책도 폐지하는 것이다. 이 같은 조치를 취해도 우리나라에서는 여전히 5명만 모이면 협동조합을 만들어서 아무 사업이나 할 수 있다. 기왕이면 친환경 제품을 만들고, 장애인을 고용하고, 가격도 좀 싸게 받고, 조합원들 간 십시일반으로 한 사람이라도 더 고용하는 사업을 구상하는 게 가능하다. 생협과 같은 창의적인 전략으로 성공할 수도 있을 것이다. 사실 모든 사회적 기업이 열악한 것도 아니다. 일부지만 지역에서 나름 경쟁력을 확보하고 지역재생에 기여하면서 사회적 신뢰와 이익 창출, 지속가능성을 모두 확보한 곳도 있다.

정부가 빠져야 사회적 기업도 제대로 성장할 수 있다. 그럼에도 정부가 착한 기업을 만들 수 있다는 무모한 발상의 실험이 지금도 계속되고 있다. 오히려 '착한'이라는 이름을 붙인 유사 정책이 홍수를 이루고 있다. '착한' 결제, '착한' 임대업, 제로페이가 그것이다. 제로페이는 '착한' 배달의 다른 이름일 뿐이다. 그러나 정부는 결코 착한 기업을 만들 수 없다. 착한 서비스를 하는 기업도 민간에서 자생적으로 만들어지는 것이다. 이탈리아에서도 그랬다. 정말 필요한데 민간이 제공하지 않는 서비스가 있다면, 온통 시장을 뒤죽박죽 만들고 있는 사회경제 제도가 아니라 정부 스스로 이를 공공 서비스로 제공하면 된다.

'적정' 수준 가격이 존재한다는 환상

2008년, 대통령의 생필품 가격 안정 지시에 정부는 52개의 품목을 정해 10일마다 가격 점검에 나서기로 했다. 밀가루, 라면, 배추, 무, 휘발유, LPG, 연료, 자장면, 샴푸, 버스비, 전철료가 지정됐다. 이 중 압권은 청바지였다. 정부가 청바지 가격도 보는가라는 볼멘소리가 여기저기서 나왔다. 가격 통제는 하지 않고 동향만 본다는 정부의 설명에도, 이런 논란은 수그러들지 않았다. 정부가 청바지 가격의 적정성을 어떻게 안다는 것이냐, 안다고 한들 그 가격을 정하면, 수십만 원짜리 청바지를 팔면 안 되는 것인지, 질문에 질문이 꼬리를 이었다.

라면도 마찬가지였다. 농심은 '신라면 블랙'이란 프리미엄 상품을 만들었다. 소비자의 반응이 뜨거웠다. 사골 국물 맛 라면이 좋았던 것이다. 가격을 1,400원으로 책정한 게 사단이었다. 신라면 한 봉지가 650원인 시절, 단지 가격이 두 배가 넘는다는 이유로 공정거래위원회가 문제 삼기 시작했다. 적정 가격을 넘어 기업이 폭리를 취하는 경우라면서 압박을 가했다. 결국 잘 팔리던 신라면 블랙은 출시 넉 달 만에 생산을 중단했다. 흥미로운 건, 2021년 지금 신라면 블랙은 프리미엄 라면으로 다른 라면보다 비싼 가격으로 잘 팔리고 있다. 라면의 적정 가격은 원래부터 없었던 것이다.

그런데 2019년부터 무엇이 적정한지를 두고 논쟁 중인 것이 있다. 이자율이다. 적정이자율이 있을까? 어떻게 생각하나? 샤일록은 유명한 고리대업자다. 살과 피를 이자로 따지는 셰익스피어의 글 솜씨는 동서양을 막론하고 돈놀이하는 사람을 혐오의 대상으로 만들었다. 일한 것도 없이 돈 많다고 이자 굴리며 사는 건 못 봐 주겠다는 것이다. 그런데 샤일록이 아니었으면 안토니오는 돈을 빌리지도 못했을 거다.

 금융시장이란 게 이렇다. 돈이 필요한 사람과 빌려줄 돈이 있는 사람이 만나는 곳, 이자는 원칙적으로 둘 간의 협의로 결정된다. 같은 1,000원이라도 급한 사람은 더 많은 이자를 내려 할 거다. 액면 금액은 같지만 가치는 사람마다 다르다. 1,000원짜리 라면을 먹으며 누구는 돈이 아깝다 하지만 다른 사람은 꿀맛이라며 팁을 줄까 생각도 한다.

그렇다면 도대체 이자의 적정 수준은 몇 퍼센트일까? 고금리는 갚을 때 고통스럽지만 빌릴 때는 다 이유가 있기 마련이다. 이걸 지금은 연 24%로 제한하고 있다. 이게 너무 높다고? 1,000만 원을 석 달쯤 빌리면 6%, 60만 원의 이자다. 여전히 헉 소리 나지만 주변엔 이 돈이라도 빌렸으면 하는 사람도 많다. 부모님 수술비, 종업원 임금, 일시적 유동성 문제 등 급전이 필요한 이유는 수없이 많다.

정부가 금리를 '적정' 수준으로 맞춘다며 최고 금리를 낮추면 급전을 빌려야 하는 사람들은 좋겠지만 돈을 빌려줄 사람은 확 줄 거다. 그러면 샤일록이 줄어드니 좋은 나라가 될까? 부작용이 만만치 않을 수 있다. 대출시장 자체가 줄어들 거고 세금도 덜 걷힐 것이다. 물론 24%에서 10%로 이자 수입이 줄었다 해도 이를 감수하고 시장에 남는 '좋은' 사람이 있을 것이다. 그러나 상당수는 대출 자체를 안 하고 다른 시장을 찾을 거다. 부동산을 막아 놓았으니 주식시장으로 돈이 몰릴 수 있다. 아니면 시장엔 여전히 10%보다 높은 이자를 물더라도 돈을 빌려야 하는 사람들이 있을 테니 지하경제가 활황을 누릴 수 있다. 샤일록이 없어지면 좋은 사회가 될 것 같지만, 그 결과는 좋은 국가가 아니고 정말 난감한 국가일 수 있다.

그럼에도 적정은 늘 논란이다. 2021년, 연초부터 주식시장이 후끈 달아올랐다. 3,000까지는 금방 갈 거라는 전망과 함께 배터리, 전자제품, 자동차 등 잘 나가는 주가가 1주일 정도 만에 약 70%가 올랐다. 주식가격의 급등을 두고, 거품을 말하거나 폭락을 조심스럽게 예상하는 걱정도 있었지만 아무도 주식 가격이 어느 정도가 적정한지 묻지 않았다. 이유는 적정 가격을 아무도 모르기 때문이다. 삼성전자 주식은 5만 원이 적정한가, 50만 원이 적정한가?

적정이란 존재하는 것이 아니라 규정되는 것이다. 대다수 사람이 적정하다고 하면, 적정한 것이다. 2021년 우리 사회는 도둑과 강도는 처벌하는 것이 적정하고, 초등학교·중학교 교육 정도는 국민 모두가 받는 것이 적정하다고 여긴다. 시내버스비가 5천 원으로 인상되면 적정하지 않다고 생각할 것이다. 사회가 안전하게 유지되고, 대한민국이란 공동체가 최소한의 품격을 유지하며, 국가가 서민들의 이동권 정도는 보장해야 한다는 게 2021년 현재 우리가 정한 우리 사회의 적정 수준이다. 50년 전엔 이 적정의 리스트에 포함되지 않은 것도 있었다. 의무교육은 초등학교에 그쳤다.

사실 개인 입장에서 보면, 적정하지 않은 게 너무 많다. 그 리스트도 각자가 다 다를 것이다. 환자는 병원비가 너무 높은 게 적정하지 않을 것이고, 대학생에겐 등록금이 적정하지 않을 수 있다. 아이를 둔 부모는 학원비가 적정하지 않고, 결혼을 앞둔 신랑신부에게는 예식장비가 적정하지 않을 것이다. 그런데 이게 정말 다 적정하지 않은 것일까? 이들 중 어느 것이라도 적정하지 않다고 하려면, 우리 사회의 다수가 그렇다고 동의해야 할 것이다.

그런데 이게 쉽지 않다. 병원비, 등록금, 학원비, 예식장비를 두고서 누구는 적정하다, 누구는 적정하지 않다는 논란이 있을 것이기 때문이다. 대부분 서비스를 제공받거나 물건을 사는 사람은 비싸다고 말할 것이고, 이를 공급하는 사람은 그렇지 않다고 생각한다. '청바지 가격이 너무 비싼 게 아니야?' '신라면 블랙 가격이 과도한 것 아니야?' 이런 생각을 할 수는 있다. 그런데 그걸 적정하지 않은 것으로 규정하고, 바로잡으려고 하면 문제가 생긴다. 어느 수준이 정말 적정한 수준인지 합의할 수도 없고 알 수도 없기 때문이다.

그래서 정부는 시장가격에 개입해서 적정 수준을 규정하는 데 조심해야 한다. 시장에서 가격이 형성된다는 것은 수요자와 공급자가 합의했다는 거다. 그런데 수요자의 목소리 크다고 적정의 잣대를 들이대서 시장가격 자체를 낮추면 시장 자체가 붕괴되고 만다. 예식장 가격에 한도를 설정해 예식장업자들이 손해를 보면 예식장 숫자가 크게 줄어는 것은 당연한 이치다. 정부의 역할 중 하나가 '적정' 수준을 관리하는 것이기는 하다. 예를 들어 독과점기업이 지나치게 높은 가격으로 소비자들을 착취할 때는 정부가 '적정' 가격을 규율할 수 있다. 그렇지 않은 한 정부는 존재하지 않는 적정 수준을 함부로 남발해서는 안 된다.

지역균형 발전이란 신기루를 좇다

전국 10개의 혁신도시의 공통점은 모두 지역 거점에서도 한참 떨어진 외딴 곳에 있다는 것이다. 전주혁신도시는 전주에 없고, 김천혁신도시는 김천에 없으며, 대구혁신도시는 대구에 없다. 혹시 있다 해도, 도심에서 상당히 떨어진 외곽에 있다. 진천혁신도시는 진천과 음성, 딱 중간에 있다. 이런 분산 전략을 통해 안 그래도 많아 개편이 필요한 지역에, 또 다른 새로운 지역을 10개나 만든 것이다. 혁신도시가 설립된 지 10년이나 지났지만, 이들 도시가 목표로 한 지역균형 발전에 크게 기여했는지는 여전히 의문이다. 그렇다고 공공기관을 추가로 내려 보내면 문제가 해결될까?

좁은 국가 안에서도 정치, 경제, 사회, 역사, 지형, 기후 등 서로 다른 배경을 가진 지역은 서로 다를 수밖에 없다. 도시와 같이 고도로 집적된 곳은 사람들이 살기 편하다. 병원, 학교와 같은 필수시설뿐만 아니라 학원, 놀이공원, 카페도 더 많이 들어선다. 당연히 사람들이 모일 수밖에 없다. 농촌은 또 다른 경쟁력이 있다. 녹지가 많고, 공기가 좋고, 호젓하다. 전국 각지를 좀 더 세부적으로 보면 더 많은 차이가 보인다. 같은 광역시라도 인천은 공항이 가까워 국제적인 면모를 갖고, 광주나 대구는 예전 대도시로서의 성격을 더 많이 갖고 있다. 각기 다르기에 발전 수준도 다르고, 지역 간 편차가 생긴다. 서로 다를 수밖에 없는 지역을 두고, '고르게 발전해야지'를 선택하면, 이건 '이념'이 돼버린다.

우리 사회엔 이런 이념 지향의 지역균형 정책이 너무 많다. 대부분 정부부처가 옮겨간 세종시에는 세종역이 없다. 오송역에서 내려 버스나 택시를 타고 가야 한다. 택시요금만 2만 원 든다. 공주역은 공주와 논산에서 각각 15km 떨어진 외딴 곳에 있다. 울진과 예천에 건설했던 지역 공항은 또 어떤가? 또 있다. 전국 10개 혁신도시에 이미 공공기관 110개를 이전시켰지만 2021년 정부는 서울·수도권 소재 공공기관을 혁신도시로 추가 이전시킬 계획이다.

이렇게 공공기관이 전국에 흩어져 있다 보니 기관 간 방문도 어려워졌다. 진천(충북)혁신도시에서 정부세종청사까지는 67km 거리다. 차로 달리면 1시간이면 도착하지만 차가 없으면 시외버스를 이용할 수밖에 없다. 예를 들어 진천혁신도시에 위치한 국가기술표준원에서 세종에 있는 국무조정실까지 시외버스를 이용하면 최소 시간이 2시간 10분이다. 시외버스 타고 청주로 가서 버스를 두 번 갈아타야 한다. 2시간 10분은 차 시간을 칼같이 맞출 때의 일이다. 시간이 어긋나면 3시간은 족히 걸린다. 아침 10시에 국무조정실 회의가 있다면 늦어도 7시에는 출발해야 한다. 한 시간 회의에 참가하기 위해 왕복 6시간을 길에다 뿌리고 다녀야 한다. 이게 지역균형이라는 이름의 거대한 실험, 진천혁신도시와 세종시의 자화상이다.

이 모든 게 지역균형을 정태적이고 도식적으로 접근한 결과다. 2021년 현재 우리나라에는 17개의 광역자치단체와 226개의 기초자치단체, 즉 시·군·구가 있다. 우리나라 지역균형 정책에서 이런 구조는 고정된 값이다. 그 결과 지역균형의 이름으로 이뤄지는 정책은 이들 지역에 고르게 사업을 나눠 주는 데 치중할 수밖에 없다. 대구에 어떤 사업을 주면 광주에도 줘야 하고, 인천에도 줘야 하고 이런 식이다. 규제혁신으로 지역 발전을 촉진시키겠다는 규제특구 정책도 마찬가지다. 시·도별로 한두 개씩의 사업을 정해 고르게 지원하는 방식으로 이뤄지다 보니 이상한 구조가 돼 버렸다. 왜 블록체인은 부산에서, 디지털 헬스케어는 강원에서, 차세대 배터리는 경북에서 규제특례를 받아야 하는 것일까. 과연 지역특구 사업은 성과를 낼 수 있을까? 블록체인 전문가가 서울에 많을까, 부산에 많을까.

정의의 여신이 눈을 가리고 있는 것은 사심을 버린 판단을 해야 한다는 것이기도 하지만, 그녀가 들고 있는 저울의 균형은 원래 좀처럼 쉽게 맞춰지기 힘든 것이어서 인위적으로 이걸 맞추는 걸 조심해야 한다는 것도 의미한다. 두 무게추가 같은 균형이란 건 아주 우연히 발견되는 특이한 것이고, 불균형이 사실은 자연스런 현상이란 것이다. 사실, 자연세계에서 균형이란 건 참 발견되기 어려운 현상이다. 날씨만 해도 덥다가 춥고, 비는 오다가도 갠다. 국가도 그렇고, 우리 개인의 삶도 마찬가지다.

그래서 지역균형 정책을 제대로 하려면, 지역균형이 불가능하다는 당연함에 대한 공감이 전제돼야 한다. 각기 다를 수밖에 없는 지역이라면, 지역별로 가능한 사업에 초점을 두되, 좀 더 경쟁력이 있는 지역에는 그에 걸맞은 정책을 제공해야 한다. 여기에 지역 구조 개편은 필수이다. 무주와 진안, 장수는 인접한 군이다. 청송, 울진, 영양도 인접해 있다. 이들 지역의 공통점은 인구가 3만여 명, 그것도 계속 줄어들고 있다는 거다. 도시지역도 마찬가지다. 부산의 중심인 부산의 동구, 중구, 서구 등도 마찬가지다. 인구가 줄고 있다. 경북과 대구, 충남과 대전, 광주와 전남도 고민이 많긴 마찬가지다. 인구가 줄고 있을뿐더러 지역 통합을 통해 시너지를 내는 것이 지역균형 발전을 위해 긴요해졌기 때문이다. 요컨대, 지금처럼 나눠진 채로 각종 지원을 나눠 갖는, 다시 말해 같이 못사는 방법을 선택할 것이냐, 통합을 통해 상생할 수 있는 구조를 만든 후 진정한 지역균형 정책을 실행할 것이냐를 선택해야 할 기로에 서 있다.

계층 상승 사다리가 없는 절망사회

개천에서 용 나온다는 말이 있다. 못살던 사람이 잘살게 되고 힘없고 배경 없는 사람도 사회의 지도적 위치에 올라갈 수 있다는 말이다. 발전하는 사회는 개천에서 용으로 승천할 수 있는 채널이 무수히 많은 나라다. 선진국과 후진국의 차이가 뭔가? 선진국에는 용이 가재보다 많고 후진국에는 가재가 용보다 많다. 국민 대다수가 용이 될 수 있는 사회는 최상의 선진국이다.

그런데 어느 순간부터 한국에서는 "모두가 용이 될 필요는 없어. 가재, 붕어로도 잘살 수 있어"라는 말이 회자되기 시작했다. 한 전직 법무부 장관이 한 말이다. 좋다, 나한테 용 되지 말고 가재, 붕어로 살라고 하면 그럴 수 있다. 그런데 용은 누가 돼야 하느냐? 모두가 용이 될 필요가 없다는 말은 거꾸로 뒤집으면 누군가는 반드시 용이 된다는 말과 같다. 그럼 그 용의 지위는 누가 차지해야 하는가? 만약 이것이 용이 될 자격이 있는 특정 계층을 의미한다면 그것은 바로 계급사회, 귀족사회의 다른 표현일 뿐이다. 현 정부의 고위 인사가 내뱉었듯이 모두가 강남에 살 필요는 없다는 말과도 마찬가지다. 금수저를 입에 물고 나온 사람은 강남에 살 수 있어도 흑수저는 그저 강남만 바라보며 살라는 말인가?

그러나 한국이 이미 그런 사회로 가고 있다면? 가재, 붕어 계급과 용 계급의 계층 분리가 이미 진행되고 있다면? 가재가 용이 되는 채널이 모두 막혀 있다면? 한국이 시대를 거꾸로 가는 퇴행사회로 가고 있음을 의미한다. 그러나 불행하게도 이는 현실이다.

한국에서 개천-용 프로세스를 지탱한 것은 바로 교육이었다. 그 이전 세대는 물론이고 1974년 고교 평준화 이전만 해도 공교육이 가재-용 프로세스를 견인했다. 당시 소위 일류 고등학교는 서울은 물론 지방에서도 모두가 공립 고등학교였다. 실력 있는 교사들이 똑똑한 제자들을 가르쳐 볼 욕심에 이들 학교에 몰려들었다.

과외를 하지 않으면 일류 대학을 갈 수 없다? 대한민국 현재의 모습이지 1970년대의 모습은 아니다. 학교 수업만 열심히 따라 가면 좋은 대학 가는 것은 따 놓은 당상이었다.

2021년 대한민국은 어떤가. 공교육에 의존해서는 좋은 대학에 가는 것이 바늘구멍에 낙타를 통과시키는 일이 됐다. 수년 전 'SKY 캐슬'이라는 드라마가 왜 그렇게 인기를 끌었는가? 바로 현실을 그대로 투영했기 때문이다. 강남 집값이 왜 진정되지 않는가? 소위 족집게 학원 강사들이 밀집한 지역이기 때문이다. 자식을 좋은 대학에 보내고 싶은 욕망은 동서고금을 막론한 인간의 원초적 본능이다. 문재인 정부 핵심 인사 자녀의 70%가 소위 SKY 캐슬 예비학교, 즉 강남 소재 고교, 자립형 사립학교, 외국어고 및 과학고를 다녔다는 사실을 언론 보도를 통해 익히 알고 있다. 가재, 붕어 이야기를 한 전직 장관도 마찬가지다. 그런 정치인과 교육감들이 이제 자사고와 특목고를 없애겠다고 한다. 자신의 가문은 이미 용의 가문이 됐으니, 더 이상 용의 가문을 만들지 않겠다는 뜻인가?

국회에서도 이 문제가 공론화된 적이 있다. 전희경 20대 국회의원**(당시 자유한국당)**은 자사고 폐지에 대한 논평을 통해 "내 자식은 되고, 남의 자식은 안 된다는 위선 정권의 위선 교육정책이 자사고를 죽이고 있다. 공교육 획일화로 하향 평준화를 초래한 것이 공교육 붕괴의 가장 큰 요인인데, 비교 대상만 없애면 그뿐이라는 그릇된 정책"이라고 지적했다. 서울시의회 교육위원회 소속인 여명**(당시 자유한국당)** 시의원 역시 "저들 자식은 은수저 물려주고서 남의 자식은 사다리 차버리기, 그러면서 입으로는 평등과 혁신을 달고 산다. 이게 이른바 대한민국의 '진보' 교육"이라고 강하게 꼬집었다. 이들의 말대로 공교육이 제대로 기능해 강남에 있는 학교가 아니라도 전국 어디서든 SKY 캐슬에 갈 수 있다면 이런 일도 없었을 것이다.

문제의 근원은 공교육을 평준화시킨 다음에 있었다. 미국식으로 학교마다 학생들의 학력 격차를 인정하고 수준별 학습을 해 왔다면 강남이 대한민국의 교육 허브로 부상하지 못했을 거다. 미국에서는 지방 조그만 소도시의 고교에서도 하버드, 예일 합격생을 배출한다. 대부분 학교에서 수월성 교육, 즉 공부 잘하는 학생들을 모아 더 높은 단계의 교육을 제공하는 시스템이 가동하기 때문이다. 그러나 한국에서는 이러한 수월성 교육을 철저하게 외면했다. 이에는 교사들의 노동조합인 전교조도 큰 몫을 했다. 수월성 교육은 교사들이 이들을 가르칠 능력이 있을 때만 가능하다. 교사들도 학생 못지않게 열심히 공부하고 준비해야 한다. 월급 더 많이 주는 것도 아닌데 이 일을 왜 하겠는가? 보편적 교육이라는 명목의 수월성 교육 반대에는 이런 배경이 있다.

모든 학교에서 수월성 교육을 시키는 대신 정부가 선택한 것은 똘똘한 학생들을 모아 교육시키는 외국어고등학교, 자립형 사립학교, 과학고의 설립이었다. 이때부터 가재-붕어 프로세스는 완전히 망가지게 된다. 이들 학교에 가면 SKY 캐슬이 단단한 화강암으로 만든 성이 아니라 모래성이 된다. 웬만하면 캐슬을 쉽게 함락할 수 있기 때문이다. 그러니 이제는 중학교에서까지 과외가 극성을 부리게 됐다. 과외는 누가 시키나? 돈 없는 사람은 생각할 수도 없다. 이게 한국에서 가재-용 프로세스가 더 이상 작동하지 않고 용-용 사회와 가재-가재 사회로 사회가 분화된 단초다. 30년 전에 52만 명이었던 20대 엄마 숫자가 2020년에 5만 명으로 줄었다는 보도가 있었다. 인구 급격 감소의 원인이 여기에 있다. 왜 아이 낳기를 두려워할까? 부모가 용을 쓴다고 해도 자녀를 용으로 키워낼 수 없는 사회가 됐기 때문이다.

공교육과 마찬가지로 대한민국은 또 하나의 중요한 가재-용 프로세스를 해체시켰다. 바로 사법시험제도를 없애고 법학대학원 시스템을 만든 것이다. 과거에는 학력 불문하고 사법시험에 합격하면 판검사, 변호사가 될 수 있었다. 법학전문대학원은 대학 졸업생만 들어갈 수 있다. 법학대학원 제도가 도입되면서 상고를 나와 사법시험에 합격, 국회의원이 되고 대통령에까지 이른 노무현 신화는 더 이상 한국 사회에서 볼 수 없는 일이 됐다. 세상에서 가장 공정한 제도, 즉 돈 없고 배경 없어도 판검사가 될 수 있는 그런 제도를 없애버린 것이다.

법학전문대학원은 등록금도 비싼데다, 학교마다 전형 방식이 제각각이다. 법학전문대학원 측에서는 등록금 수입의 많은 부분을 장학금을 주어 돈 없는 가정의 학생에게도 기회를 주고 있다고 말한다. 그러나 그게 소득 하위 20% 계층을 타깃으로 하는 장학제도는 아니다. 장학제도가 정말 실력 있는데 돈 없어 기회를 포기한 인재들에게 돌아가는지는 확실치 않다. 학생 선발 과정에 대한 의문도 적지 않다. 법학전문대학원이 부모들의 직업을 공개하지는 않는다. 그러나 이를 공개한다면 절대적인 비율로 법조계 자녀 비율이 높을 것이다. 현대판 음서제도의 의혹이 불식되지 않고 있는 것이다. 법학전문대학원이 기여한 것은 딱 하나 있다. 전국에서 골고루 변호사, 판검사가 될 수 있는 기회를 제공한 것이다. 광역자치단체별로 하나씩 있다. 서울에 12개, 지방에 13개가 있다. 변호사, 판검사의 출신 지역별 숫자의 물리적 균형이 목적이었다면 그것은 달성했다고 할 수 있다. 이를 위해 모든 국민이 누구나 법전을 열심히 연구하면 변호사, 판검사가 될 수 있는 기회를 없애도 되나?

또 하나의 가재-용 프로세스는 국민 모두가 근무 조건이 좋고 높은 임금을 받을 수 있는 일자리에 취직할 수 있는 것이다. 경제가 지속적으로 성장해야 가능한 일이다. 그러나 2010년 이후 한국 경제는 저성장 국면에 본격적으로 접어들었다. 15~64세 취업률은 경제협력개발기구(OECD) 37개 회원국 중 하위 10위에 속하고, 청년실업률은 사상 최고를 매년 갱신하고 있다. 그럼에도 정부는 분배가 우선이라며 성장에 대한 열망을 놓아 버렸다. 제조업을 중심으로 한 양질의 일자리는 매년 감소하고 있다. 중소기업과 대기업 간의 임금 격차도 커졌다. 대기업에 들어가면 용 되는 거고, 중소기업에 들어가면 가재, 붕어로 만족하면서 살아야 하는 나라가 됐다. 한국에서는 창업도 쉽지 않다. 돈 많은 사람들이 창업자금을 풍부하게 공급할 수 있어야 하는데 한국에는 돈 장사는 많아도 천사들, 즉 엔젤 투자자들은 많지 않다. 설령 돈이 있어도 전업 창업 투자자로 활동하는 사람들은 많지 않다. 부동산이나 주식 투자하는 게 수익률이 더 높은데 왜 모험 투자를 하겠나? 돈이 제일 많은 대기업 오너들의 벤처 투자는 각종 규제로 제한돼 있다. 대한민국은 이제 교육으로도, 취업으로도, 창업으로도 더 이상 가재-용 프로세스가 작동하지 않는 나라가 될 위기에 처해 있다. 개천에서 붕어, 가재로 살아도 만족하라 한 전직 장관의 말은 어쩌면 이 같은 한국의 현실을 그대로 잘 표현한 명언일 수 있다.

chapter 4
정부, 자기 역할을 모른다

무엇이든 할 수 있다는 착각

매번 선거철이 되면 입후보자들은 이런저런 선거공약을 내놓는다. 대통령 선거이든 국회의원 선거이든 지방자치단체 선거이든 마찬가지다. 모든 후보자가 예외 없이 유권자를 행복하게 하고 지역 발전을 꾀하며 모두에게 도움이 되는 일을 위해 봉사하겠다고 약속한다. 그리고 그 약속을 지킬 수 있도록 자신을 선택해 국민의 권한을 위임해 달라고 하소연한다. 입후보자들의 공약을 들여다보면 유권자들은 "정말 이 모든 일을 다 할 수 있는 것인가?"라는 혼돈에 빠진다. 대다수의 유권자는 도대체 어떤 기준으로 후보자를 선택해야 하는 것인지, 정말 이 공약들이 나의 행복 증진에 도움이 되는 것인지, 약속을 지킬 수 있는 후보를 선택할 수 있는 방법은 무엇인지를 고민하다 결국에는 "공약(公

約)은 공약(空約)이지" 하면서 정당이나 인지도 혹은 친소 관계 등을 기준으로 투표하는 경우가 허다하다. 이것이 민주주의 실현의 중요한 수단인 선거와 다수결의 원칙이 운영되는 현장의 모습이다.

가만히 생각해 보자. 아무리 공약이라 하더라도 선거를 통해 정권을 잡으면 공약이 무엇이든 실현할 수 있는 것인가? 공약은 정부가 실현 가능한 정책으로 변환해 실행해야 하는데, 정부는 과연 공약대로 정책을 입안하고 집행할 수 있을까?

이 질문에 대답하기 위해서는 정부가 하는 일의 본질에 관해 고민해 볼 필요가 있다. 정부는 무슨 일을 해야 하는지, 또 정부는 무슨 일을 할 수 있는지 생각해 보면서 과연 정권을 잡으면 정부를 통해 정권이 하고 싶은 일은 모두 할 수 있는 것인지 확인해 보자.

정부가 어떤 일을 한다는 것은 특정 시점, 특정 공간의 사회구성원들을 특정 방향으로 움직이도록 한다는 것으로 해석할 수 있다. 좁은 의미로 보면 사회학 이론의 관점에서는 사회 현상을 정부가 원하는 방향으로 이끌고 간다는 의미로 이해할 수 있고, 경제학 이론의 관점에서는 경제 현상을 정부가 원하는 방향으로 이끌고 가는 것이라고 해석할 수 있다. 넓은 의미로 이해해 보면 개인이나 조직과 같은 사회 전반의 구성 요소에 동기를 부여하여 특정 방향으로 움직이도록 한다는 것을 의미한다.

일찍이 경제학자 케네스 보울딩(Kenneth E. Boulding)은 사람들이 다른 사람의 일에 관심을 갖고 사회적 상호작용을 하게 되는 동기를 크게 세 가지로 구분했다. 첫 번째는 사랑(love)에서 출발한 이타심(altruism)과 연대(solidarity)에서 기원하는 사회적 행동이다. 이런 사회적 상호작용은 가족이나 친척과 같은 소규모 사회집단에서 작동하는 원리다. 짐작하다시피 이런 동기부여에 의한 사회적 상호작용은 잘 알지 못하는 낯선 사람이나 외부 집단에 대한 거래에서는 작동하지 않는다는 데 한계가 있다. 이처럼 이타심과 연대에 근거한 사회 운영 방식을 제도화하면 이상적 사회주의 국가 시스템이 도출된다. 이상적 사회주의 국가는 "능력만큼 일하고, 필요한 만큼 배분한다"는 슬로건에 따라 자신의 능력을 타인과 사회를 위해 이타적으로 사용한다는 개념적 전제에서 도출되기 때문이다. 이런 가정을 전제해, 이상적 사회주의 국가에서는 국가 운영의 방향과 자원 배분을 정부의 '계획' 혹은 '정책'에 의존하며, 이를 두 번째 사회적 상호작용 수단인 명령

지시(command)하는 방식에 의존해 사회를 운영한다. 그러나 구(舊) 소련의 붕괴나 독일 통일 과정의 경험과 역사는 이 방식이 거대하고 복잡해지는 현대 사회에서 잘 작동하지 않는다는 점을 말해 주고 있다.

세 번째 사회적 상호작용의 근본이 되는 메커니즘은 '계몽된 사익 추구 동기(enlightened self-interest)'가 작동하는 방식이다. 미국 건국 시기 정치인이자 지식인인 벤저민 프랭클린(Benjamin Franklin)은 교육이나 계몽에 의해 개인이 넓은 이해와 시야를 갖고 자기 이익과 공공의 이익이 합치할 수 있도록 하거나 자기의 사익과 타인의 이익 그리고 공공의 이익 간에 공통성을 발견할 수 있다는 점을 강조했는데 이를 '계몽된 사익 추구'라고 한다. 이 개념에 따르면, 타인을 돕는 행위는 기본적으로 사익 추구의 부수적 효과에 불과하다. 짐작할 수 있는 것처럼 이 개념이 확장되면 개인주의를 전제로 하는 자유민주주의와 사익 추구를 인정하는 자본주의 경제 체제로 이어진다.

복잡한 현대 국가가 위에서 설명한 사회적 동기 중 한 가지만으로 작동할 수는 없다. 사회적 상호작용은 경우에 따라 각기 다른 동기에 의해 발생하기도 하고, 여러 가지 동기가 복잡하게 얽혀서 발현되기도 한다. 그러나 여기서 우리가 주목해야 할 것은 정부가 특정한 목적을 가진 일(정책)을 할 때에는 헌법에 의해 규정된 자유민주주의 정치 체제 및 자본주의 경제 체제의 작동 원리를 기본으로 택해야 한다는 점이다. 다시 말해, 한국 정부가 한국 사회를 대상으로 한 정책을 설계하고 집행할 때는 자유민주주의 정치 체제가 보장하려는 보편적 가치인 개인의 자유, 정의, 사회 안전, 평화, 환경 보전 등과 자본주의 경제 체제가 보장하려는 경제적 번영을 근본으로 해야 한다는 것이다. 바로 이런 기본적 기능을 수행하는 것이 정부가 '해야 할 일'에 관한 전통적 이해다. 이런 관점에서 보면 정부란 하나의 하향적이고 계층적인 조직구조를 가진 정치적 권위를 인정받은 집합적 행동 단위가 되는 것이고, 규범적으로 정부는 시민의 자유를 보호하고, 공공재를 공급하며, 재산권을 재배분하는 기능을 기본으로 한다.

이와 같은 이론적 배경에도 불구하고, 현실 사회에서 정부가 해야 할 일에 대한 논거는 대부분 시장실패를 근간으로 하고 있다. 시장 원리를 바탕으로 한 자원 배분 과정의 왜곡과 시장 경쟁 과정에서 발생하는 부작용 때문에 발생하는 사회 문제를 해결하려는 의도로 정부가 직접적으로 개입해 문제를 해결하려는 것을 '정책'으로 이해하기 때문이다. 예를 들어 정부는 일부 지방자치단체가 시행하고 있는 제로페이처럼 직접 특정 서비스를 제공하는 공적 공급 방식을 택하거나 보조금을 지급하는 등 금전적 수단을 통해 시장 행동 유인을 변화시키는 공적 유도 방식을 선택한다. 법적 권위에 근거해서 시장에 직접 개입하는 정부 규제 방식을 선택하기도 한다. 이런 관점에서 정책은 소위 사회 문제를 해결할 가능성을 검토하고 시장(사회)에 개입하는 것으로 이해할 수 있다. 이에 더해 대부분 정책은 이를 통해 정권이 원하는 일을 모두 할 수 있다는 착각을 기반으로 설계된다.

그러나 정책은 하나의 가설에 불과하다. 정책의 구조를 잘 들여다보면 "어떤 사회 문제가 있으며 이 문제를 해결하기 위해 어떤 정책을 시행하면 어떤 의도한 효과가 발생할 것이다"는 가정에 근거하고 있다. 그런데 가설은 가설일 뿐이다. 정책이 해결하고자 하는 사회 문제와 정책이 채택한 문제 해결 수단의 인과적 개연성이 아무리 높다고 해도 하나의 정책 대안이 완벽하게 사회 문제를 해결하지는 못한다. 왜냐하면 기본적으로 인간의 인지적 한계로 인해 사회 문제의 범위와 내용을 완벽하게 파악하는 것이 어려울 뿐만 아니라 가능한 해결 방안을 모두 탐색하는 것이 불가능하다. 문제 해결을 위해 필요한 다양한 사회적 자원의 동원과 운영도 결코 쉬운 일이 아니다. 이런 이유로 대부분의 경우 정부가 기획하고 해결하려는 문제들은 예기치 않은 결과를 야기하게 되고, 이로 인해 새롭게 나타난 문제를 해결하기 위해 또다시 새로운 정책을 개발하는 악순환에 빠지게 된다.

이는 결국 정부가 할 수 있는 일은 무엇인지에 관한 새로운 질문을 낳게 된다. 위에서 살펴본 것과 같이 근본적으로 정부는 자유민주주의 체제와 자본주의 체제의 원리를 훼손하는 일을 해서는 안 된다. 사회적 공감대가 형성된 가치(공정성, 투명성, 객관성 등)를 훼손하는 정책이나 차별 극복, 다양성 보장 등 정치적 올바름에 반하는 정책도 결정하기 어렵다. 또한 정부는 현행 실정법에 반하는 정책도 결정할 수 없다. 이처럼 헌법적 질서나 법규, 사회문화적 가치에 반하기 때문에 정부가 할 수 없는 정책이라는 점이 명확한 경우가 아니라면 정부가 할 수 있는 일과 할 수 없는 일은 어떻게 구분할 수 있을까?

정부는 하나의 거대한 독점조직으로서 특정 서비스를 생산해 국민에게 제공한다. 조직으로서 정부가 각종 서비스나 재화를 제공하는 데 실패하는 것을 설명하는 대표적 이론은 정부실패 이론이다. 미국의 경제학자인 찰스 울프(Charles Wolf, Jr.)는 정부가 거대 관료제의 특성으로 인해 조직의 생산성이 낮고 효율적 자원 배분에 실패하는 현상을 비시장실패(non market failure)라는 개념으로 설명했다.

정부실패에는 크게 여섯 가지 요인이 작용한다. 첫 번째로, 관료들이 자기 이익이나 부서의 이해관계로 인해 예산 확대에만 노력하는 과정에서 정부조직의 비공식적 목표가 공식적 목표를 대치하는 내부성(internality)으로 인한 정부실패, 두 번째로 생산 요소의 최적 활용에 실패해서 발생하는 X-비효율성(X-inefficiency), 세 번째로 원래 의도한 정책 효과가 의도하지 않은 부작용을 창출하는 파생적 외부 효과의 문제, 네 번째로 정부 개입에 의해 발생하는 독점이나 특권 등 인위적 지대를 차지하려는 지대 추구의 문제, 다섯 번째로 비용 부담 주체와 편익 수혜 주체가 분리되는 데서 발생하는 서비스 편익 극대화의 실패 문제, 마지막으로 정부가 개입해서 공익을 명분으로 자원을 배분하는 과정에서 발생하는 분배의 불공평 문제가 그것이다.

정부실패 이론과 더불어 거래비용 이론은 정부가 할 수 있는 일을 구별하는 데 유용한 개념적 틀을 제공해 준다. 거래비용은 시장 거래에서 계약을 성공시키고 유지하며 완결하는 과정에서 발생하는 부수적인 비용들을 통칭한다. 예를 들어 하천의 하류에서 양어장을 운영하고 있는 기업인이 있는데, 하천의 상류에 염색공장이 들어서면서 발생하는 수질 오염과 양어장 피해를 어떻게 해결할 수 있는가? 전통적 관점에서는 정부가 염색공장에서 배출할 수 있는 오염물질의 종류와 양을 엄격하게 규정하고 오염물질을 배출하는지를 감시하는 정부 규제 방식을 제안할 것이다. 그러나 거래비용 이론의 관점에서는 만약 이 두 당사자의 재산권이 명확하게 규정돼 있어서 거래비용이 없다면, 즉 피해 원인 행위의 범위나 피해액의 산정 방식 등에 대한 양 당사자 간의 합의가 있고, 피해에 대한 충분한 보상 등에 대한 자발적 계약이 가능한 상태라면 시장 거래 계약을 통해 관련 문제를 해결할 수 있다는 것이다. 만약 시장 거래에 실패한다면 그것은 피해와 관련된 각종 거래비용이 너무 높아 재산권이 명확하게 규정될 수 없는 상태이기 때문이라는 것이다. 이 이론의 관점에서 정부는 사회 문제에 대한 직접 개입 해결 방식보다는 거래비용을 낮춰주는 역할을 담당해 자발적 교환이 발생하도록 하는 게 바람직하다는 결론에 도달한다.

요컨대 정부는 해야 할 일과 해서는 안 될 일을 구별해야 하면서도 할 수 있는 일과 할 수 없는 일을 구별해서 접근해야 하는 이중적 상황에 직면하게 된다. 이를 도식화해 보면 다음 표와 같다.

	해야 할 일	하지 말아야 할 일
할 수 있는 일	I (해야 하고, 할 수 있는 일)	II (하지 말아야 하는데, 할 수 있는 일)
할 수 없는 일	III (해야 하는데, 할 수 없는 일)	IV (하지 말아야 하고, 할 수 없는 일)

이 표에서 정리한 네 가지 유형을 현실 사회에 적용할 때에는 각국의 정치, 문화, 사회, 경제적 여건에 따라 조금씩 차이가 있을 수 있다. 그럼에도 불구하고 일반적으로 볼 때, 유형 I은 정부가 해야 하고 할 수 있는 일들을 의미한다. 예를 들어 국방, 치안 등 보편적 서비스 영역에 속하는 것들로서 서비스 제공 방식의 변화에는 사회적 합의가 필요한 경우가 많다.

다음으로 IV 유형은 정부가 해서는 안 되고 할 수도 없는 일들이다. 시장이 충분히 작동할 수 있고 또 잘 작동하고 있음에도 불구하고 정부가 재화나 서비스를 직접 공급하겠다고 나서는 일이 대표적인 예다. III 유형은 정부가 해야 하는데 여러 가지 이유로 정부가 할 수 없는 영역의 일들이다. 때로는 위에서 적시한 정부실패 요인들로 인해 때로는 거래비용이 높아서 실행하지 못하는 경우들이다. 이 영역의 경우에는 정부가 직접 개입해 서비스를 제공하는 방식보다는 거래비용을 낮추는 제도를 설계하고 시장이 작동하도록 모니터링하는 방식을 설계해 운영할 필요가 있다. 다양한 조건의 민간위탁이나 계약에 의한 자율관리 방식, 성과 중심의 계약 관리 방식, 사후 모니터링을 전제로 민간의 참여를 유도하는 방식, 이윤 동기 없는 자원봉사 방식 등이 가능하다. 이를 통해 전반적으로 서비스 제공의 효율성을 보장하면서 의도한 효과가 나타나도록 유도하는 것이다.

가장 문제가 되는 것은 II 유형이다. 이 유형에 속하는 일들은 얼핏 보면 정부가 가지고 있는 자원들을 활용하면 상대적으로 손쉽게 할 수 있는 일들이라는 착각을 일으키는 것들이다. 예를 들어 정권을 잡으면 '공익'을 위해 개인의 작은 권리는 희생시키거나 협조를 강제해도 된다는 생각이나 공약 사항이라는 이유로 반드시 해야만 한다는 강박 관념에 의한 정책의 실시가 바로 이런 유형이다. 다분히 규범적인 접근, 즉 사회적 약자를 보호한다거나 환경을 보전하고 국민 안전을 확보해야 한다는 명분에 집착하거나 자본주의의 병폐인 빈부 격차를 정부가 나서서 바로잡겠다는 유형의 일도 이에 해당한다. 이러한 '사회 교정적' 조치들은 대부분 정부 규제라는 수단을 통해서 실행된다. 상대적으로 적은 물적·인적 자원을 동원하더라도 의도한 목표를 달성할 수 있고, 또 잘 해낼 수 있다는 착각에 더해 정권 초기에 성과를 과시함으로써 국민의 지지를 사겠다는 정치적 의도가 맞물리면 소위 '공공만능주의' 함정에 빠질 가능성이 높아진다. 문재인 정부의 '부동산 정책'이 대표적인 예다. 그러나 한국과 세계 각국의 정책의 역사를 살펴보면 시장은 이러한 접근을 패퇴시키며, 따라서 대부분 원래 의도한 목표를 달성하지 못하는 정책 실패로 끝날 확률이 매우 높음을 알 수 있다. 이에 더해 정책실패를 교정하기 위해 또다시 실패 확률이 높은 비슷한 유형의 정책을 집행한다면 정책의 무한 악순환(policy as its own cause)에 빠져든다. 도대체 왜 스물다섯 차례가 넘는 부동산 대책이 필요했나? 정책의 무한 악순환 말고는 달리 설명할 수 없다.

우리가 분명히 명심해야 할 일은 정권을 잡았다고 갑자기 정부가 할 수 있는 일이 늘어나지 않는다는 점이다. 새로 집권한 정부의 이상이 아무리 훌륭하다 해도 사회 현실이 갑자기 변화해 아름다운 명분의 정책에 순응해 주지 않는다. 현실은 늘 복잡하고 고착된 이해관계의 그물에 얽혀 있기 때문이다. 그런 사회의 변화는 정부가 아니라 사회구성원 개별의 규범 인식과 유인구조가 바뀌어야 가능한 일이다.

정부는 개인의 자유, 정의, 안전, 평화, 환경 보호와 같은 사회적 공유가치를 보전하고 자본주의 경제 체제가 보장하려는 경제적 번영을 지향하는 역할에 집중해야 한다. 시장 행위자들의 재산권을 보장하고 거래의 예측 가능성을 높여 주는 선명한 제도를 운용해야 하며, 이를 모니터링하는 역할, 즉 거래비용을 낮춰 주는 역할을 최우선 과제로 삼아야 한다. 더디다 생각할 일이 아니다. 사회구성원 혹은 시장 행위자는 생각보다 빨리 변화하는 환경을 학습하고 적응한다. 정부의 조급증이나 공공만능주의보다 더 빠른 속도로 시장의 문제를 스스로 해결해 낼 수 있다.

법을 자판기처럼 뽑아내는 국회

우리나라의 노동생산성은 OECD 국가 중에서도 상당히 낮은 수준에 속한다. 2017년 기준으로 한국의 시간당 노동생산성이 37달러로 72달러인 미국, 독일의 절반 수준에 불과하다. 일본도 46.2달러로 우리보다는 높다. 생산성 저하의 가장 큰 원인은 야근과 같은 보여주기식 근로 관행이다. 급하게 처리해야 할 일이 있으면 야근은 불가피하지만, 여전히 많은 직장인은 밀린 일처리를 위해서가 아니라 직장 상사에게 잘 보이기 위해서 야근을 한다. 그래도 우리나라 직장인의 생산성은 점점 더 높아지고 있다.

우리나라에서 생산성이 점점 더 낮아지는 직업이 있다. 바로 국회의원이다. 언론에서는 국회가 맨날 정쟁만 하고 민생에 필요한 법률 통과에 소홀하다고 비판한다. 그러면 국회는 이런 비판을 모면하기 위해 마구잡이식으로 법률을 통과시킨다. 민생법안이라며 제대로 따져 보지도 않고 순식간에 통과시켜 놓고, '국회가 드디어 일 좀 했다'고 평가한다. 이런 불량 법률이 국민생활이나 국가 생산성에 미치는 부작용은 심각하다.

사실 국회의 정쟁 자체를 나쁘게 보면서 법률 통과 건수를 따지는 관행 자체가 후진적이다. 후진국 제품은 품질이 낮다, 오래 쓰지 못한다, 금방 고장 나기 때문에 다시 사야 한다. 가격도 싸다. 고칠 바에는 버리고 다시 사는 게 낫다. 선진국은 그렇게 일을 하지 않는다. 많은 고민과 시간을 들여 좋은 제품을 만든다. 그래서 비싸다. 대신 한 번 사면 오래 쓸 수 있다. 선진국 국회는 많은 법안을 처리하지 않는다. 심사 기간도 길다. 대신 한 번 통과시키면 잘 바꾸지 않는다.

역대 국회의 상임위 법안소위에 상정된 법안 수를 보면 해를 거듭할수록 증가하고 있다. 17대 국회에서 2,536건이던 법안 수가 18대(8,376건), 19대(9,836건) 국회에서 급속하게 증가하더니 20대 국회에서는 12,226건에 달했다. 이에 반비례해서 발의 법안을 검토하는 시간은 크게 줄어들고 있다. 17대에 22분이던 평균 심사 시간이 20대에는 13.1분으로 줄어들었다. 이런 현상은 더욱 심각해지고 있다. 20대 국회에서 19.7건이던 일평균 발의 건수가 21대 국회에서는 29.9건으로 50% 넘게 증가하고 있다.

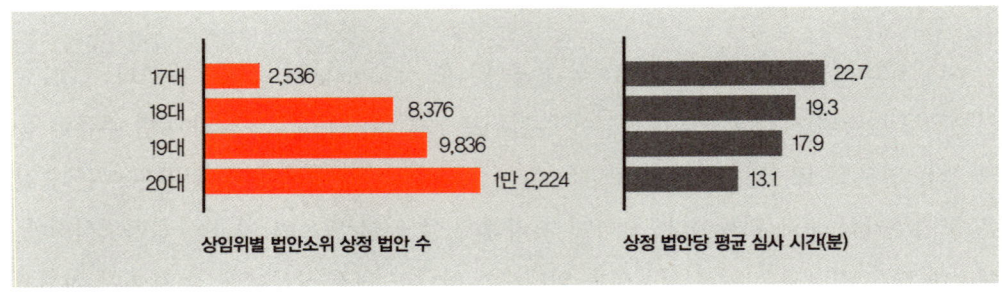

출처: 국회미래연구원.

역대 국회의 법안심사소위 현황

그렇다 보니 본회의에서 찬성 의사를 표시하면서 그 법안의 내용이 무엇인지 모르는 경우가 빈번하게 발생하고 있다. 심지어는 본인이 발의에 참여한 법안에 대해 본회의에서 반대표를 행사하는 경우까지 발생하고 있다. 국가의 근간을 흔들고 과도한 규제와 처벌로 많은 국민의 가슴에 피멍을 들게 할 수도 있는 법인데 국회의원들은 붕어빵 찍듯이 법안을 처리하고 있다.

19·20·21대 국회 초반 의원 법안 발의 건수 비교

구분	기간	법안 발의 건수	일평균 법안 발의 건수	비고
21대 국회	2020년 5월 30일~같은 해 말	6,463건	29.9건	정부 입법 및 병합 심사한 건 등 제외
20대 국회	2016년 5월 30일~같은 해 말	4,258건	19.7건	
19대 국회	2012년 5월 30일~같은 해 말	2,718건	12.6건	

출처: https://news.mt.co.kr/mtview.php?no=2021010321372595235&type=1

    부실 입법의 대표적 사례로 민식이법(도로교통법 개정안·특정범죄 가중처벌 등에 관한 법률 일부 개정 법률안)을 들 수 있다. 2020년 말 국회를 통과한 이 법안은 한 어린이가 차에 치여 사망한 슬픈 사건에서 시작했다. 이 법안은 당시 운전자가 어린이 보호구역에서 과속을 했다는 부모의 주장이 제기되면서 처벌을 강화한다는 취지로 발의됐다.

    처음에는 국민적 슬픔 속에서 호응을 얻었지만 이후 많은 문제가 제기되면서 큰 논란이 발생했다. 우선 당초 부모의 주장과 달리 사고 차량 운전자는 과속을 하지 않은 것으로 판명됐다. 처벌 수위도 지나치게 높다는 지적이 제기됐다. 법안에 따르면 제한 속도인 시속 30km를 초과하거나 안전 운전 의무를 소홀히 해서 13세 미만 어린이를 숨지게 한 운전자는 무기징역 또는 3년 이상의 징역형을 받게 된다. 시속 30km는 운전자가 잘하면 피할 수 있지만 안전 의무 소홀은 다르다. 자동차 사고가 나면 운전자가 100% 무과실인 경우는 없다. 그렇다 보니 과속 여부와 상관없이 일단 사망 사고가 나면 무조건 3년 이상의 징역형에 처해질 것으로 예상된다.

    이러한 처벌을 두고, 형법에 비해서 너무 세다는 비판이 제기됐다. 형법에서는 일반적인 과실로 사망하게 한 경우가 2년 이하의 금고고, 중대한 과실인 경우도 5년 이하의 금고다. 고의로 상해를 입혀 사망케 한 경우는 3년 이상의 유기징역이다. 결과적으로 민식이법은 사망 사고가 발생하면 과실임에도 형법상 고의성이 있는 경우와 똑같이 취급된다.

    이런 문제가 제기되면서 민식이법에 대한 여론은 싸늘해졌다. 응답자의 11.9%만 찬성

한다는 여론 조사가 발표됐고, 법 개정에 반대하는 청와대 청원에 35만 명이 넘게 동의했다. 하지만 국회의원 선거를 앞둔 상황에서 법안은 발의된 지 두 달 만에 강행 처리됐다.

그렇다면 선진국은 어떻게 하고 있을까? 물론 어린이안전보호구역에서 운전자 과실에 대한 처벌은 강하다. 대신 어린이 관리를 소홀히 한 부모도 처벌한다. 우리나라에서는 당연하게 생각하는, 어린이 혼자 등하교하는 것이 미국에서는 형사 처벌 대상이다. 그렇다면 그들은 왜 그렇게 할까? 보호자와 운전자 보두 어린이 보호에 최선을 다해야 사망 사고를 막을 수 있기 때문이다. 아이가 사망한 부모의 슬픔을 달래는 것이 법의 목표가 아니라 사망 사고를 막는 것이 목표다.

국회의원이 충분히 검토 없이 붕어빵처럼 법률을 통과시키는 이유는 하나다. 선거에 도움이 된다고 생각하기 때문이다. 선거에서는 복잡한 설명으로 유권자의 마음을 얻을 수 없다. 그래서 쉽게 설명할 수 있는 숫자가 필요하다. 눈에 보이는 선거 승리만 관심이 있고 과잉 규제와 처벌로 인한 피해자는 신경 쓰지 않는 것 같다. 그 피해자 중에는 부모가 징역형을 살게 되면서 생계가 어려워진 가족이 있고, 그 안에는 이제 아장아장 걷기 시작한 아이도 있을 텐데 말이다.

이제라도 법 제정에 대한 국회의원의 인식이 바뀌어야 한다. 법은 칼과 같아서 잘 쓰면 이롭지만 잘못 쓰면 해가 된다. 법을 제정하는 국회의원이라면 최소한 자신이 만든 법의 내용을 설명할 수는 있어야 한다. 국민들이 법의 내용을 질문하면 답변하는 것은 기본이다. 민주주의 국가에서 국회의원은 국민을 대신해서 봉사하는 자리다. 지금처럼 "우리가 법을 통과시키면 국민은 무조건 따라야 한다. 제정은 우리의 권리고 그에 따른 책임은 그 법을 집행한 공무원이 져야 한다"는 구시대적 발상은 곤란하다. 그건 왕조시대에나 있을 법한 생각이다.

정부관료는 더 이상 수퍼맨이 아니다

정보통신 용어인 레거시 시스템(legacy system)은 기업이 오래전부터 사용해 온 프로그램이나 데이터를 말한다. 기업을 운영하는 데 꼭 필요한 중추 시스템인 경우가 많다. 그러나 기술적 진보를 활용해 기존의 정보통신 시스템을 업데이트할 때는 골칫거리다. 기업이 도입하고자 하는 새로운 애플리케이션이나 프로그램을 수용하지 못하는 경우가 많기 때문이다. 기업 시스템 운영의 안정성을 위해 꼭 필요하나 혁신 기술 수용 때는 계륵처럼 작용한다. 그게 바로 레거시 시스템의 양면성이다.

우리나라 정부에는 개발연대 시절부터 내려온 레거시 시스템이 하나 있다. 핵심은 관료들이 자신을 수퍼맨이라고 생각하는 것이다. 이미 자신들이 통제할 수 없을 정도로 경제의 규모와 복잡성이 증대됐음에도 불구하고 여전히 세상을 디자인하고 관리할 수 있다고 믿는다. 네 차례의 경제개발계획(1962~1981)과 세 차례의 경제사회발전 5개년계획(1982~1996) 기간을 거치면서 이런 한국 정부의 레거시 시스템은 강력하게 작동했다. 한강의 기적을 일궈 냈고 세계 10위권의 경제대국을 탄생시켰다. 단군 이래 수천 년 만에 처음 있는 일이다.

성공은 부정을 낳는다. 국가 주도 자본주의 시대가 막을 내리고 시장 주도 자본주의 시대가 열렸다. 경제의 축이 국가에서 민간으로 이동한 것이다. 그러나 성공의 기억은 강력하다. 뇌리에 박혀 있다. 여전히 관료 주도, 국가 주도의 정신세계에 갇혀 있다. 민간 스스로 시장의 문제를 해결할 수 있다는 믿음이 없는 것이다.

결과는 국가의 과도한 민간 개입이다. 한국에 기업활동을 제한하는 규제가 유독 많은 이유가 바로 수퍼맨 레거시 때문이다. 경제를 관료가 관리하고 통제해야 한다는 생각 때문이다. 한국의 규제 강도는 전 세계적으로 혹독하기로 유명하다. 경제협력개발기구(OECD)가 발표하는 상품시장 규제지수에서 한국은 37개 OECD 회원국 중 규제가 강한 순으로 5위 안에 드는 규제국가다. 세계지적재산권 보호기구(WIPO)가 발표하는 글로벌 혁신지수에서도 한국은 규제환경의 세계 순위가 52위다. 전국경제인연합회 조사에 따르면, 2020년 한 해 동안 정부가 새로 도입하거나 강화한 규제의 숫자만 1,510건이다. 규제와 경제 자유는 반비례한다.

4차 산업혁명이라는 말이 대유행인데, 이 격변의 시기에 대응하는 기업들의 명제는 '신속함(agility)'이다. 과거에는 기업에서 중기계획하면 3~5년 계획을 의미했다. 그런데 이제는 1년계획이 중기계획이다. 단기계획은 분기 수준까지 내려간다. 코로나 사태 초기 2개월 동안 디지털 전환은 그 이전 5년 동안의 변화보다 컸다는 게 다국적 컨설팅회사 맥킨지의 판단이다. 세상의 변화의 속도를 추격해 앞서 가려다 보니 기업들에게는 1년도 먼 훗날이다. 그래서 기업이 채용한 방식이 신속함이다. 사업 모델 아이디어가 있으면 소규모 파일럿 프로그램을 통해 즉각 실행해 본다. 문제를 찾아 수정한 다음 신속하게 전사적으로 확장시킨다. 정보통신기술(ICT)의 발달로 이러한 실험이 가능해졌다. 그러나 레거시 시스템에 의존하는 기업은 이러한 실험에 나설 수 없다. 4차 산업혁명 시대 생존의 명제인 신속함을 갖출 수 없다. 그런 기업은 도태한다.

한국 정부가 바로 이런 함정에 빠져 있다. 세상의 발전 속도는 빠른데 정부가 일하는 방식은 과거 경제개발 5개년계획 시대에 머물러 있다. 여전히 수많은 5개년계획, 3개년계획을 양산한다. 세상의 발전을 좇아가기도 급급한데 세상을 재단할 수 있다고 생각한다. 이제 수퍼맨 레거시를 모두 없앨 시간이 됐다. 신속한 변화에 능숙한 민간의 역량을 믿고 민간의 일은 민간에 맡겨야 한다.

민간 주도의 핵심은 무엇인가. 정부가 최소한의 기본 규칙과 가이드라인을 설정하면 민간이 스스로의 책임하에 이를 준수하고 이행하는 것이다. 신뢰하되 일탈이 발생하면 엄격하게 제재하면 된다.

민간에 맡겨야 할 일을 정부가 여전히 자기가 주관하고 관장하는 예는 얼마든지 많다. 우리 일상과 가까운 예를 들어보겠다. 식품안전관리다.

한국은 식품안전 정부공인제를 운영하고 있다. 위해요소 중점관리 기준(HACCP)을 국가 인증화함으로써 국민들에게 인증받은 제품의 안전성을 정부가 보장한다. 정부가 운영하는 180개 이상의 인증제도가 모두 마찬가지다. 이 중에는 정부가 꼭 개입해야 하는 것도 있다. 전기·전자제품의 안전성 같은 것이 그것이다. 그러나 한국의 인증에는 꼭 필요한 것보다 없어도 되는 것들이 너무도 많다. 이 세상에 한국처럼 인증이 많은 나라는 없다.

제도로서의 위해요소 중점관리 기준은 모든 국가에 존재한다. 국민들이 먹는 식품의 안전을 확보하기 위한 수단이기 때문이다. 당연히 미국에서도 이 제도가 시행되고 있다. 그러나 한국과 미국의 차이는 미국에서는 위해요소 중점관리 기준을 정부가 인증하지 않는다는 데 있다.

미국 정부는 위해요소 중점관리 기준의 기본 절차를 제시하고 위해 요소를 어떻게 제어할 것인지 구체적인 가이드라인을 제시한다. 이를 준수해서 안전한 식품을 만들어야 하는 의무는 식품 제조업체에 있다. 미국에서 식품회사를 운영한 경험을 말해 보겠다. 우리가 품질관리 및 보증(QC & QA) 활동을 제대로 수행하고 있는지 확신이 서지 않았다. 미국에는 이때 자문할 수 있는 민간 전문기업들이 많다. 국가에 우리 회사에 와서 인증해 달라고 요구할 수 없으니 전문업체의 자문을 받는 것이다.

이와 같은 외부기관 평가는 코스트코나 샘스클럽(월마트가 모기업인 식품 유통회사) 같은 대형 유통업체와 거래할 때도 반드시 필요하다. 당신 회사의 식품 안전관리 체계가 제대로 작동하고 있음을 객관적으로 증명하라는 요구다. 평가도 1년이 넘은 것을 쓸 수 없다. 몇 개월 내 평가한 것을 제출할 것, 이렇게 요구한다. 이러한 시스템하에서는 모든 식품안전 사고의 책임은 나에게 있다. 국가 인증의 뒤에 숨을 수 없다. 국가 인증 자체가 없으니 그 자체가 불가능하다.

한국은 어떤가? 식품안전 사고가 나면 국민들은 국가를 비난한다. 인증을 엉터리로 내줬다고 맹렬히 공격한다. 언론도 마찬가지다. 제조업체는 그 뒤에 숨는다. 2018년에 2,500명의 식중독 사고를 일으킨 업체는 위해요소 중점관리(HACCP) 인증도 취소되지 않았고 이름을 바꿔 HACCP 인증업체로 계속 영업하고 있다. 이 업체의 인증을 취소시키지 않은 이유를 정부는 얼마든지 둘러댈 것이다. "제조 공정에서 미세한 잘못이 사고를 일으킨 요인입니다. 그러니 인증을 취소할 요건까지는 갖추지 못했습니다." 정확하게 이런 이유로 위의 업체가 인증 취소를 면했다. 그러나 인증을 취소하면 인증심사가 엉터리였다는 것을 자인하는 꼴이기 때문에 인증 취소는 정부가 취할 수 있는 최악의 조치다.

위해요소 중점관리, 즉 HACCP 인증제도는 절대로 안전한 제도가 아니다. 한번 인증을 주고 나면 3년 간 유효하다. 그 기간 동안에는 제조회사가 실제로 HACCP의 모든 조건을 준수하는지 정밀 검증하지 않는다. 그래서 식품안전 사고가 날 때마다 식품의약품안전처가 하는 일이 있다. 사고를 내지 않은 제조사들까지 모두 조사한다. 내가 사고 낸 게 아닌데도 내가 조사를 받아야 한다? 실제로 2018년 식중독 사고 때도 케이크 제조사 496개가 모두 긴급위생검사를 받아야 했다. 인증을 내주면 3년간은 느슨한 관리를 하고 있음을 식약처가 잘 안다. 그러니 한 업체라도 사고를 일으키면 모두를 의심하게 된다. 열심히 위해요소를 관리했음에도 검사를 당하는 기업으로서는 황당한 일이 아닐 수 없다.

미국은 어떤가? 미국 식품의약품안전국(FDA)이 평소에 식품 제조사를 상시 관리한다. FDA와 소방서는 사업장을 언제든 불시 점검할 수 있는 권한이 있다. 이 권한은 이민국에게도 주어지지 않는다. CEO인 내가 허락하지 않거나 영장이 없는 한 다른 모든 정부기관은 내 회사의 영역에 들어올 수 없다. 그러나 FDA는 언제나 가능하다. 한번 현장조사를 나오면 우리 회사가 식품 위해 요소 관리의 모든 절차와 기준을 지키고 있는지 기록을 일일이 살피고, 제조 공정을 관찰한다. 보통 이틀이 걸린다. 어떤 회사를 방문하는가는 FDA가 무작위로 정하거나, 각종 정보를 취합해 잠재적 위험성이 높다고 판단하는 회사를 방문한다. 사전 통보는 일체 없다. 문을 두드리고 들어와야 FDA에서 온 것을 알 수 있다. "외국계 조그만 식품회사니 미국법도 잘 모를 것이다" 이런 판단을 내렸을 것이다. 1년에 한두 차례는 꼭 FDA가 우리 공장을 방문했다.

CEO인 나는 FDA 방문을 기다렸다. 나에게는 국가기관이 나서서 나를 학습시켜 주니 고마워하지 않을 이유가 없다. FDA 현장 방문을 두려워하지 않은 또 다른 이유는 벌금이나 즉각적인 공장 폐쇄의 위험이 없기 때문이다. FDA 현장조사의 목적은 벌금을 물리고 공장 문을 닫게 하는 것이 아니다. 제조사들이 식품을 안전하게 만들도록 유도하는 게 목표다. 그래서 방문이 끝나면 조사 결과를 놓고 나에게 상세하게 설명해 준다. 문제점을 지적하고 언제 어떻게 고칠 수 있는지 상의한다. 그리고 상호 합의하에 지적 사항 이행계획을 만들어 각자 서명한다. 다음번 현장조사에서는 내가 약속을 이행했는지 먼저 점검한다.

어느 방식이 더 식품안전을 확보하는 데 효과적이라고 생각하는가? 정부가 민간의 모든 것을 알 수 없음을 인정하고 민간 스스로 법규를 이행하도록 한 후 불시 방문을 통해 끊임없이 경각심을 불러일으켜 주는 제도가 미국의 방식이다. 정부가 제품의 안전성을 보증하지 않는다. 대한민국의 방식은 정부가 3년에 한 번 꼴로 실사한 후 정부 공식 안전 인증을 내주고 마케팅에 활용할 수 있게 해 준다.

또 다른 예로 금융기관의 보안 문제를 들 수 있다. 거래 고객을 보호하는 일은 미국에서는 금융기관 책임이다. 대한민국에서는 거래를 보호한다고 국가가 공인인증서 제도를 도입했다. 국무조정실에서 공인인증서 폐지를 주장하자 금융위원회가 말했다. "공인인증 제도는 한국의 대표적인 행정혁신 사례"라고. "다른 나라가 부러워한다"고 자랑했다.

미국에서는 컴퓨터나 모바일로 금융 거래를 할 때 인증서가 필요 없다. 몇 가지 보안 체크와 함께 아이디와 비밀번호만 치면 모든 거래가 가능하다. 아이디와 비밀번호를 보호해야 할 책임은 금융기관에 있다. 그래서 미국 은행들은 보안에 많은 투자를 한다. 인공지능 시대 가장 중요한 이슈가 보안 문제다. 미국은 보안의 책임을 민간에 맡겼기 때문에 보안산업이 한국보다 훨씬 발달해 있다. 한국은 공인인증서 같은 제도를 국가 주도하에 만들어 보안 책임을 금융기관으로부터 떼어냈다. 2020년 12월 공인인증서 제도를 폐지함으로써 제도가 개선됐지만 국가가 수퍼맨처럼 개입함으로써 보안산업 발전을 저해한 경우다.

가짜 석유 유통을 막겠다고 모든 주유소에 일일거래 상황 기록부를 써 내라고 한 것도 재미있는 사례다. 지금은 수기로 작성하지 않고 프로그램을 만들어 자동 제출이 가능하도록 했지만 전국에 1만 개가 넘는 주유소의 수상한 거래를 거래 상황 기록부로 잡아낼 수 있다고 생각하는 것 자체가 난센스였다. 지난해 충남 공주 일대에서 발생한 가짜기름 유통사건을 이 시스템은 막지 못했다. 2017년 당시 이것도 없애라고 했더니 한국의 베스트 프랙티스라며 머나먼 남미의 몇몇 나라가 이미 벤치마킹해 갔다고 존속을 주장한 게 우리의 관료들이다.

위에서 든 사례가 소소한 것처럼 보이는가? 좀 더 거시적인 정책의 예를 들어보자. 정부는 15년간 225조 원이 넘는 저출산 예산을 쓰고도 한국의 인구 감소를 막지 못했다.

2020년은 한국의 인구 감소 원년이다. 결혼을 미루고 아이 낳기를 두려워하는 젊은이들의 심리에 감정이입한 대책들이 나와야 했으나, 대책 자체가 단선적인 경우가 많았다. 지방자치단체가 인구 감소에 대응한다고 수천만 원을 출산격려금으로 지급하기도 했다. 그러나 아이들이 학교 갈 나이가 되자 부모는 다시 시골을 떠난다. 교육, 집값 등 모든 게 저출산과 연관됐으나, 이 모든 것을 조화롭게 담은 저출산 대책은 없었다. 그러니 실패할 수밖에 없었다. 인구 대책과 경제개발 5계년계획은 근본이 다름에도 정부가 쓰는 정책 대안은 유사하다.

현재의 중소벤처기업부는 1996년 설립된 중소기업청을 모태로 하는 조직이다. 25년 동안 중소기업 강국 건설이 국가 주도로 진행됐다. 2017년에는 장관급 조직으로 위상이 격상되기도 했다. 대한민국은 지금 중소기업 천국인가? 벤처 강국인가? 얼마나 많은 기업을 대기업으로 성장시켰는가? 호미로 전 세계에 이름을 날리고 있는 경북 영주의 대장간이 아마존에 제품을 출시할 때 중소벤처기업부는 어떤 도움을 줬나?

정부는 더 이상 수퍼맨이 아니다. 국가 주도 경제 발전 시대와는 할 수 있는 일과 할 수 없는 일, 해야만 하는 일과 해서는 안 되는 일의 내용이 바뀌었다. 수퍼맨 레거시를 버리고 새로운 레거시를 창출해야 한다. 새로운 레거시의 핵심은 민간의 자율과 창의가 꽃피우고 기업가 정신으로 무장한 젊은 청년들이 날개를 펼 수 있도록 시장경제의 '도우미'가 되는 것이다. 경제 분야에서 국가개입주의를 버리고 민간이 주도하는 '문민'경제 시대가 활짝 열리도록 하는 것이다.

국가채무 지표도 정략적으로 쓰는 나라

2000년 4월, 제16대 국회의원 총선은 국가채무라는 재정 문제가 뜨거운 쟁점으로 등장한 유별난 선거였다. 김대중 정부는 1997년 외환위기 극복을 치적으로 내세우며 선전을 다짐했으나, 야당인 한나라당은 전면광고를 통해 나라 빚 문제를 본격 제기했다. 외환위기 극복은 재정이라는 아랫돌 빼서 금융 부실에 윗돌을 괴는 격이라고 비판다. 결과적으로 이 논쟁은 수십 표 차이로 당락이 좌우되던 지역구에서 여당인 민주당이 많은 의석을 잃게 된 주요인이 됐다. 불과 2년 전 대외채무로 인해 가정 파괴와 노숙자 양산을 경험한 우리 국민들로서는 빚이라면 치를 떨 수밖에 없었다.

당시 한나라당은 정부 발표 국가채무에 정부보증채무, 한국은행의 통화안정증권, 국민연금 관련 잠재채무를 국가채무에 포함시켜야 한다고 주장했다. 반면 기획재정부는 IMF의 국제 기준을 내세우며 이들이 국가채무에 포함되지 않는다고 반격했다. 많은 선거 전문가는 정책 논쟁이 총선 이슈가 되는 것을 반겼지만 학술적인 내용조차 정치와 무관할 수 없다는 사실을 확인한 계기가 됐다. 이후 국가채무 논쟁은 매년 예산철만 되면 반복적으로 제기됐으나 정부·여당은 이를 적극적으로 해결하려고 하지 않았다.

국가채무에 대한 논쟁은 IMF의 국제 기준을 확인하고 관련 전문가들이 통계를 정비하면 끝날 일이었지만 정부·여당은 자신들의 재정 운용에 부담이 될까 봐 차일피일 그 해결을 미루고 있었다. 국제 기준에 의한 '일반정부 부채' 규모가 기존에 계산돼 온 국가채무와 큰 차이가 날 것을 두려워했기 때문이다. 국가채무는 일반회계, 특별회계, 일부 기금만을 대상으로 하지만, '일반정부'는 기금 전체와 수많은 공공기관까지 포함해 그 범위가 매우 넓다. 문제 해결에 미온적인 태도는 김대중, 노무현, 이명박 정부로 이어지며 12년간 계속됐다.

2012년 12월 국가채무 통계의 문제 해결에 적극적이었던 정치인이 대통령에 당선되자, 그 5일 후인 2012년 12월 24일에 기획재정부는 비로소 '일반정부 부채'를 공식 발표했다. 공공기관 300여 개를 일반정부에 포함되는 기관과 그렇지 않고 공기업으로 간주되는 기관을 구분했던 것이다. 더 나아가 박근혜 정부는 2014년에 국가채무(D1), 일반정부 부채(D2)를 넘어 비금융공기업의 부채까지 망라하는 비금융 공공 부문 부채(D3)를 공개하며 부채 통계의 기본 틀을 정비했다. 2000년도 총선에서 제기됐던 국가채무 논쟁을 우리 사회가 해결하는 첫걸음에 거의 15년의 세월을 허비한 것이다.

국가채무 지표가 정략적으로 악용되는 또 하나의 충격적 사례는 2018년 12월에 있었던 기획재정부 신재민 사무관의 양심선언에서 찾을 수 있다. 신 사무관에 따르면, 기획재정부 부총리가 문재인 정부의 향후 재정 운용을 유리하게 하고자 2017년 말 국가채무 비율을 의도적으로 높이려 했다고 한다. 부총리는 5년 단임 정권의 재정 운용 성과가 국가채무 지표로 평가되고, 또 2017년 말 국가채무 수치는 문재인 정부가 아니라 박근혜 정부의 실적으로 잡힌다고 판단했다는게 그의 짐작이었다. 이 때문에 부총리가 2017년 말 국가채무 비율을 가능한 높이기 위해 2017년 동안에 국채를 더 많이 발행할 것을 실무진에게 요구했다는 것이다.

반면 기획재정부의 32세 젊은 신재민 사무관은 단임의 정권보다 미래의 재정 부담을 더 중요하게 생각했다. 한번 발행한 국채는 그것을 상환하지 않는 이상 미래의 정부와 미래의 세대에 막대한 이자 부담을 안겨준다는 이 명백한 사실 앞에 양심의 가책을 느낄 수밖에 없었다. 그 어려운 5급 행정고시에 합격해 안정된 삶이 보장돼 있음에도 불구하고, 그는 2018년 7월 미련 없이 사표를 던지며 12월 말에 이 사실을 유튜브에 폭로했다.

> "2017년 11월 기획재정부 실무진은 초과 세수로 더 이상 적자 국채를 발행할 필요가 없다고 판단했다. 그러나 부총리는 '정무적 판단'을 이유로 불같이 화를 내며 적자 국채 발행을 강행하라고 요구했다. 부총리의 '정무적 판단'은 박근혜 정부의 국가채무 비율을 높여 문재인 정부의 부담을 줄이자는 것이었다.… 8.7조 원의 국채를 발행하면 1년 이자 부담만 2,000억 원 돈이다.… 고위공무원이 가져야 한다는 정무적 고려, 정무적 판단이라는 것은… 정권이 유지되도록 기여해야(하는)… 것인가?… 승진하고 싶다는 생각이 그다지 들지 않았다."(신재민 전 사무관, 비망록)

오랜 직업공무원의 생활에서 다양한 경험을 쌓은 기획재정부 부총리는 5년 뒤의 일에는 아랑곳하지 않고 5년 단임정부의 국가채무 비율만 적절히 관리하는 것이 자신에게 중요하다고 인식한 것 같다. 이것은 신재민 전 사무관의 폭로가 우리 사회에 던진 매우 중요한 정책적 화두였다. 부총리의 '정무적 판단'을 보면서 우리나라 직업공무원들의 행동을 좌우하는 유인구조가 과연 무엇인지 이해할 수 있다. 미래에 막대한 재정 부담을 지게 하면서 임기 중에 별 부담이 없는 재정사업들이 '정무적 판단'의 미명으로 얼마나 많이 채택되고 있을까? 국민들이 개별 재정사업의 내용을 세세히 파악할 수 없다는 사정을 잘 알고 있는 '정무적 판단자들'은 얼마나 이를 악용하고 있는 것일까?

그런데 국가채무 지표는 사실 한 정권의 재정 운용 성과를 평가하는 데 많은 약점을 갖고 있다. 정부는 국가채무 대신 공공기관의 부채를 증가시키는 방법으로 얼마든지 정책사업을 추진할 수 있기 때문이다. 토지주택공사, 수자원공사, 한국전력공사 등 비금융공기업의 부채를 증가시키는 방법도 있고 또는 한국산업은행, 신용보증기금 등 금융공기업의 부채를 증가시키는 방법도 있다. 후자의 경우에 대해 우리는 공적 자금이라고 해서 재정정책과 구분하고 있지만 정책금융의 실질적 부담자는 납세자들이기에 이 또한 재정정책과 연관된다.

만약 공적 자금과 비금융공기업의 부채를 추가로 감안한다면 과거 정권의 재정 성과는 어떻게 달라질 것인가? 외환위기 이후 각 정권 5년간의 국내총생산(GDP) 대비 국가채무 비율의 순증을 살펴보면, 김대중 정부 6.2% 포인트, 노무현 정부 11.1% 포인트, 이명박 정부 3.5% 포인트, 박근혜 정부 6.0% 포인트 등과 같다. 그런데 한 정권의 재정총량 성과는 국가채무에 한정하지 않아야 한다. 통계 비교가 가능한 비금융공기업 10개의 부채 증가 규모를 살펴보면, 김대중 정부 약 20조 원, 노무현 정부 약 120조 원, 이명박 정부 약 160조 원이고 박근혜 정부에서는 부채가 오히려 감소했다. 여기에 경제 위기 극복을 위해 조성된 공적 자금 규모도 추가로 감안해야 하는데, 공적 자금은 김대중 정부 150조 원, 이명박 정부 160조 원을 사용했다. 노무현 정부와 박근혜 정부에서는 대규모 공적 자금 조성이 없었다.

우리는 정권별 재정총량 성과를 어떻게 평가할 것인지 진지하게 고민해야 한다. 우리가 기회주의적이고 정치 영합적인 '정무적 판단'의 꾐에 넘어가지 않으려면, 매 정권의 재정 성과를 어떻게 비교·평가할 것인지 그 해답을 반드시 찾아내야만 한다. 정치인과 관료들의 재정 오남용을 막기 위해서는 재정 운용에 대해 전문적이고도 정치 중립적인 목소리가 우리 사회 어딘가에서 끊임없이 메아리쳐야 한다. 정치인들이 재정 포퓰리즘의 유혹을 벗어날 수 있도록 재정-정치의 올바른 거버넌스를 구축하는 것, 그것은 우리 시대가 해결해야만 할 절체절명의 과제다.

규제개혁 20년, 너무 더딘 속도

정부가 일부러 국민을 괴롭히고 불편하게 할 리는 없다. 우리 주변의 불편한 규제는 정부가 고의로 한 것은 아니란 점이다. 정부가, 국회가 만든 규제는 모두 세상을 좀 더 안전하게 하고, 거래의 안전을 보장하며, 토지의 난개발을 막고, 마약 흡입 등 건전한 사회 풍토에 반하는 행위는 규제하는 좋은 취지를 가지고 있다. 문제는 규제의 좋은 취지가 아니다. 좋은 의도로 한 일이 반드시 좋은 결과를 보장하는 것이 아니듯, 규제도 마찬가지다. 도입 당시에는 아무리 합리적인 규제라도, 시간이 지나면 규제의 대상과 상황이 변하게 되고, 규제 개선 수요가 발생한다.

규제 개선에 인색한 나라, 우리나라의 평가가 아니다. 기술 발전에 따라 다양한 원격의료 서비스를 통해 비대면의 진단이 가능한 상황임에도 우리나라에선 이것이 불가능하다. 대면진료를 원칙으로 정한 의료법 때문이다. 수개월을 주기로 의사를 만나야 하는 가벼운 만성질환자, 의사와의 대면이 어려운 시골의 가벼운 환자와 같이 특정한 경우에는 원격진료가 가능할 것 같은데도 벌써 십 년도 전에 문제 제기가 된 이 규제의 개선은 요지부동이다. 각종 대학 규제도 마찬가지다. 2021년, 대학정원과 고등학생 간 수의 역전에 따라 대학 입학정원을 채우는 것이 불확실한 상황에도 불구하고 교육부는 정원을 기준으로 대학 규제를 정하고 있다. 충원율, 재학률, 교수확보율과 같은 중요한 규제 지표는 모두 정원과 연동돼 있으며, 대학에 대한 각종 지원사업 역시 정원을 근거로 그 유형을 나누고 있다.

1970년대 도입한 수도권 규제는 지역 발전을 위한 수도권 집중 방지라는 정치적인 해석으로 큰 틀에서 개선에는 턱없이 부족했다. 이 기간 중 우리가 수도권 규제에 참고했던 프랑스나 일본은 일찌감치 수도권 규제를 해소하고 좀 더 합리적인 국토발전계획을 마련했다. 이 기간 수도권은 비대해졌는데, 수도권으로의 공장이나 대학교의 설립은 강력하게 제한돼 왔다. 그 결과 기존에 이미 수도권에 진입한 기업이나 대학과 지역의 대기업, 대학 사이의 비대칭, 불공정 경쟁이 점점 커지고 있다. 국토 활용도 마찬가지다. 수도권이라 하더라도, 그 상황이 천차만별임에도 불구하고 동일한 규제를 적용받다 보니, 파주나 이천과 같이 기업 유치를 통해 개발을 도모하고 싶은 일부 지역은 공장 유치에 큰 애로를 겪는 경우도 있었다.

고령화와 인구의 도시 이동에 따라 농촌에 빈집이 늘어가고 있다. 폐가에 흉물이 돼 가고 있어 지방자치단체도 그 처리에 골치를 앓고 있던 이 현상을 전혀 다르게 본 기업이 있었다. 농촌 빈집을 이용해서 민박사업을 해보자는 신선한 아이디어였다. 국내외 여행이 꾸준히 늘어나는 추세를 고려하면, 농촌의 옛날 집들도 한번쯤은 불편함을 감수하면서도 놀러 가 볼 만한 관광자원이었다. 여기에 농촌의 호젓함과 맑은 공기, 뒷산 새소리는 농촌, 산촌 체험을 해 본다는 점에서 신선했고, 사람들이 농촌에 여행을 오면, 골치 아픈 빈집 처리는 물론, 농촌에 새로운 소득원이 개발될 수도 있는 그야말로 일거양득의 사업이었다.

그냥 하면 될 것 같은 이 사업이 우리나라에선 너무 힘들다. 2021년, 정부가 다시 사업 기회를 열어 주긴 했지만, 2020년 내내 이 사업은 공유숙박업계를 의아하게 할 정도로, 시작 자체가 어려운 공전 시기를 보냈다. 규제 때문이었다. 농촌에서 민박은 농어촌 민박으로 분류되는데, 여기에는 반드시 주인이 거주해야 한다는 조건이 있었던 것이다. 빈집에 주인이 거주할 리 없으니 빈집을 이용해서 사업을 하겠다는 것은 우리나라에선 원래부터 불가능한 것이었다. 이런 규제를 두고 어리둥절하지 않을 국민들이 있을까? 그리고 이 사업을 해보겠다는 업체는 얼마나 황당했을까? 참고로 외국에는 이런 규제가 당연히 없다. 에어비앤비로 집 전체를 빌려 여행해 본 사람들의 경험이 이를 입증한다.

물론 우리나라는 규제개혁을 꾸준히 해 온 국가다. 20여년 전 김대중 정부에서는 규제 모두를 단두대에 올려 그 절반을 한꺼번에 정리한 적도 있고, 이명박 정부에선 작동하는 규제를 선별해, 그 효력을 정지하는 한시적 규제 유예 실험을 하기도 했다. 규제일몰제를 통해 3년, 5년마다 꾸준히 규제의 타당성을 점검하고, 규제 샌드박스로 신산업, 새로운 아이디어에 대해서는 임시 허가와 실험을 가능하게 신경도 쓰고 있다. 그리고 이런 규제개혁의 결과는 작지 않았다.

티본스테이크(T-bone steak)는 원래 한우가 없었다. 도축 규제 때문이었다. 우리나라에선 도축 시 부위를 정해 놓아서 안심과 등심이 붙어 있는 티본스테이크는 시장에 나올 수 없기 때문이다. 언뜻 생각해도 이상한 이 규제는 5년 전쯤 개선됐다. 그래서 지금은 한우 티본스테이크를 먹을 수 있게 됐다. 물산업의 성장은 극적이다. 1994년 전까지만 해도, 우리나라에서 먹는물 산업은 존재하지 않았다. 모든 국민이 수돗물이나 보리차를 끓여 먹었다. 2021년, 우리나라 물산업은 1조가 넘는다. 어떤 일이 있었을까? 1994년, 헌법재판소에서 물판매 금지를 위헌으로 판단하면서, 먹는물관리법이 생기고, 물을 팔 수 있게 됐다. '못 해'에서 '할 수 있어'로의 규제 변화만으로 25년 만에 이런 큰 산업이 생긴 것이다.

요즘은 흔하게 보이는 플라워숍도 있다. 원래 꽃집과 커피숍은 같이 하면 안 되는 업종이었다. 이상하지만 우리나라에선 그랬다. 각각 업종 분류가 달라서 신고를 각각 해야 하니, 이를 합쳐서 하면 관공서에 신고할 방법이 없었던 것이다. 늘 있었던 것 같지만 사실 플라워숍이 가능해진 것은 5년이 채 안 됐다. 규제개혁의 결과다.

K-뷰티 산업을 이끌고 있는 화장품 규제개혁은 더 재미있다. 2013년 이전에는 화장품 원료로 쓸 수 있는 것이 지정돼 있었다. 이것을 반드시 쓸 수 없는 원료를 제외하고는 어떤 원료를 쓰건 상관없다. 대신 안전성은 기업이 책임지는 방식으로 바꿨다. 효과는 압도적이었다. 2012년 1,450개의 화장품 회사가 2019년에는 7,580개로 다섯 배 증가했다. 2009년만 해도 화장품은 원래 수입이 수출보다 2배나 많았던 산업이었다. 2019년에는 수출이 수입보다 5배나 많아졌다. 화장품 원료에 대한 규제를 바꾼 것만으로 이렇

게 엄청난 일이 벌어진 것이다.

이런 성과에도 불구하고, 우리나라는 왜 규제 개선에 인색한 나라라고 평가받는 것일까? 티본스테이크와 플라워숍 규제를 보면서 드는 생각은 우리나라에서는 불편하고 불합리한 규제인데도 참 안 변하는구나일 수밖에 없다. 누가 봐도 이상한 규제가 고쳐지지 않는 동안 사람들은 그냥 한우 티본스테이크도 없고 플라워숍도 없는 세상을 당연한 듯 살아왔다. 먹는물도 마찬가지다. 1994년 전까지 대한민국 사람들은 물을 사 먹는 세상을 생각하지도 못한 채 살았다.

어느 사회나 규칙이 있다. 규칙은 사회 운영의 약속이고, 사람들 사이의 예측 가능한 교류와 거래를 가능하게 하는 필수 요소이지만, 불편하기도 하다. 일요일 동네마트를 가려면, 오늘이 몇 번째 주인지 확인해야 한다. 마트가 쉬는 날인 줄 모르고 나섰다가 허탕치고 돌아온 경험은 우리나라 사람이라면 한 번쯤은 있을 거다. 땅이 있고 돈만 있으면 마음대로 집을 지을 것 같지만, 건축 허가를 받으러 관공서를 찾는 수고로움도 감수해야 한다. 정부가 정한, 안전 요건을 갖추고, 땅마다 정해진 층고와 건폐율, 주차장 면적 등을 충족해야 한다.

그래서 불편하고 불합리한 규제는 적극적으로 개선해야 한다. 문제 해결의 효용성보다, 국민에게 부담시키는 비용이 훨씬 커 불편한 규제를 개선하지 않으면, 그 사회의 사람들은 쓸데없이 관공서에 더 드나들고, 같은 집을 짓는데도 비싼 재료를 써야 하며, 분명 내 소유의 땅임에도 활용에 제한을 받을 수도 있다. 공장에서 물건을 생산하는 데 특정한 생산 라인을 정해서, 특정한 재료를 사용하고, 이를 정부에 보고해야 하는 경우도 있다.

그런데 우리나라의 규제 개선 속도는 너무 느리다. 2020년, 세계경제포럼(Davos Forum)의 발표에서는 우리나라 규제 부담이 세계 87위를 보이고 있다. 이미 언급한 것처럼, 세계지적재산권기구(WIPO)의 글로벌 혁신지수(GII)가 2020에는 50위, 경제협력개발기구(OECD)의 평가도 2018년 37개 회원국 중 끝에서 다섯 번째가 우리나라였다. 국가경쟁력 13위, 무역 규모 8위, 국내총생산 12위의 수치와 비교하면, 낮아도 너무 낮다. 우리나라에 투자한 외국 기업은 종종 우리나라에만 있는 규제, 국제 기준에 비춰 이해하기 힘든 규제를 갈라파고스 규제라 칭해 어려움을 토로한다. 이쯤 되면, 우리나라의 경제적 성과는 정부의 불편한 규제에도 불구하고, 이를 극복한 기업의 눈물겨운 결과일 것 같다. 기업의 창의성을 고무하고, 이들의 경쟁력 제고를 위한 환경 조성에 힘써야 할 국가가 그 역할을 잘 못하고 있는 것이다.

2021년, 개선을 기다리고 있는 규제가 여전히 많다. 우리나라 정부는 규제 개선에 참 인색하다.

사법부는 사회적 약자 편이란 이상한 편견

"사회적 약자를 위해 봉사하겠다." 옛날 사법고시 수석합격자가 하던 얘기를 요즘은 대법관이나 헌법재판소 청문회에서 늘 듣는다. 예전 학력고사 수석합격자도 이런 얘기를 많이들 했고 요즘 수능만점자 인터뷰에도 이런 얘기가 심심찮게 나온다. 개인이 사회적 약자를 위한 자발적 봉사를 하는 거야 칭찬받을 일이지만, 대법관이, 법원이 사회적 약자를 일성으로 삼아서는 안 된다. 법조인은 특정한 사회계층을 위한 존재가 아니고, 법치주의를 지키는 최전선의 막중한 임무를 가졌기 때문이다. 변호사야 자기 사업을 하니까, 무엇을 하든 상관없고, 그 일이 사회적 약자를 위한 일이라면 더욱 칭찬해야 하겠지만 법관과 검사는 다르다.

2014년 대법원은 쌍용차 정리해고가 정당하다고 판결하고, 서울고법으로 돌려보냈다. 쌍용차는 2009년 165명을 정리해고했다. 2008년 가용현금 74억 원, 당기순손실 1,861억 원의 경영상 위기를 맞았으며, 2009년에는 서울중앙지법으로부터 회생절차 개시 결정을 받았고, 법원 허가를 받아 정리해고에 착수했다. 당초 정리해고 980명이던 정리해고 규모는 노조의 반발과 파업 이후, 노사 타협을 거쳐 165명이 됐다. 정리해고

당사자들은 회사의 경영 위기가 구조적·계속적 위기로 볼 수 없음을 주장했고, 고등법원은 1심과는 달리 이를 인정하기도 했다. 대법원의 판결은 이에 대한 회사 측의 상고에 대한 것이었다. 회사의 경영상의 어려움과, 정리해고에 앞서 부분휴업, 임금 동결, 협력업체 인원 축소 등의 노력을 한 것을 고려한 판결이었다.

서울지방변호사회 인권위원회 소속 변호사들은 이 판결을 두고, 대법원이 사회적 약자의 목소리를 외면하고, 해고 노동자를 벼랑 끝으로 내몰았다며 비판했다. 변호사들의 뜨거운 가슴은 이해가 되고도 남지만, 이것은 잘못된 비판이다. 사법부는 사회적 약자를 편드는 곳이 아니고, 사건을 법에 따라 해석해 판결하는 곳이기 때문이다. 쌍용차 사례의 경우, 해고된 노동자도 어려움이 있지만, 회사 입장에서도 딱하긴 마찬가지다. 경기 침체와 경유 가격 인상에 따른 주력 SUV 자동차 판매 급감, 그로 인한 재무 상태의 악화와 법정관리를 받아야 했기 때문이다. 당시 대법원의 판단을 보면, 해고 노동자의 어려움, 회사의 경영상 어려움 등이 고려된 판결이었음이 나와 있기도 하다. 당사자가 있는 판결에서 법원의 원칙은 누가 더 어렵냐의 판단이 아니라, 정리해고라는 행위가 법적으로 타당했냐를 따지는 것이다.

그래서 사법부가 해야 할 말은, 헌법과 법률에 근거해 사건을 최대한 공정무사하게 판단하겠다는 것이 돼야 한다. 판례라는 법적 관행을 준수하고, 사회의 평균적인 질서와 신뢰를 정확히 파악하려 최대한 노력하겠다고 해야 한다. 법관의 판단이 고위직이나 대기업 회장이라고 달라져서는 안 되듯이, 사회적 약자라고 해서 달라져서도 안 될 것이다. 법관도 사람인지라 개인적으로 사회적 약자를 보호하고 싶은 마음이야 너무 훌륭하지만, 법률대로 판단해야 할 것에 다른 사정이 개입돼서는 안 되기 때문이다. 사회 전체의 규칙의 정상적 작동을 보장하는 차원에서 헌법과 법률의 합치 여부를 따지는 게 사법부가 할 일이기 때문이다. 사회적 약자에 대한 고려는 이런 판단을 한 이후, 개인의 사정을 고려해 참작해 볼 수 있는 영역일 뿐이다. 참고로 헌법엔 사회적 약자란 표현이 없다.

물론 법원이나 법관이 사회적 약자를 얘기하는 건, 그가 보기에 우리 사회의 법체계가 사회적 약자에게 상대적 불이익을 주도록 설계됐고 그렇게 집행됐다고 생각해서일 수도 있다. 물론 그런 부분이 있을 수 있다. 그러나 우리 사회는 개인에 대한 법적 평등 대우라는 관점에서 보면, 민주화 이후 꾸준히 정상화돼 왔다. 즉, 특정한 사람, 계층을 위한 법률은 거의 사라졌고, 오히려 사회적 약자에 특별한 보장을 하는 법률은 점차 증가해 왔다. 물론 여전히 특혜의 집행과 국가 권력 사용이 많지만, 이것이야말로 사회적 약자가 아닌 공정의 눈으로 엄격히 봐야 하는 사안이다.

대법관 후보자의 사회적 약자라는 일성은 그 자체가 멋있어 보여서일 수도 있다. 후보자마다 계속 이 말을 되풀이한 건, 적어도 우리 사회에 이런 말을 듣기 좋아하는 분들에 대한 립서비스(lip-service)일 수 있다. 기득권을 보호하자고 해서는 안 될 거고, 법과 원칙대로 하겠다는 것은 조금 밋밋해 보이고, 사회적 약자를 보호하겠다고 하면 뭔가 사회를 위해 훌륭한 일을 하는 듯 보이니까. 이러면 소위 패셔너블해 보인다. 최근 김명수 대법원장은 뜬금없이 국민의 눈높이에 맞는 좋은 재판을 하자고도 했다. 그러나 국민 중 누군가에게 좋은 재판은 다른 누군가에겐 나쁜 재판이다. 법관은 그게 누구든 특정 부류의 사람이나 집단에 좋은 재판을 해서는 안 된다. 법관이 재판을 두고 할 말은 '좋다', '나쁘다'가 아니라 '합법적이다'가 돼야 한다. 그리고 법관의 판단의 근거는 국민 눈높이가 아니고, 법과 원칙이다. 그게 공정한 것이다.

사실 '사회적 약자'에 대한 문제 제기가 정치적 옳음(political correctness)이 된 지는 한참 된 것 같다. 언급 자체가 비판이 되는, 많은 사람이 불편해 해서, 정치적으로 도움이 될 리가 없는 얘기가 정치적 옳음이다. 그런데, 사법부는 이런 정치적 옳음에서도 독립적으로 판단해야 하지 않을까. 아무나 법관이 돼서도 안 되는 건, 사법부에 누구보다 독립적인 지위를 보장해 주는 건, 사회라는 제도의 최종 수문장으로서의 그의 역할이 심각하게 중요하기 때문이다. 우리 사회에 필요한 법관은 사회 형편을 헤아려 공감하는 가슴을 가진 분이 아니고, 법률과 헌법에 정한 대로 사건을 합리적으로 판단하는 머리를 가진 깐깐한 사람이다. 언제부턴가 우리나라 대법관이나 헌법재판관은 50대 너무 젊은 시기 6년 동안 잠깐 해서 그런지, 정치나 국가 경영에 관심이 너무 커서 그런지, 재임 중에도, 퇴임해서도 스스로도 이런 자신의 역할에 대한 긍지를 못 지키는 분들이 있는 것 같다.

시민을 위한 시민단체는 없다

chapter 5

시민단체의 정치권 진입이 위험한 이유

　시민단체는 시민사회의 활성화 과정에 기여했으며, 권력이나 기업 관련 문제, 환경 보호나 사회 문제 등에 참신한 비판과 대안을 제시하면서 지지를 받아왔다. 제3섹터, 비영리기구로서의 시민단체는 사회구성원들의 가치관이 점차 다양화해짐에 따라 앞으로도 기존의 국가 부문이나 시장 부문이 미처 담당하지 못한 부분이나 '정부실패' 또는 '시장실패'에 좀 더 적극적인 목소리를 낼 것으로 전망된다. 그래서인지 언제부턴가 이름 있는 시민단체에서 활동하던 분들이 정치권이나 정부에 들어가는 경우가 많아지고 있다. 비판자로서가 아니라 정부의 각종 사업이나 정책 결정에 실제로 참여하고, 영향을 미치게 되고, 언론에서 발언권도 높아지면서 이들의 목소리가 더 커지고 있다.

그런데 최근 불거지는 일부 시민단체의 잦은 일탈을 보면, 이들 시민단체가 설립 취지에 맞게 운영되고 있는지 의문이다. 시민단체의 활동은 각종 성명서와 정부정책에 대한 반대나 대안의 제시 등을 근간으로 한다. 공익 실현을 위한 정부 감시가 주목적이기 때문이다. 소비자단체라면 제품의 가격을 조사해서 담합을 밝혀내고 안전 기준을 충족하지 않은 제품을 찾아내며, 정부의 안전 기준의 적정성을 검토해 제도 개선을 요구해야 한다.

그런데 우리나라 시민단체는 여기서 한 걸음 더 나갔다. 2000년 이미 헌법재판소가 특정 후보자에 대한 시민단체의 낙선운동 금지를 합헌이라고 판단한 이후에도 시민단체의 정치활동은 끊이지 않고 있다. "단순한 의견 개진이나 의사 표시의 수준을 넘어 의도적이고 조직적이며 계획적인 운동 수준에 이른 이상 시민단체의 낙선운동은 후보자가 행하는 선거운동과 다를 것이 없다." 당시 헌법재판소의 판시 내용 중 일부다. 시민단체가 선거에 조직적으로 개입하면, 사실상 특정한 후보를 도와주는 것으로 선거 캠프의 선거운동과 다를 바 없다는 것이다. 그러나 시민단체는 오불관언이다. 시민들의 정당한 참정권 행사라며 정치활동을 계속하고 있다.

여기에 더해 청와대나 국회, 정부부처나 공공기관 등 정부 내 공적 위치에도 시민단체 인사들이 대거 진출하면서 이것이 바람직한가가 논란이다. 최근에는 정부의 각종 위원회에 시민단체가 추천한 인사를 포함하도록 아예 법으로 만들어 두려는 움직임도 보인다. 2017년 7월 박광온 의원이 발의한 공공기관의 운영에 관한 법률 일부 개정안에는 공기업 및 준정부기관 비상임이사 중 시민단체가 추천한 사람이 1인 이상 포함돼야 한다는 내용을 포함하고 있었다. 일종의 대못 박기 시도다. 2021년 현재 공공기관은 350개다. 법이 통과됐다면 최소 350개의 일자리가 시민단체에 제공되는 것이었다.

최근에는 시민단체가 정부보조금이나 각종 사업에도 참여하거나 아예 사업권을 받아 운영하기도 하면서, 시민단체가 대관(對官) 로비를 하는 경우도 있다. 정부를 비판해야 할 시민단체가 정부사업을 수행하게 되면, 비판의 날은 무뎌질 뿐만 아니라 사업을 따기 위한 로비나 뇌물 등 각종 비리가 발생할 가능성도 높다.

시민단체에도 역량 있는 전문가가 많고, 정권에 따라서는 이들을 중용해 국가 현안을 좀 더 슬기롭게 해결할 수도 있다고 주장할 수 있지만, 걱정도 많다. 조선일보에 따르면, 2020년 6월 현재, 청와대 비서관급 이상 참모진 54명 중 17%인 9명이 시민단체 출신이고, 18명의 장관 중에서는 3명이 시민단체 출신이다. 더불어민주당 177명 의원 중에는 19명이 시민단체 출신이다. 정부의 최고위직에 속하는 이들을 제외하고, 공공기관이나 관변단체의 기관장이나 감사나 임원으로 있는 시민단체 출신 인사까지 고려하면 이보다 훨씬 많을 것임을 쉽게 짐작할 수 있다. 한두 명도 아니고, 이쯤 되면 시민단체 출신 인사의 정부, 정치권으로의 진입이 거의 제도화된 듯하다.

이게 왜 문제일까? 결론부터 말하면 시민단체의 정부, 정치권 진입은 결코 바람직하지 않은 현상이다. 시민단체가 정치 이익집단으로 변질되기 때문이다. 공익 문제에 관심을 기울여야 할 시민단체가 정부정책에 자기 시민단체의 영향력, 이익, 주장을 반영할 가능성이 높기 때문이다. 시민단체로서는 자신의 이상을 실현할 수 있는 기회라며 환호한다. 그러나 그들이 주장하듯 이것이 우리가 꿈꾸는 사회를 만드는 길은 아니다. 시민단체가 주장하는 견해는 복잡한 사회 현상에 대한 하나의 접근 방식일 뿐이다. 절대선이 아니라는 말이다. 소비자 보호를 주장하는 시민단체 인사가 정책 결정 과정에 역할을 하면, 소비자와 함께 균형 있게 고려해야 할 생산자에 대한 관심은 상대적으로 줄어든다. 중소기업을 대변하는 시민단체라면 대기업에 대한 관심이 낮아지고, 교원 복지를 강조하는 시민단체라면 학생 교육과 교원 인사 개혁에 대해선 관심이 덜할 수밖에 없다.

특히, 현재와 같이 참여연대 등 특정한 시민단체, 특정한 정치적인 관점을 공유하는 사람들이 정치나 국정에 참여하게 될 경우, 부작용은 더욱 커진다. 참고로 우리나라 시민단체 지형은 소위 진보 진영이 압도하고 있는 형국이다. 이들은 1980년대부터 전대협, 한총련 등 학생운동을 주도하면서 그들만의 리그를 형성했으며, 제도권 정치로 입문하기 전에 시민단체에서 그 기반을 닦았다. 따라서 이들은 개별 정책 현안에서 한쪽의 관점에 크게 기울 수밖에 없다.

그들만의 리그에서 동지에 대한 비판은 배신을 의미한다. 문재인 정부 출범 전 언론개혁을 수없이 외쳤던 민주시민언론연합은 정치권에서 '김어준의 뉴스공장' 퇴출 이야기가 나오자 '방송 독립과 편성 자유 침해'라며 비난했다. 그러나 정작 이 방송 프로그램의 공공성 이탈, 즉 편향성에 대해서는 일언반구가 없다. 방송 독립, 편성 자유가 왜 중요한가. 방송의 공공성과 공익성을 확보하기 위해서 아닌가? 그러나 그들만의 리그에서는 이게 중요하지 않다. 서울대 언론정보연구소의 2019년 조사에 따르면, '김어준의 뉴스공장'은 편향성 지수 −1.4로 여당 지지 성향이 가장 높은 라디오 프로그램이다. 이렇게 편향된 사람들이 국정을 운영하면 그 결과는 불 보듯 뻔하다.

시민단체는 복잡한 사회 현상에서 특정한 관점, 특정한 분야에 전문성을 갖고, 그 분야에 한해 비판적이고 합리적인 견해를 제시해야 하는 존재다. 이에 반해 정부조직은 이해당사자를 균형 있게 고려해 국민 전체에 유익한 정책을 마련하는 존재다. 특정 분야의 전문성을 갖고도 얼마든지 공공의 이익을 위해 일할 수 있다고 반론할 것이다. 그러나 이게 쉽지 않다. 특정 시민단체에서 활동가로서 사회적 인정을 받는 수준이 되려면 적어도 10여 년은 열심히 해야 할 것이고, 이런 긴 세월 동안 구축된 사회적 관점과 해석은 공무원이 됐다고, 정치인이 됐다고 당장 바뀌지 않는다. 설령 정부에 들어가서 더 넓은 시야와 관점을 갖게 됐더라도 자신을 키운 시민단체를 상대로, "내가 들어와서 일하다 보니 우리들의 주장 중 어떤 것은 잘못됐음을 알게 됐다"고 말할 수도 없다. 정부는 유한하고 시민단체는 무한한데 어찌 자신의 입신양명의 기반이 된 시민단체를 비판할 수 있겠는가.

2020년 박원순 전 서울시장이 스스로 목숨을 끊었다. 시민단체 출신 대표적 정치인의 일탈행위는 어떤 경위인지, 여성시민단체의 대모격으로 불리는 국회의원에게 전달됐고, 해당 의원은 이를 다시 서울시의 담당자에게 알려줬다. 정치인의 일탈에 대해 검찰이나 경찰이 수사하고 법대로 마무리하면 될 일을, 수사가 본격화되기도 전에 박원순 전 시장은 자신에 대한 조사가 착수된 것을 알았다. 이것을 두고, 시민단체 출신끼리의 눈물겨운 연대라고 봐야 할까, 시민단체 정치 참여의 피할 수 없는 모순으로 봐야 할까. 그래서 공사를 엄격히 구분하겠다는 말만으로 시민단체 인사들의 정치 참여를 신뢰하기 어렵다. 중요한 고비를 맞으면 '공(公)'보다는 '사(私)'가 작동함을 박원순 전 시장을 둘러싼 시민단체 네크워크의 가동이 잘 말해 주고 있기 때문이다.

사실, 시민단체 인사들이 정부나 정치권으로 이렇게 열심히 진출하는 것은 우리나라

만의 독특한 현상이다. 물론 유럽을 중심으로 녹색당 운동이 있고 미국의 환경운동가 랠프 네이더(Ralph Nader)가 대통령 선거에 뛰어든 사례도 있다. 그러나 여기에는 분명한 차이가 있다. 시민단체가 자신의 정체성을 유지하면서 정치권 진입을 통해 사회적 영향력을 극대화하기 위한 노력이었다. 녹색운동을 하다 녹색당을 만들어 녹색입법을 하고자 하는 것이지, 환경운동을 하다 환경부 장관이 되는 게 아니다.

외국의 경우 오히려 시민단체 인사가 정부 요직에 들어가는 것을 기피한다. 일단 임기가 끝나 다시 시민단체로 돌아올 경우 정부 경력은 오히려 시민단체 활동에 대한 오해를 낳고, 선명한 칼날 같은 정부 비판의 목소리를 내는 데 걸림돌이 된다고 생각한다. 일본도 그렇고, 미국도 그렇다. 그러나 우리나라에서는 시민단체 출신이란 것이 선거의 홍보 포스터에 붙일 정도로 하나의 자랑거리가 된 지 오래다. 그만큼 시민단체가 정치에 오염돼 있는 것이다.

빙공영사(憑公營私), 공적인 일을 한다는 핑계로 사실은 사사로운 이익을 꾀한다는 말이다. 시민단체 출신의 정치권으로의 활발한 진입은 실제로 빙공영사의 우려를 낳고 있다. 정치권에 진입한 시민단체 인사들이 정부의 각종 보조금 사업에서 특정 시민단체를 집중 지원할 수 있다. 국고보조금을 세간에서는 '눈먼 돈'이라고 말한다. 그 눈먼 돈의 일부가 시민단체 인사들의 네트워크를 타고 아름아름 흘러 돌아다닌다. 2021년 박성중 국민의힘 의원은 서울시의 시민단체 공모사업 규모가 2016년 641억 원에서 2020년 2,253억 원으로 증가했으며, 박원순 전 시장 측근이 설립한 한 시민단체는 2012년부터 2020년까지 577억 원의 집중 지원을 받았다는 의혹을 제기했다. 상근 직원이 2명인 신생 협동조합이 90억 원 규모의 도시재생 사업을 수주한 경우도 있었다고 했다. 정확한 사실 관계를 밝혀내야 하겠지만 아니 땐 굴뚝에 연기 날 일 없다.

그래서 시민단체는 시민 중심으로 권력과 사회 문제에 대한 제3의 감시자로 비판 세력으로서 남아 있어야 한다. 요컨대, 초심을 잃지 않도록 항상 자신에 대한 경계심을 가지고 본인의 일에 충실해야 한다. 시민단체가 정치적 기득권을 갖는 순간, 기득권 지키기가 시작되고, 사회 비판의 날카로운 칼은 무뎌지기 시작한다. 가진 것을 놓치기 싫은 것은 모든 집단의 본질이다.

시민단체의 비도덕적 일탈

2017년 서울에서 '조직 내 민주주의를 위한 간담회'란 이름의 행사가 열렸다. 한두 명의 리더에 의한 시민단체 사유화, 사무국 직원에 대한 부당노동 강요, 문제 제기 직원에 대한 권고사직 통보와 임금 미지급 등 다양한 사례가 발표됐다. "인권단체에 인권이 없고, 복지단체에 복지가 없으며, 평화단체에 평화가 없고, 노동단체에는 노동만 있다"라는 시민단체에 몸담고 있는 이들의 뼈아픈 얘기가 나왔다. 내부조직을 챙기지 않으면서 각종 공적 이슈에 목소리를 높이는 시민단체 활동의 한계를 드러낸 것이다.

시민단체만큼 착한 일을 하겠다는 목표를 명확히 가진 집단도 드물다. 기업이야 사업을 성공시켜 돈을 버는 것이 목표지만, 시민단체는 애초에 공공선의 추구를 정체성으로 삼는다. 이들의 선한 목표에 공감하는 사람들이 많아지면서 대한민국에서 시민단체는 전성시대를 맞이하게 됐다. 많은 사람이 모여들었고, 회원으로 참여하든 마음으로 응원하든 지지를 보냈다. 그런데 커진 위상만큼, 시민단체 운영의 문제점도 자주 불거진다.

2000년대 환경단체의 대부라 불리던 인사는 알선수죄로 구속돼 1년의 형을 살았다. 2015년엔 투기자본감시센터 대표가 감시 대상 기업인 론스타로부터 거액을 수수해 체포됐다. 2020년에는 정의기억연대의 부실한 회계 처리가 공론화되기도 했다. 2021년, 시민단체의 커진 목소리와 무게감과는 달리 시민단체 내부 운영의 비도덕성은 여전히 문제다.

실제로 시민단체 내부를 들여다보면, 의외로 그들이 비판해 온 여느 사회조직만큼이나 문제가 많다. 소수 지배로 인한 의사결정의 불투명성과 민주적 통제의 결여 때문이다. 우리나라 시민단체는 명망가 중심으로 발전한데다가, 몇몇 시민단체의 경우 대학생 때부터 민주화운동의 경험을 공유한 끈끈한 네트워크를 가진 소수가 핵심 역할을 하는 경우가 많다. 이사회가 있다지만, 동류의 집단들로 구성되다 보니 내부적으로 꼼꼼한 감사도 잘 이뤄지지 않는다. 비영리단체의 기본인 사무국의 사업 운영과 이사회의 통제, 운영의 공개라는 원칙이 지켜지지 않는 것이다.

정의기억연대(정의연)가 그랬다. 한국정신대문제대책협의회 간사에서 출발한 윤미향 대표는 사무국장, 사무총장을 거쳐 상임대표가 됐다. 1991년 김학순 할머니의 위안부 피해 증언 이후, 그는 자신의 강연료를 단체 운영에 쓰면서, 전국 어디라도 위안부 할머니의 증언을 찾으러 다녔다. 위안부 문제 공론화라는 활동가로서의 그의 꾸준한 열정은 자연스럽게 그를 이 단체의 대표로 이끌었다. 1992년 1월 시작돼 2020년 국회의원 당선 전까지 그가 이끌었던 일본대사관 앞에서의 수요 집회는 2021년에도 29년째 개최되고 있다. 문제는 한국정신대문제대책협의회와 정의연 이사장으로서의 승승장구와 성공이 그의 활동과 의사 결정에 대한 견제를 느슨하게 했다는 것이다.

정의기억연대는 원래 한국정신대문제대책협의회와 정의기억재단을 통합한 것이고 윤미향 의원이 이사장이었다. 대개 시민단체에서 이사장은 무소불위다. 단체의 활동과 예산 집행에 절대적인 영향력을 행사한다. 그러다 보니 정의연이 2015~2019년 기간 동안 49억 여 원의 기부금을 모아 정작 위안부 피해자 지원사업에는 20퍼센트가 채 안 되는 9억 원만 썼음에도 누구도 문제 삼지 못했다. 물론 사건이 터지자 정의연은 사업 목적이 인도적 지원단체가 아니라 여성인권운동단체이기 때문에 좀 더 광범위한 사업을 하는 데 돈을 썼다고 해명했다. 그러나 석연치 않다. 그동안 정의연은 수요집회나 위안부 문제 해결에 치중했으며, 위안부 할머니들을 내세워 다양한 활동을 전개하고 기부한 사람들도 대부분이 위안부 문제 해결에 돈을 쓰는 것으로 알고 돈을 냈다. 그렇다면 분명 내부적 문제 제기가 있어야 했으나 그렇지 않았다. 고가 매입과 부실 사용과 관리로 문제가 된 안성 힐링센터는 10억 원이나 되는 예산이 쓰이는 큰 사업이었음에도 체계적인 관리가 이뤄지지 못했다.

국내 최대 위안부 단체이자, 지난 수년 간 정부로부터 10억이 넘는 보조금을 받고, 기부금도 수십억에 이르는 정의연이 이랬다면, 시민단체 전성시대에 하루가 멀다 하고 생겨나는 다른 시민단체의 내부 모습은 어떨까? 한두 명의 활동가를 두고, 대표의 지인만으로 구성된 허울뿐인 이사회를 구성해 놓고, 회비나 정부로부터의 보조금, 기부금 관리를 대표가 전권으로 행사하며 사업 운영도 그때그때 주먹구구식으로 하고 있는 것은 아닐까.

2021년, 지금 시민단체는 과거, 그들이 그렇게 비판하던 권력과 기업, 권력과 언론, 권력과 기득권의 모습을 어느새 닮아가는 게 아닌지 자성해야 한다. 아울러 이들 시민단체의 건전한 운영을 위한 제도에 대해서도 고민해야 한다. 독일의 사회학자 로베르트 미헬스(Robert Michels)는 1911년, 이미 과두제의 철칙(iron law of oligarchy)이란 말을 했다. 사회주의 및 혁명적 노동당은 기성 정당에 비해 기득권 타파와 소외된 노동계급을 대변하는 등 진보적 가치를 내세웠지만, 내부구조는 소수에 의해 지배되는 과두제적 경향을 띤다는 것이다. 선한 의도가, 반드시 선한 대안을 제시하지는 않는 것처럼, 선한 의도를 내세운 집단이 반드시 도덕적이라는 것도 보장할 수 없다. 글머리에 인용한 2017년 '조직 내 민주주의를 위한 간담회'에서 나온 말을 다시 인용하면서 마무리하고자 한다. "인권단체에 인권이 없고, 복지단체에 복지가 없으며, 평화단체에 평화가 없고, 노동단체에는 노동만 있다."

불투명하다고 기업 욕할 자격 없다

2007년 4월, 고려대 거버넌스연구소는 2006년 세금 49억 원을 지원한 148개 시민단체에 대한 평가에서 34개의 사업에서 부실한 회계 처리를 발견했다. 투명성과 도덕성이 아주 낮으며, 사업 명목과 다른 사업을 하는 부적절한 국고보조금 사업도 있었다.

2020년 5월, 이용수 할머니가 갑자기 기자회견을 했다. 제20대 국회의원이 된 정의기억연대(정의연) 윤미향 전 이사장의 의원직 사퇴와 정의연의 어설픈 운영에 대한 해결을 요구한 것이다. 기자회견 후, 정의연의 그간 불투명한 운영의 실태가 금방 드러났다. 윤미향 이사장 개인 계좌로 후원금을 모금하고, 보조금 수익은 누락했으며, 월별 기부금 총액과 항목별 지출 총액도 맞지 않았다.

2019년 지출 결산에는 총기부금 지출인 8억 6천만 원의 절반 이상인 4억 7천만 원 정도를 기타로 묶어 한 번에 표시하고 있다. 이 많은 금액의 사용 내역을 제대로 알 수 없는 구조인 것이다. 국세청의 지침에 따르면, 건당 지출액이 100만 원 이하인 경우만 기타로 한번에 처리할 수 있다. 이용수 할머니가 주장한 정의연의 예산이 위안부 할머니를 위해서는 쓰이지 않았다는 것을 입증하기도 어렵게 회계가 돼 있었다. 그런데도 사건 초기 정의연은 회계 공개를 거부했다.

13년 전 고려대 거버넌스연구소가 지적한 시민단체의 회계 부실, 투명성, 도덕성 문제가 2021년 현재도 여전히 진실임을 정의연 사태는 우리에게 보여주고 있다.

2019년도 주요 시민단체 유형, 이사 수 별 재정구조

(단위: 백만 원)

단체명	유형	이사 수	기부금	보조금	회비	기타	계
경실련	비법인	–	1,195			567	1,762
참여연대	비법인	2	2,465			81	2,546
민족문제연구소	사단법인	5	1,477	143	8	586	2,214
여성단체연합	사단법인	5	279	122	25	48	474
성폭력상담소	사단법인	5	403	580	13	54	1,050
여성민우회	사단법인	9	1,029	582		300	1,911
여성의전화	사단법인	5	709	783	55	76	1,623
정대협	사단법인	4	208	34		20	262
정의기억연대	재단법인	33	815	538		10	1,363
노무현재단	재단법인	8	13,417	273		550	14,240

하나하나 살펴보자. 우선 기업후원금 문제다. 국세청 공익법인 공시 자료와 각 단체의 홈페이지에 공개된 자료를 기초로 노무현재단, 경실련, 참여연대 등 한국의 주요 시민단

체 열 곳의 재정수입 구조를 살펴봤다(표 참조). 시민단체 중 가장 영향력이 큰 경실련과 참여연대는 정부보조금 수입이 없이, 기부금(후원금) 수입만으로 운영하고 있다. 정부 지원에 의존하지 않고, 자율적·독립적으로 운영하고 있는 것이다. 이것이 바로 이들 두 단체의 힘이다. 독립단체로서의 위상을 확고하게 다질 수 있는 조건, 즉 재정의 독립성을 실현하고 있는 것이다.

그러나 경실련은 5천 7백만 원, 참여연대는 6천 2백만 원의 기업 후원금이 있다. 비영리민간단체에의 후원금은 개인들의 기부금만 기부금 세제 혜택을 받을 수 있고, 법인 기부금은 세제 혜택 대상이 아닌데, 어떤 기업들이 세제 혜택도 받지 못하면서 이들 단체에 후원을 했는지 궁금하다. 혹시 시민단체에 대한 기업 후원이 기업을 강하게 견제하는 경실련과 참여연대의 눈치를 봐서 한 것이라면 문제가 아닐 수 없다. 어떤 기업이 후원했을까? 궁금하지만 이들 두 기관은 공개하지 않는다.

재정의 투명성은 관련 자료를 얼마나 성실하게 공개하느냐에 달려 있다. 시민단체 홈페이지에서 재정공시, 결산공시, 기부금 공시 여부를 찾아봤다. 경실련과 민족문제연구소의 경우, 홈페이지에서 재정공시나 결산공시 내역을 찾을 수 없다. 세법상 지정기부금 단체의 의무를 이행하지 않은 것일 뿐 아니라 회원이나 후원 회원에게 돈을 어디에 어떻게 썼는지 투명하게 소통해야 할 의무에 소홀한 것이다.

사실 세법 규정에 의한 국세청 공익법인 공시 사이트에서의 재정공시는 법령상 최소한의 공시일 뿐이다. 시민단체가 투명하게 운영되고 있음을 알리려면 기부자(후원자)가 궁금해 할 정보를 좀 더 자세히 공개해야 한다. 예를 들어 10대 주요 시민단체 중 노무현재단만 후원 회원 수를 공개하고 있다. 후원 회원 수는 시민단체에 대한 가장 기본적인 정보로 재정 규모를 짐작케 해 주는 중요한 정보다.

경실련, 참여연대, 여성민우회, 정대협은 분명 회원이 있는 큰 단체임에도 불구하고 회비 수입이 없다. 기부금 수입과 회비 수입은 명확하게 구분해야 함에도 회비를 모두 기부금(후원금)으로 간주해 세법상의 기부금영수증을 발급한 것으로 보인다. 기부금에 대한 등록도 부실하기는 마찬가지다. 정의기억연대와 노무현 재단 두 단체만이 기부금품법에 의한 등록 의무를 이행하고 있다. 기부금품법에 따르면, '불특정 다수인'을 대상으로 하는 1천만 원 이상의 기부금품 모집은 관할 관청에 (목표 금액이 10억 원 이하인 때에는 특별시장·광역시장·도지사 등, 10억 원 초과일 때에는 행정안전부 장관) 사전에 등록해야만 모집이 가능하며, 모집 완료 보고, 사용 완료 보고, 모집 및 사용 내역 공개 등의 의무를 이행해야 한다. 그럼에도 홈페이지에 후원 계좌를 표시해 불특정 다수로부터 모금이 가능한 시스템을 운영하고 있는 단체들이 이 의무를 이행하고 있지 않다.

재정의 투명성을 확보하는 중요한 수단 중 하나가 회계감사보고 의무화다. 현행 법령상 자산 규모 100억 원 이상, 연간 수입 50억 원 이상. 연기부금 수입 20억 원 이상의 공익법인은 외부 회계감사 의무가 있다. 한국의 대표 시민단체 열 곳 중 이 기준을 충족시키는 단체는 노무현재단과 참여연대 단 두 개다. 참여연대는 2020년에야 외부 회계감사 의무법인이 됐다. 시민단체들이 후원자와의 소통을 원활히 하고 투명성을 높이기 위해서는 외부 회계감사 의무 대상이 아니라 하더라도, 스스로 회계감사를 받아 그 회계감사보고서를 공개해야 한다.

단체의 내부 운영에서는 깜깜이가 더욱 심하다. 우리나라 시민단체들은 지배구조와 상근임원 보수를 공개하지 않아도 된다. 미국에서는 이것이 의무 공시 사항이다. 이것은 매우 중요한 정보다. 회비나 기부금을 모아 누구에게 얼마의 보수를 주는지, 전체 지출에서 차지하는 비중이 얼마나 되는지 회비를 내는 회원들은 당연히 알아야 한다.

홈페이지에 단체의 정관이나 운영 규정을 공시하는 단체는 열 곳 중 네 곳뿐이다. 여섯 개 단체는 정관과 운영 규정을 공시하지 않는다. 정대협은 홈페이지가 아예 없다. 정관도 공개하지 않고 운영 규정도 알리지 않은 채 회원을 모집하는 것인 어색하다. "내가 하는 일에는 관심을 꺼. 좋은 시민이 되려면 돈만 내면 돼." 이렇게 말하는 것과 같다. 시민들을 상대로 회원을 모집하려면 정관과 운영 규정을 보고 자신의 이상에 맞는 단체임을 판단하도록 하는 게 정상이다.

총회 소집을 홈페이지에 공시하는 단체는 단 하나뿐이다. 총회나 이사회 의사록을 공지하는 단체는 전혀 없다. 그러다 보니 정기적으로 구성원 총회를 개최하는 단체가 몇 개나 될까 하는 의문을 갖는 것은 자연스러운 일이다. 구성원 총회가 없다는 것은 시민단체 의사결정에 회원들이 참여할 기회가 없다는 것을 의미한다. 결국 시민들은 후원금이나 회비 납부의 의무만 있을 뿐이지 단체의 운영이나 자금 운용에 대해서는 어떠한 발언권도 행사할 수 없다. 전문가들은 이러한 현상을 빗대어 "시민운동에 시민은 없고 소수 명망가와 상근직원들만 있다"고 말한다.

이에 반해 미국은 1996년부터 시민단체의 규모와 관계없이 세금 혜택을 받는 모든 시민단체를 대상으로 국세청 양식 990호(Form 990)에 의한 광범위한 정보 공개를 의무화했다. 지배구조, 경영관리, 정보 공개 정책 등 주요 정보를 공개해야 한다. 현직 및 전직 임원의 보수는 물론 직원 중 급여가 높은 사람이 받는 보수와 이들의 실제 근무시간, 담당 업무를 보고해야 한다.

미국 국세청 양식 990호(**별표** 미국 국세청 Form 990에는 있으나 한국 비영리단체 공식 양식에 없는 항목 참조)를 살펴보면 시민단체 투명성 관리를 위한 상세한 체크리스트라는 느낌을 받는다. 예를 들면 다음과 같은 것이 있다.

- 양식 990호를 제출하기 전에 전체 사본을 모든 이사 및 주요 직원에게 제공해 검토하게 했습니까?
- 이해 상충 방지 정책을 운영하고 이를 서면으로 임직원에게 알리고 있습니까?
- 이해 상충 사항이 있을 경우 임직원들은 이를 서면으로 공개하고 있습니까?
- 내부고발자 정책이 있습니까?
- 단체의 재무제표 회계감사법인을 선정하기 위한 독립위원회를 운영하고 있습니까?
- 단체와 단체 고위 임원의 특수관계인과의 거래 관계가 있습니까? 있다면 얼마입니까?
- 단체 고위 임원들의 친인척을 채용하고 있습니까?

이 얼마나 상세하고 무서운 규율인가. 이 정도면 시민단체의 소수 그룹이 시민단체 운영을 좌지우지하는 전횡이 불가능하다.

시민단체 규율과 관련한 미국의 기본 정신을 해석하면 이렇다. 당신들이 단순한 친목단체로 운영하는 것에는 일체의 간섭을 하지 않겠지만 적어도 세금 혜택을 받는 한에서는 단체의 구성, 운영, 재정 상태를 상세히 공개하라는 것이다. 세금 납부라는 공적 의무를 면제해 줬으니 단체가 투명하고 공정하게 운영되는지 살펴보겠다는 것이다.

자율과 책임의 조화, 이것이 미국식 시민단체 규율의 정신이다. 미국과 비교하면 한

별표. 미국 IRS Form 990에는 있으나 한국의 비영리단체 공식 양식에 없는 항목
위증 시 처벌받겠다고 하면서 단체의 대표자가 직접 서명하게 하는 제도
사외 이사 수
현직 및 전직 이사, 주요 직원의 보수
외부 독립인사, 합리적인 자료에 의한 CEO 및 최고책임자의 보수 책정 여부
가족 등 특수관계인/비적격자와의 거래 내역
현직 및 전직 이사, 주요 직원, 창립자, 주요 기부자 등과의 채권 채무, 및 거래 내역
비면세단체인 관련 단체에의 지급 명세
Form 990을 국세청에 공시하기 전에 이사회 멤버들에게 제공했는지 여부
서면에 의한 이해 상충 정책 존재 여부 및 해당 임원의 이해 상충 거래의 공개
내부제보자 보호 정책이 있는지 여부
서류 보전 및 폐기 정책 보유 여부
연간 10만 달러 이상을 지급하는 외부 하청업체의 명단, 서비스 내역 및 금액

국은 시민단체 감시망이 전혀 없는 것과 마찬가지다. 미국은 세금 혜택을 받는다는 사실 하나 때문에 Form 990와 같은 상세 보고 의무를 갖는데 반해 한국에서 세금 면제는 시민단체의 특권처럼 여겨진다. 우리나라의 국세청도 재정정보 등을 요구하지만 미국처럼 샅샅이 뜯어볼 수 있는 수준은 아니다. 한국의 시민단체는 세금 면제에 더해 국고보조까지 받는다. 국고보조금을 받은 경우에는 지출영수증을 모두 시스템에 업로드시키도록 의무화돼 있기는 하다. 국가가 챙겨 보고 있는 것이다. 그러나 국고보조사업이 당초 목표로 한 사업 성과를 창출했는지 감시하는 체제는 없다. 이런 일도 있었다. 수년 전에, 시민단체의 회계 처리를 위한 소프트웨어를 정부 예산으로 만들어 제공하겠다는 정부의 제의를 시민단체들이 거절했다. 투명함의 대명사가 돼야 할 시민단체가 투명함을 확보할 수단을 거부한 것이다. 무엇이 그렇게 두려운지 모를 일이다.

한국도 시민단체 허가제 등 형식적인 시민단체 관리제도를 모두 없애고 누구든 제약

없이 시민단체를 만들 수 있도록 하되, 시민단체의 투명성을 실질적으로 유도할 수 있는 정책을 시행해야 한다. 미국은 제3섹터가 경제에서 차지하는 비중이 국내총생산(GDP)의 3퍼센트라는 통계도 있지만 한국에는 통계가 아예 없다.

사실 방법은 얼마든지 찾아낼 수 있을 것이다. 국가가, 아니 정당 등 정치 세력이 시민단체의 지지를 담보로 투명성이 생명이어야 할 시민단체의 운영의 난맥상을 방치하고 있을 뿐이다. 이제 시민단체를 시민들에게 돌려줄 때다.

이 글과 관련해 한 가지 명확히 해야 할 포인트가 있다. 한국 사회에는 여전히 묵묵히 설립 목적에 충실하면서 사회에 선한 영향력을 주는 시민단체가 많다. 이러한 시민단체들은 우리가 보호하고 지켜 나가야 할 사회적 자본이다. 이 글은 이러한 목적 지향적이고 투명한 시민단체들을 공격하고자 하는 의도가 전혀 없음을 밝히고자 한다.

함께
못사는 나라로 가고 있다

제2부

대한민국, 길을 찾다

정부, 할 수 있는 일만 하라

chapter 6

누구를 위해 종은 울리나?

샌디에이고와 티후아나는 미국과 멕시코 국경을 사이로 바로 옆 동네다. 샌디에이고에서 티후아나 가는 길은 정말로 옆 동네 산책 가는 것만큼 간단하다. 국경을 넘어가는 데 행정절차가 있지만, 간단히 서류 한 장 쓰고 넘어가면 그만이다. 멕시코로 넘어가는 이 많은 사람을 정작 멕시코 세관 공무원들은 그렇게 심각하게 체크하지 않는다. 그런데 티후아나 한나절 구경 마치고 돌아오는 길은 완전히 딴판이다. 미국에서 넘어갈 땐 없었던 긴 줄이 보통 수백 미터다. 미국 세관 쪽 담당자들이 눈이 빠져라 서류를 들여다보고, 사진을 대조한다. 멕시코로 넘어갈 땐 없었던 긴장과 안도감이 흐른다.

미국과 멕시코를 넘나드는 풍경이 왜 이렇게 다를까? 미국에서 멕시코로 넘어가 불법 체류하겠다는 사람은 없지만, 멕시코에서 미국으로 넘어오려는 사람은 너무 많기 때문이다. 이들이 불법을 감수하면서라도 미국에 오려는 이유는 단순하다. 더 많은 일자리와 기회가 있기 때문, 그리고 공공 서비스가 훨씬 낫다는 것이다. 사실 티후아나와 샌디에이고는 동네 분위기와 체취조차 다르다. 어딘가 매캐한 뒷동네의 불쾌한 공기 냄새와 50년은 된 듯 보이는 다리와 낡은 건물이 티후아나다. 발보아공원으로 유명한 샌디에이고는 훨씬 생동감이 넘치고, 세계적 휴양지이자 교육도시이며, 간선도로도 너무 잘 닦여 있다.

이들 두 도시의 가장 큰 차이라면, 미국과 멕시코, 즉 국가가 다르다는 거다. 국가가 다르면 헌법도 다르고, 정부 체계도 다르고, 무엇보다 정책도 다르다. 크게는 국가의 차이, 구체적으로는 정책의 차이가 샌디에이고와 티후아나의 차이를 만든 것이다. 『국가는 왜 실패하는가』를 쓴 대런 애쓰모글루(Daron Acemouglu) 같은 학자는 국가 발전의 상이성을 이런 정책과 제도의 차이로 설명한다. 사람들의 일할 동기를 감소시키고, 정부에 모든 것을 기대게 하고, 소수계층이 정책결정권을 독점해 자신의 이익만을 위한 정책을 나쁜 정책이라 할 수 있을 것이다. 그리고 이런 나쁜 정책을 많이 쓰는 국가일수록 그 사회는 엉망이 된다.

2021년, 유력 대선 후보인 이재명 경기지사 표 법률이 발의됐다 신문마다 대서특필됐다. 소득, 자산, 나이를 안 보고, 무주택자에 대해서는 누구나 30년간 거주할 수 있는 장기임대형 주택을 국가나 지방자치단체가 공급한다는 것이다. 천정부지 부동산 걱정 없이 살 수 있는 아름다운 세상을 만들려는 이 법은 사실은 나쁜 정책이다. 이유는 이 법이 실현되면 어떻게 될지 짐작해 보면 금방 알 수 있다. 임대주택 중에서도 좋은 것들은 제도에 대한 이해가 높은 사람들이 차지할 가능성이 높다. 이런 영리한 사람들은 교육을 잘 받은 사람들일 가능성이 높고, 집은 없지만 소득도 상대적으로 높을 것이다. 반면, 가난하고 교육 수준이 낮은, 특히 노인들은 임대주택 신청 절차도 어렵고, 좋은 임대주택을 순발력 있게 찾아다니는 것도 힘들다.

약삭빠른 돈 많은 자들은 자기 명의로 집을 안 살 수도 있다. 부모님이나 친인척의 이름으로 집을 사고, 임대업을 할 수도 있으며, 여윳돈으로 주식을 굴릴 수도 있다. 그러다가 부동산 경기가 나아지면, 모아 둔 돈으로 좋은 집을 구입할 수도 있을 것이다. 물론 이런 딴지에 그런 일은 없을 거라고, 정부가 단단히 감독하겠다고 할 것이다. 그런데 아니다, 우리나라 부동산 거래를 보면, 부모자식 간 사실상 증여식 거래, 차명 거래, 소득 분위를 감추기 위한 기회주의적 행태가 상당하다. 그리고 부동산이란 큰 자산을 굴려 부자가 돼보려는 서민들의 이런 움직임을 마냥 비난할 수도 없다. 정부가 부동산 임대주택 면면을 자금 출처부터 활용처까지 꼼꼼하게 챙기는 건 어떨까? 세금 받는 공무원이 다른 할 일도 많을 텐데, 부동산 거래 들여다보겠다는 것을 과연 옳은 정책이라 볼 수 있을까, 원래부터 이런 기본주택 정책을 도입하지 않았으면 하지 않아도 될 일이다.

더 큰 문제가 있다. 돈도 어느 정도 벌고, 민간주택 임대시장에서도 적절한 집에 임대 살다가 자산을 키워 집을 살 수 있는 사람들에게조차 왜 정부가 30년이나 공공임대주택을 보장해야 한다는 것인가. 이들 임대주택 건설은 그냥 하는 것이 아니다. 누군가가 낸 세금이다. 세금으로 살 만한 사람, 역량 있는 사람의 집 걱정까지 덜어 준다는 이런 발상을 어떻게 봐야 할까.

필요하지만 없는 것을 얻는 방법은 여러 가지다. 기부를 받거나, 훔치거나, 교환하면 된다. 기부한 사람은 개인적 만족, 명예심 등을 얻게 되고, 기부받은 사람은 고마움과 충족감을 갖는다. 교환을 통해서는 각자 자신에게 더 필요한 것을 얻어 낼 수 있다. 반면 약탈은 그 자체로도 나쁘지만 더 필요한 무언가를 빼앗겨 버리는 것으로 사회 전체를 보더라도 그 물건의 활용도를 떨어뜨릴 수 있다. 기부와 교환은 사회 전체 가치를 증대시키지만, 훔치는 것은 가치를 쪼그라들게 만들 수 있는 것이다.

영리한 사람들은 기부와 교환 중에서도 교환이 가장 나은 방식임을 안다. 기부는 좋은 것이지만, 언제나 기대할 수 있는 것이 아니기 때문이다. 반면 교환은 서로에게 더 필요한 것을 주고받는 것이기에 둘 모두에 이익이 된다. 교환은 손해 보는 사람이 있어서는 성립할 수가 없다. 마트에서 1,000원을 주고 과자를 사는 것, 학교에 등록금을 내고 수업을 듣는 것의 기저에는 이런 교환의 메커니즘이 숨어 있다. 어느 사회든 기부는 칭찬하고, 교환은 보장하며, 약탈은 금지시키는 제도를 만든 데는 이런 깨달음에 바탕을 두고 있다.

정책은 사회 문제를 해결하겠다는 의도로 정부가 개인, 사회, 민간에 개입하는 것이다. 이런 정부 개입은 언제나 현재의 사회 상태를 변화시킨다. 예컨대 정부가 돈으로 하는 일은 국민 일반이 부담한 세금을 써서 하는 것이어서 그것이 어떤 것이든 세금을 낸 국민으로부터 재정 지원을 받는 집단에게로 자원 이전이 이뤄진다. 규제는 이보다 더 직접적이다. 수퍼마켓에서도 가정상비약을 팔도록 허용하면 약사가 기존에 누려온 약품에 대한 배타적 판매권의 일부가 수퍼마켓에 이전된다. 심지어는 환경 보호를 위해 정부가 일회용 컵 사용을 자제하는 캠페인을 하면 일회용 컵 제조회사 매출은 감소하게 된다. 수출과 수입에 대한 개입도 마찬가지다. 2000년대 초, 정부는 중국산 마늘에 긴급 수입 금지 조치를 취했다. 마늘 수입이 급증하면서 재배 농가의 피해가 커지자 정부가 내놓은 정책이었다. 당시 이 조치로 중국이 무역 보복을 하기 전까지는 한시적으로나마 마늘 수입이 다시 감소했고, 마늘 농가 수입이 보장될 수 있었다. 그러나 마늘 농가 수입을 보장해 준 이 개입은 마늘 소비자가 값싼 마늘을 살 수 있는 기회를 막아 버렸다.

흥미로운 것은 이런 정부 개입은 교환을 매개로 작동하는 대부분의 사회 메커니즘, 그리고 그 안에 살고 있는 우리들의 삶의 습관을 변화시킨다는 점이다. 정부가 기부금에 대한 세액 공제를 높게 해줄수록 직접 기부가 늘고 세수는 줄어든다. 약탈 금지와 같은 재산권 보호가 확실하게 이뤄지면 사람들은 필요한 것을 얻기 위해 반드시 내 것의 일부를 내놓는 식의 교환을 받아들인다. 그러나 이것이 잘 이뤄지지 않으면 마피아, 조직폭력배, 강도와 절도가 증가한다. 이들에게는 이것이 더 이익이 되기 때문이다. 교환은 더욱 극적이다. 정부가 규제로 어떤 교환을 특별히 보장해 준다면, 이들은 교환을 위해 교환할 사람을 찾아다니는 수고를 덜 수 있다. 나아가 자신이 가진 물건을 좀 더 정교하고 편리하게 만들 유인도 줄어들게 된다. 그렇게 안 해도, 정부 보호에 의해 교환이 가능하고, 그 결과 일정한 이익을 보장받기 때문이다.

그렇다면 이런 정부 개입의 효과를 학습한 사람들은 어떤 생각을 하게 될까? 정부가 내 자신에 이익이 되는 정책을 만들 수 있도록 하면, 그래서 정책만으로 다른 사람의 가치를 내 것이 되도록 할 수 있다면 그보다 좋은 것이 없을 것이다. 생각해 보라. 새 자동차를 사려면 적어도 2,000만 원은 써야 할 텐데, 정부가 나 같은 사람한테는 자동차를 무상 지원한다고 발표한다면 얼마나 좋을까? 빵가게, 옆집에는 없는 빵을 만들어 조금이라도 경쟁력을 가지려 고민하는데도 경기에 따라 매상이 기대에 못 미칠 수도 있다. 정부가 빵가게 경영을 걱정해 신규 빵가게 입점을 금지하는 규제를 만들어 준다면 얼마나 좋을까?

정부가 정책이란 개입 수단을 신중하게 사용해야 하는 이유가 여기에 있다. 자칫 잘못하면 좋은 일을 해 보겠다고 시작한 일이 오히려 약탈 장려, 기부 억제, 교환 장애라는 엉뚱한 결과를 초래할 수 있기 때문이다. 더구나 어떤 정책이든 이익과 손해를 보는 사람이 있기에 나에게 이익이 되는 정책은 적극적으로 요구하고, 손해가 되는 정책은 격렬히 반대하는 모습은 어제오늘 본 것이 아니다. 그래서 정부는 자신이 설계한 정책이 과연 누굴 위한 것인지 끊임없이 돌이켜 봐야 한다.

'행동'에 앞서 '실험'하라

경제협력개발기구(OECD)가 국가 정책 수립과 관련해 회원국에게 강조하는 게 하나 있다. 공공정책은 증거에 기반해서 마련돼야 한다는 것이다. 증거에 기반한다는 것은 무엇을 의미하는가? 정책이 원하는 성과를 달성할 수 있다는 객관적인 증거가 있어야 한다는 것이다. 정책을 미리 검증해 보라는 말이다. 정책 검증에는 여러 가지 방법이 있을 수 있다. 정부가 공항과 같은 대규모 재정 투입 사업을 실시하기 전에 사업의 혜택과 비용을 점검하는 예비타탕성조사를 실시하는 것도 검증의 한 방법이다. 정치권의 압박에 굴복해 대형 투자사업에 대해 예비타당성조사를 면제하는 것은 그래서 위험하다. 효과를 검증하지 않고 국민 세금을 대규모로 투입하는 것이기 때문이다. 실패하면 오롯이 국민들만 피해를 본다.

정책 검증의 또 다른 방식은 지역별로 서로 다른 정책 대안을 적용해 보는 것이다. 예를 들면 최저임금을 전국적으로 인상하기 전에 시·도 단위로 서로 다른 인상률을 적용해 보는 것이다. 대한민국은 단 몇 시간이면 이쪽 끝에서 저쪽 끝으로 이동할 수 있는 나라이기 때문에 시·도 단위 정책실험이 쉽지 않은 것은 사실이다. 미국의 경우는 국가가 정한 최저임금 한도 내에서 각 주정부가 최저임금을 독자적으로 책정한다. 주별로 최저임금이 다르다. 주마다 나름의 최저임금 실험을 진행하는 것이다.

그렇다고 한국에서 정책실험 자체가 불가능한 것은 아니다. 예를 들어 차량 공유 서비스 등은 전국적인 도입을 검토하기 전에 충분히 시·군·구 단위의 실험을 진행할 수 있었던 사항이다. 이런 검증 절차를 거쳐 문제점을 보완했다면 타다 서비스가 갑자기 좌절되는 사태를 겪지 않았을지 모른다.

많은 나라에서 OECD의 권고를 받아들여 증거 기반 정책 수립을 하나의 규칙으로 이행하고 있다. 가장 최근에 주목을 받았던 정책실험은 핀란드가 실시한 기본소득 실험이었다. 2017년 1월 1일부터 2018년 12월 31일까지 2년간 진행됐다. 실험집단은 25~58세 장기실업자 중에서 무작위로 선정된 2천 명의 핀란드 시민으로 꾸렸다. 기본소득으로 매달 560유로**(73만 원)**를 지급해 고용에 미치는 효과를 보고자 했다. 비슷한 실험을 캐나다는 전국적으로 실시하는 대신 온타리오주에서 실시했다. 다만 온타리오주는 실험을 중도에 포기했다. 핀란드는 실험 결과를 발표하며 기본소득의 고용 증대 효과는 미미했으나 삶의 질에 대한 만족도는 높아졌다고 보고했다. 그러나 당초의 목표인 고용에서 유의미한 개선 효과가 나타나지 않았기 때문에 기본소득 정책은 탄력을 잃었다. 스페인은 2018년에 바르셀로나에서 저소득 지역 내 1천 가구를 대상으로 기본소득을 실험했지만 역시 고용 증대 효과가 미약한 것으로 분석됐다.

각국의 기본소득 실험에서 또 하나 유의할 점은 그것이 어느 정치집단이 표를 얻기 위해 갑자기 제안해서 이뤄진 게 아니라는 점이다. 오랜 기간의 사회적·학문적 논의의 산물이다. 실험을 통해 검증하고자 하는 바도 명확하게 정의했다. 기본소득과 고용의 상관관계가 검증 대상이다. 핀란드에서는 실험을 디자인하는 데만 2년 가까이 소요됐다.

그러나 우리는 어떤가? 2018년에 최저임금을 한꺼번에 16.4% 인상시켰다. 최저임금 인상의 효과에 대한 검증은 없었다. 용감하게 전국적으로 동일한 인상률을 일거에 적용했다. 그 결과 한국의 최저임금 수준은 2018년 OECD에서도 상대적으로 높은 수준으로 올라갔다. 상시고용 인력 평균임금 대비 최저임금 수준이 최저임금제를 시행하는 OECD 28개국 중 일곱 번째로 높아졌다.

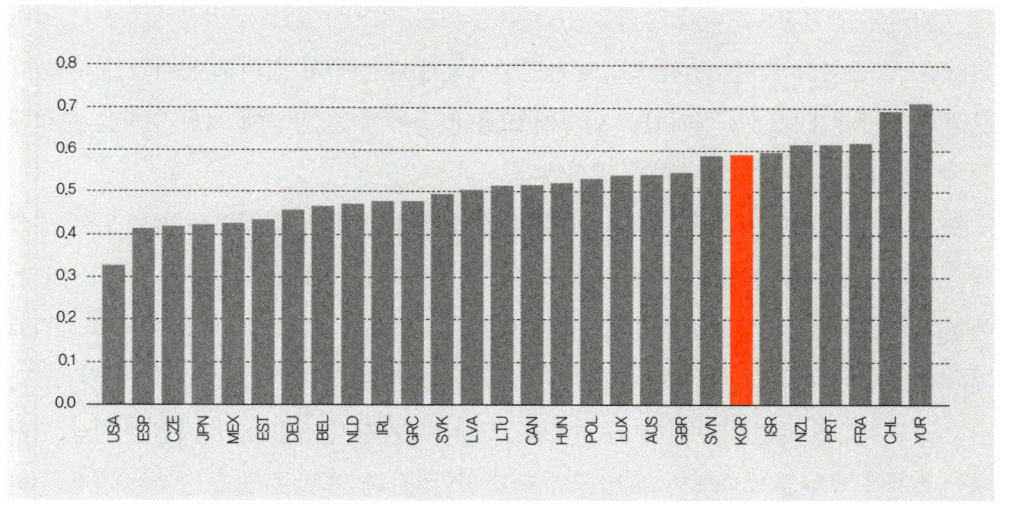

출처: OECD, 'OECD Economic Surveys Korea' (2020.8), p.29.

상시근로자 평균 임금 대비 최저임금 수준이 OECD 일곱 번째로 높은 나라

2019년에는 10.9% 더 올렸다. 2018년 7월부터는 사업장 규모별로 시행 시기가 다르긴 했지만 주52시간 근로제를 전국적으로 시행했다. 이 과정에서도 우리 경제가 '감내할 수 있는 수준(tolerance limit)'을 넘어서는지에 대한 고민은 없었다. 사전 검증작업이 생략된 것이다. 최저임금 인상률을 지역적으로 달리 적용하는 것은 한국에서는 어려운 일일 수 있으나, 주52시간 근로제는 사업장별로, 지역별로 혹은 대기업을 중심으로 한 수직 계열 하청 구조별로 얼마든지 미리 실험할 수 있던 사안이다.

2018~19년의 급격한 최저임금 인상의 목적은 문재인 정부 공약 사항인 임기 내 시간당 최저임금 1만 원을 이행하기 위해서 실행된 것이다. 갑작스럽게 실시된 대통령 선거에서 공약이 철저하게 검증됐기를 기대하기는 어려웠다. 그렇다면 집권 후에라도 면밀히 검증해 봤어야 하는 데 '공약 이행'이라는 대의명분에 실질은 묻혀 버리고 말았다.

핀란드 식으로 정책실험을 하기에는 5년이라는 임기가 짧게 느껴졌을 수도 있다. 조바심이다. 다음 대선을 위해서라도 공약은 반드시 이행해야 한다는 강박 관념이다. 그렇다 하더라도 간접적으로나마 정책을 검증할 수 있는 기회는 있었다. 박근혜 정부가 이미 최저임금을 2013~17년 4년간 33.1%나 인상시켰기 때문이다. 적어도 문재인 정부는 박근혜 정부 4년간 33.1% 최저임금 인상이 고용과 소득 수준 향상에 미친 영향을 분석해 볼 수 있는 기회가 있었으나 이를 방기했다.

조그만 가게를 하건 중소기업이나 대기업을 경영하건 한 번이라도 돈 버는 일에 종사해 본 사람들은 이러한 급격한 비용 상승을 견뎌 낼 자가 그리 많지 않다는 사실을 안다. 예컨대 편의점 사장의 계산 방식은 간단하다. 내가 가져가는 돈보다 아르바이트 직원에게 주는 돈이 더 많으면 감내할 수 있는 수준을 넘어서는 거다. 결과는 사람을 덜 쓰고, 이것도 모자라면 폐업하는 일이다. 여기에 코로나 위기까지 겹쳤다. 최저임금 인상은 거대한 폭풍을 앞두고 방파제를 부순 꼴이 되고 말았다. 한 번 잘못 끼운 단추는 경제를 피폐화시켰다.

제조업 중심의 양질의 일자리가 줄어들고 가계의 중추 역할을 하는 40대 취업자 수도 감소에 감소를 거듭하고 있다. 기업의 수익률도 급격히 하락하고 있다. 2019년 기업의 영업 이익은 2018년에 비해 22.7%나 줄었다. 2018년(2.1% 감소)에 이어 2년째 영업 이익 하락이다. 비용이 증가한다는 것은 기업의 경쟁력 하락과 직결된다. 한국의 기계산업 경쟁력이 멕시코에 추월당했다는 뉴스는 그래서 예사롭지 않다.

물론 이 모든 게 최저임금 인상, 주52시간 근로제의 영향은 아닐 수 있다. 그러나 두 개의 정책이 성공하고 있다는 증거는 어디서도 찾을 수 없다.

박근혜 정부 시절 우버 같은 서비스를 한국에 도입하기 위해 규제를 개선해 달라는 요구가 빗발쳤다. 2016년 규제조정실에서 국토부 등 관계기관 규제조정회의가 열렸다. 이

때 제안된 게 전국 단위 실행 여부를 논하기 전에 세종시에서 우선 실험해 보자는 것이었다. 당시 세종시에는 택시가 260여 대에 불과했다. 저녁 9시 이후에는 택시와의 전쟁이다. 도시 인프라도 다 갖춰지지 않아 대중교통도 빈약했다. 실험에 최적의 장소라고 생각했다. 그러나 교통부도 세종시도 모두 정책실험에 반대했다.

한국 정부에는 정책을 수립할 때 실험을 통해 검증한다는 규칙이나 제도가 거의 없다. 대형 국책사업이나 연구사업에 대한 예비타당성조사가 겨우 명맥을 유지하고 있을 뿐이다. 이마저 정치적 논리에 따른 면제의 남발로 형체만 남아 있다. 이미 선진국에서 많이 도입한 정책실험 방법 중의 하나가 샌드박스다. 일정 지역, 조건하에서 새로운 사업 모델을 실험해 보는 것이다. 한국도 2018년부터 이를 본격 도입했다. 신산업 분야에 한정해 실행되고 있긴 하지만 이것도 정책실험은 정책실험이다. 정책실험을 하면 그다음 단계는 법령 개정이다. 실험을 통해 부작용이 없고 경제에 긍정적인 효과를 미쳤다고 판단되면 이를 전국적으로 시행할 수 있도록 관계 법령을 고쳐야 한다. 그나마 정책실험의 명맥을 이어준 샌드박스도 대한민국에서는 여기서 딱 멈춰 있다. 실험만 하고 후속 조치는 지지부진하다.

최저임금을 일거에 대폭으로 올리는 것 같은 조치는 좋게 말하면 용감하고 나쁘게 말하면 무지한 것이다. 증거를 제대로 확보하지도 않고 최저임금을 소득불균형의 원흉이라고 검찰에 기소하는 것과 같다. 이 같은 정부의 무모함은 반드시 시장의 보복을 받는다. 최저임금 인상에도 불구하고 소득불균형이 개선되지 않았다는 점이 이를 입증한다.

최근에 진행되고 있는 대표적인 정책실험은 광주형 일자리 사업이다. 연봉 3,500만 원 직원들로 스포츠 유틸리티 차량(SUV) 공장을 만드는 실험이다. 현대차와 광주시가 중심이 된 합작법인 광주글로벌모터스가 2021년 9월부터 생산을 시작한다. 실험치고는 들어가는 돈의 규모가 적지 않다. 총 사업비만 5,754억 원이다. 이 정도 돈이 들어가면 정책실험이라고 말하기는 어렵다. 다만 세계에서 가장 높기로 유명한 한국 자동차산업의 임금 수준을 감안할 때 연봉 3,500만 원으로 자동차 공장을 운영해 본다는 것은 한국 경제 전체로 보면 중대한 실험이라고 말할 수 있다.

그런데 광주형 일자리 사업이 시작되자 이를 본뜬 유사한 지역사업이 하나둘씩 생기기 시작했다. 밀양형 일자리 사업 등등 지방자치단체들이 너도나도 뛰어들고 있다. 광주형 일자리 사업은 이제 실험의 시작일 뿐이다. 아직 성공할 것인지 판단할 수 없다. 실험의 결과를 기다리지도 않고 너도 나도 '××형 일자리 사업'의 열차에 탑승하고 있다.

경제정책은 진화해야 한다. 그 진화의 원천은 다양한 실험이다. 제대로 디자인한 실험을 거치지 않은 정책의 집행은 실패를 잉태할 뿐이다. 우려되는 점은 기본소득 같은 정책이 어느 날 갑자기 불쑥 시행되는 것이다. 한국 경제는 잇단 정책실패를 견뎌 낼 정도로 체질이 강하지 못하다. 최저임금 인상과 주52시간 근로제의 영향만으로도 한국은 이미 휘청거리고 있다. 더 이상의 실패는 한국 경제를 회복 불능한 상태로 내몰 수 있다. 좋은 의도는 좋은 정책을 보장하지 않는다. 실패 확률을 최소화하면서 최대의 효과를 나타낼 수 있도록 잘 짜여진 정책이 좋은 정책이다. 성공의 열쇠는 바로 정책을 수립하는 과정에서의 치열한 실험정신이다.

기업 수익을 탐하지 마라

기업인들이 하는 말이 있다. "대한민국에서 기업하는 것은 교도소 담장을 걷는 것과 마찬가지다." 전과 5범, 10범이 되는 것은 아주 쉬운 일이다. 기업인을 처벌하는 법률이 하도 많아 최고경영자들의 법적 리스크가 그만큼 높은 것이다. 한국경제신문은 지난해 12월 13일자 보도에서 2020년에 국회를 통과한 법률과 2021년 통과 예정된 25개 법률 제개정안으로 인해 기업인의 징역형이 62년 늘어났고 과징금도 105억 원 증가했다고 밝혔다.

그러나 법적 리스크는 조심하면 된다. 비용이 들고 불편하더라도 법을 지키면 된다. 정작 기업인을 어렵게 하는 것은 경영자와 근로자가 만난을 극복하며 수익을 올려도 이게 '내 돈'이라고 생각할 수 없는 한국적 환경이다.

2018년 일이다. 문재인 정부의 최대 공약 중 하나인 소득 격차 해소가 무색해졌다. 이 해 상반기에 대기업과 중소기업 간 임금 격차가 줄어든 게 아니라 더 확대됐다. 이 문제를 놓고 이 해 11월 정부가 주관한 '노동시장 격차 완화와 소득 주도 성장' 토론회가 개최됐다. 이 자리에서 홍장표 당시 소득주도성장특위 위원장이 대기업 근로자들에게 호소했다. 대기업 근로자들이 임금을 스스로 줄이고 협력업체의 임금을 지원하는 모범적 연대를 실천해 달라는 주문이었다.

그러나 임금은 동결시키기만 해도 고통스럽게 느껴진다. 자신의 임금 손실을 감수하고 하청근로자에게 더 큰 몫이 돌아가게 하려면 엄청난 공동체의식과 자비심이 있어야 한다. 그게 쉬운 일인가? 특히 대부분 강력한 노조가 결성돼 있는 대기업에서 경영진이 노조에 임금 공유를 설득하는 것은 불가능에 가깝다.

임금의 하방경직성은 상식이다. 한번 올리면 내리기는 거의 불가능하다는 것이다. 사람들은 미래에 얼마를 벌 것이라는 달콤한 말보다는 현재의 손실에 더 민감하게 반응한다. 손실 회피(loss aversion)는 유전자라는 인간의 '오래된 연장통'에 깊숙이 각인돼 있다. 게다가 우리나라 노동법에는 임금 삭감을 금지하는 규정이 있다. 그러니 대기업 노조에 임금 공유가 먹혀 들어갈 수 없다.

정부도 잘 알고 있다. 대기업 노조에게 양보를 얻어 내기란 불가능하다는 사실을. 대안은 무엇인가. 대기업 자체를 압박하는 것이다. 정부는 '혁신 주도형 임금 격차 해소 협약'으로 돌파구를 찾는다.

정부가 하겠다는데 기업이, 특히 대기업이 버티고 뭉갤 수는 없는 일이다. 삼성, SK, 현대차, LG, 롯데 등 대기업이 주요 계열사를 동원해서 동참했다. 동반성장위원회는 2020년 12월 29일 현재 67개 사와 총 11조 9,103억 원 규모에 달하는 협약을 체결했다고 실적을 홍보했다.

협약의 내용은 이렇다. 참여 대기업이 (일부 중견기업과 공기업 포함) 제값 쳐주기, 제때 주기, 상생 결제로 주기 등 '대금 제대로 주기 3원칙'을 준수한다. 협력 중소기업도 마찬가지로 2차 하청기업들을 대상으로 대금 제대로 주기 3원칙을 실천한다. 좀 더 상세히 보자. 2020년 12월에 협약식을 개최한 중견기업 H사 사례다. 2021년부터 2023년까지 3년간 총 141억 원을 동반성장 활동에 지원하는 내용이다.

상세 내용을 보면, 협력사 임직원 여가생활 지원, 문화체육시설 지원, 명절 및 기념일 지원, 협력사 임직원 대상 경조사 화환 등 임금 및 복리 수행 지원 비용이 1억 5천만 원이다. 공동기술 개발, 생산설비 지원, 생산성 향상 지원이 가장 큰 몫으로 104억 원이 책정됐다. 5천만 원은 '기타형 임금 지불 능력 제고 지원'이라 해서 협력사 특허 출원을 지원한다. 35억 원은 경영안정지원금이다.

대한민국에서 기업하기 얼마나 어려운지 보여주는 대목이다. 비록 금액은 2억 원으로 적다고 하겠지만 협력사 임직원의 명절 선물, 기념일, 특허 출원비용까지 기업이 제공해야 한다. 이것을 상생이라고 한다. 기술 개발과 생산설비 구매도 지원해야 하며 자금도 빌려 줘야 한다. 그런데 어느 것 하나 당장의 임금 격차 해소와 연결되는 것은 없다. 하청기업에 대한 기술 지원 등은 정부가 요구하지 않아도 기업들이 알아서 한다. 좋은 부품을 납품받아야 좋은 제품을 만들 수 있기 때문이다. 그런데 정부가 이를 강제하는 형식을 취한다.

그러면 이 돈은 어디서 나올까? H사의 재무정보를 살펴봤다. 엄청난 이익을 창출하는 회사인가 했더니 그렇지 않다. 2020년 연결 매출 1조 2,958억 원에 영업 이익 342억 원, 당기순이익 204억 원이다. 영업 이익률은 2.86%에 불과하고 순이익률 1.70%다.

H사가 약속한 141억 원은 한 해 영업 이익의 40%가 넘고 당기순이익과 비교하면 70%에 육박한다. 협약 기간이 3년이니 직접 비교해서는 안 된다고? 한번 계산해 보자. 이 회사의 2019년 당기순이익은 64억 원에 불과했다. 141억 원을 3으로 나누면 47억 원. 2019년과 비교하면 당기순이익의 73%를 상생에 써야 한다는 말이다. 이 회사는 지난 5년간 주주 배당도 하지 못한 회사다. 주주에게 배당 한 번 못한 상장회사가 이렇게 돈을 써도 되나 하는 의문은 당연한 것이다. 선의로 약속했다 하더라도 과연 이러한 상생 투자가 지속 가능할까?

정부는 상생 협약에의 참여가 자발적이라고 말할 것이다. 그러나 기업을 하는 사람들은 다 안다. '자발'이긴 하지만 '강제'이기도 하다. '권고'라고 쓰고 '강제'라고 읽는다. 그

당장의 임금 격차 해소 방안이 없는 임금 격차 해소 협약(H사의 사례)

구분	유형	주요 사업 내용
임금 및 복리후생 지원	복리후생 지원(1억 원)	협력사 임직원 여가생활 지원
	문화체육시설 지원(0.3억 원)	협력사 임직원 문화체육시설 지원
	선물 지원(0.1억 원)	협력사 임직원 명절 및 기념일 지원
	경조사 지원(0.1억 원)	협력사 임직원 대상 경조사 화환 등 지원
혁신 주도형 임금 지불 능력 제고 지원	공동기술 개발 지원(70억 원)	기술력이 있는 협력업사와 공동 연구개발
	생산설비 지원(30억 원)	하도급 업체에 생산설비 컨설팅 및 구매비용 지원
	생산성 향상 지원(4억 원)	품질 및 생산성 향상, 에너지 절감 및 안전 컨설팅을 위한 컨설팅 지원
기타형 임금 지불 능력 제고 지원	특허 관련 교육 지원(0.1억 원)	협력사 대상 특허교육 지원
	특허 출원비용 지원(0.4억 원)	협력사의 특허 출원비용 지원
경영안정금융 지원	직접 금융 지원(15억 원)	협력사의 일시적 자금난 해소를 위한 자금 대여 지원
	조기 결제(20억 원)	협력사 유동성 지원을 위한 선급금 지급
대금 제대로 주기 3원칙 준수		제값 쳐주기, 제때 주기, 현금 및 상생 결제로 주기

출처: 동반성장위원회 보도자료(2020.12.21).

러면 상생 협약은 얼마나 하청기업들의 저임금을 끌어올렸을까. 답은 "알 수 없다"다. 동반성장위가 실제 효과를 측정하지 않기 때문이다. 올해가 2021년이니 2018년에 시작한 기업들은 만 3년째다. 3년 시행 후 성과를 측정할 계획인지는 모르겠다. 그러나 현재까지는 그 성과를 알 길이 없다.

이러한 정책의 기저에는 기업 이익이 '사유재산'이 아니라 '공공재산'이라는 인식이 깔려 있다. 돈을 벌었으면 함께 나눠야 한다는 생각이다. 틈만 나면 튀어나오는 이익 공유 개념이다. 문재인 정부가 처음 제시한 것도 아니다. 이명박 정부 때도, 박근혜 정부 때도 튀어나왔다. 이 시기 가장 큰 특징이 무엇인가? 한국의 성장률이 2008년 경제 위기에서 회복됐다고는 했지만 3% 내외의 저성장 기조로 본격적으로 접어들기 시작한 기간이다. 성장이 멈추면 성장을 되살리는 것이 정책의 최우선순위가 돼야 하는데 쇠락하는 집에서 곳간을 놓고 싸움이 벌어진 형국이다.

그런데 한국 기업들의 형편이 이익을 나눌 만큼 한가한가?

그렇지 않다. 일단 한국 기업의 절반가량이 돈을 한 푼도 벌지 못하고 있다. 적자기업, 다른 말로 좀비기업이 50%를 넘나든다. 돈을 벌고 있는 기업도 국제적인 기준으로 보면 인심 좋은 부자 행세를 할 형편이 못 된다.

LG경제연구원이 2018년에 발표한 '한국 기업의 영업 성과 분석' 보고서를 보자. 이 보고서의 부제가 한국의 상황을 웅변적으로 보여준다. '수익성은 주요국 중 최하위 수준.'

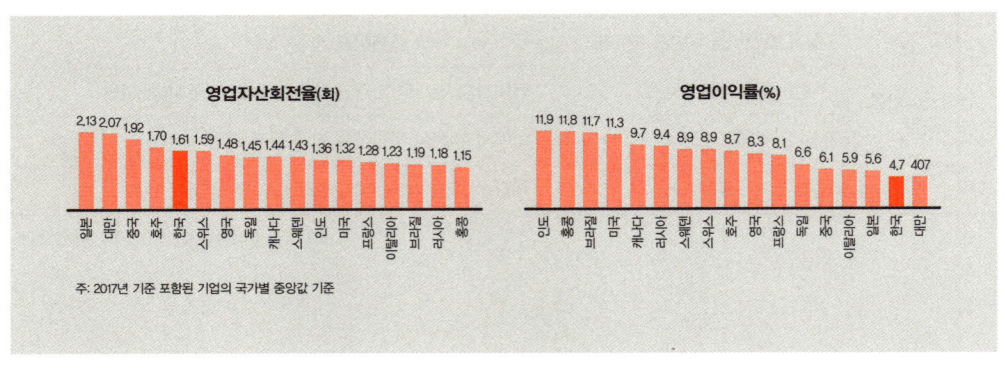

주요 국가별 대표기업의 영업자산 회전율과 영업이익률

17개 국가의 대표 기업들을 (글로벌 3천대 기업에 속하는 기업들을 대상으로 선정했다) 대상으로 2017년 영업이익률을 분석한 결과 한국은 16위로 꼴찌에서 두 번째다. 대만이 가장 낮았다. 평균 4.7%. 절대 수치로는 감이 오지 않을 것이다. 국가별 수치를 보면 확연히 알 수 있다. 미국 11.3%, 캐나다 9.7%, 영국 8.3%, 프랑스 8.1%다.

2017년 한 해가 아니라 시계열로 분석해도 수익률이 열악하기는 마찬가지다. 글로벌 3

천대 기업이 2014~17년간 평균 5.2%의 영업이익률을 실현하는 동안 한국은 4.6%에 불과했다. 글로벌 고수익 기업들만 추려서 비교한다면 그 격차는 2~3배에 달한다. 돈을 벌고 있어도 한국 기업은 부자라고 명함을 내밀 수 있는 수준이 전혀 아니다. 이처럼 나약한 기업들에게 '상생'이라는 이름으로 심지어 주주 배당도 못하는 기업에게까지 나눔을 베풀도록 하면 기업들은 살을 에는 겨울바람에 알몸으로 맞서야 하는 처지에 이를 수 있다.

함께 잘사는 나라를 만들자고 한국이라는 좁은 영역에서 상대적으로 형편이 나은 기업들의 주리를 틀다가는 한국 경제가 한 방에 훅 갈 수 있다. 기업이 망하면 임금 공유고 상생이고 모두가 도루묵이다.

혁신 주도형 임금 격차 해소 협약에만 돈을 써야 하는 것도 아니다. 한국에는 다른 나라에는 없는 '투자-상생협력촉진세'라는 게 있다. 기업이 이익을 투자 임금 배당 상생 협력에 충분히 쓰지 않을 경우 법인세를 추가로 내야 한다. 2020년 한국의 법인세율은 경제협력개발기구(OECD)에서 10번째로 높다. 2010년에는 23위였으나 다른 나라들이 앞다퉈 법인세율을 낮추면서 10위까지 높아졌다. 이에 반해 미국은 2010년 2위였으나 2020년에는 12위로 한국보다 낮다. 영국은 14위에서 31위로 낮아졌으며, 일본도 1위에서 7위로 낮아졌다.

주요 경쟁 국가들이 모두 법인세를 낮추고 있는데 한국만 유아독존이다. 이처럼 높은 법인세 부담에 투자-상생협력촉진세라는 특별하고 고귀한 목적의 세금이 더 붙었다. 미국 등 다른 나라에도 비슷한 세금이 있다고 주장하는 사람들도 있는데 목적이 완전히 다르다. 미국에서는 대주주가 고액 배당을 받을 경우 부담해야 할 소득세를 회피하려고 의도적으로 배당률을 낮추는 것을 방지하기 위해 이익유보세를 부과한다. 한국은 조세 회피 차단이 목적이 아니라 '돈 좀 벌었으니 베풀어라'가 목적이다. 이렇게 거둔 추가 세금이 2019년에 8,543억 원이다.

그런데 이상하지 않은가? 남는 이익을 세금 내는 대신 상생에 다 쓰면 정부에 체면도 서고 사회적으로도 평가받을 수 있는데 왜 세금을 내면서까지 저항(?)할까? 이유는 간단하다. 세금 적게 내겠다고 대신 임금을 올려 주면 다시는 임금을 내릴 수 없으니 차라리 세금 더 내는 게 낫다고 판단한 것이다. 임금과 복지는 절대로 줄일 수 없다. 이익 늘었다고 임금 등 복지비용을 높여 고정비용화하면 찬바람 부는 광야에 나설 때 그냥 얼어 죽는다. 그래서 세금 더 내더라도 비용을 고정화하지 않으려고 노력하는 것이다. 이익을 많이 창출한 기업들이 임금 인상 대신 보너스 형태로 직원들을 보상하는 이유도 바로 경직성 경비를 줄이기 위한 노력이다. 국가재정에서도 복지 지출은 하방경직성 지출이다. 한번 주면 뺏을 수 없다. 기업과 국가의 차이는 기업은 경직성 비용을 줄이는 데 총력을 다하는데 국가는 주인이 없으니 나눠 주는 것을 주저하지 않는다는 점이다. 주인이 국민인데 국민은 주인이면서도 의사 결정에 참여할 수 없으니 대리인에 불과한 정치인들이 생색은 다 낸다.

혁신 주도형 임금 격차 해소 비용은 어떤가? 협약 기간이 끝나면 기업이 이로부터 자유로워질 수 있을까? 아니다. 이미 기업에는 고정경비화됐다고 봐야 한다. 3년 끝났다고 입 씻는 것을 정치인들은 결코 허용하지 않을 것이기 때문이다. 설령 정권이 바뀌어도 변함이 없을 것이다. 생색내기 좋아하는 것은 정권의 색깔을 가리지 않는다. 차이가 있다면 '조심하냐' '과감하냐'의 차이 정도만 있을 뿐이다.

기업 수익을 나눠 분배를 개선하는 것은 제로섬 게임이다. 기업의 이익은 미래의 소득이 아니라 과거의 소득이다. 이미 쌓아 놓은 것을 누가 더 갖느냐의 문제다. 그래서 제로섬 게임이다.

경제 주체들이 제로섬 게임에 몰두하면 절대로 성장 동력을 이어나갈 수 없다. 기업의 수익률이 좋아야 하는 이유는 미래의 불확실성에 대비하고, 미래의 성장 열차를 잡아타기 위한 재원으로 써야 하기 때문이다. 삼성전자가 지속적으로 적자를 봤다면 반도체 강국 한국은 없었을 것이다. 수익을 창출하고 이를 최첨단 반도체공장을 짓는 데 투자했기 때문에 가능했다. 빚을 내서 투자할 수 있다고 말할 것이다. 그러나 한국에서 대기업의 부채 비율은 엄격한 관리 대상이다.

소득불균형 문제를 기업 수익 배분으로 해결하겠다는 발상을 버려야 한다. 소득 분배 문제의 근원적인 해법은 기업이 충분한 수익을 실현함으로써 투자를 지속하고 이를 통해 지속적으로 좋은 일자리, 좋은 보상을 제공하는 것이다. 기업의 확대 성장을 통해서만 가능하다는 말이다. 전자는 제로섬 게임에 불과한 하향평준화고 후자는 상향평준화며 플러스섬 게임이다. 전자는 소득이 정해져 있다고 생각해 분배를 통해 사회 문제를 해결해 보겠다고 시도한 토머스 모어(Thomas More)의 유토피아 섬이고, 후자는 기술 발전을 토대로 무한대의 성장을 누리는 이상사회를 그린 프랜시스 베이컨(Francis Bacon)의 뉴아틀란티스(New Atlantis) 섬이다. 우리는 성장이 멈춘 유토피아 섬이 아니라 끊임없이 발전하는 뉴아틀란티스 섬으로 항해해야 한다. 다만 소득 최하위 계층이 지속적으로 어제보다 더 나은 삶을 살도록 보장하는, 즉 소득 최하위 계층에 대한 복지와 계층 상승 지원의 끈을 놓지 않도록 유의해야 할 뿐이다.

잠재성장률 하락에도 불구하고 한국 경제에는 희망이 있다. 우수한 IT 기술, 인프라, 인재를 잘 활용하면 4차 산업혁명을 선도할 수 있는 기회가 아직 남아 있다. 산업시대 생산력 공식이 1+1=3(생산 요소의 결합을 통해 합이 더 커진다)이었다면 4차 산업혁명 기술에 기반한 경제 성장에서는 1+1+1=111이 가능하다. 무어의 법칙이 컴퓨터의 연산 기능이 24개월에 2배로 증가한다는 것이었는데 이제는 3.4개월로 단축됐다. 무한대의 생산성 혁신이 가능하다는 말이다. 기업이 수익을 많이 남겨서, 대기업도 중소기업도 이 물결을 타는 데 투자를 주저하지 않도록 하는 게 진정한 '함께 잘사는' 포용적 성장의 길이다.

신구 산업 갈등, 경쟁으로 풀어라

디지털 전환(digital transformation)의 바람이 거세게 불고 있다. 정보통신기술(ICT)에 기반을 두고 전산화에서 시작한 디지털 전환은 스마트폰 보급을 통해 가속화됐고 이제 클라우드, 인공지능, 빅데이터로 인해 태풍이 됐다. 이 태풍은 기존 산업의 효율화를 넘어서 신산업 탄생을 불러일으키고 있다. 우리는 그걸 4차 산업혁명이라고 부른다.

특히 작년부터 시작된 코로나19는 4차 산업혁명을 가속화시켰다. 바이러스 확산을 막기 위해 시작한 재택근무는 이제 새로운 근무 방식으로 정착하고 있다. 온라인 쇼핑은 젊은 세대만의 전유물이 아니다. 감염 우려로 접촉을 기피하면서 장년층의 이용률이 빠르게 늘고 있다. 이제는 식당에 가기보다 음식을 배달시켜 먹는다. 집에서 식사를 하면서 간편하게 조리할 수 있는 밀키트의 수요 또한 증가하고 있다. 한마디로 코로나19는 우리를 5~10년 후 미래로 밀어 넣었다.

혁명은 우리 삶의 급격한 변화를 의미한다. 점진적 변화인 혁신과 다르다. 필연적으로 신구 산업의 갈등을 잉태하고 있다. 디지털 전환이라고 해서 기존 산업에 디지털을 추가하면 되는게 아니다. 비즈니스 모델을 디지털에 기반해서 설계해야 한다. 대표적인 사례가 아마존, 쿠팡과 같은 온라인 쇼핑이다. 기존 오프라인 할인매장과 비교해 보면 쇼핑이라는 기능은 동일하다. 하지만 물건을 쌓아놓고 고객을 기다리는 기존 할인매장과 달리 주문이 몰릴 품목을 데이터를 활용해서 예측하고 이를 고객 근처까지 미리 배송해 놓는다. 그렇게 해서 배송 시간을 대폭 줄인다.

대기업 간 신구 산업 갈등은 사실 우리에게 큰 문제가 되지 않는다. 물론 종사자 고용 문제가 있지만 시장경제에서 불가피한 현상으로 받아들인다. 문제는 영세기업이나 종사자가 서민인 경우다. 이들은 일자리를 잃고 나면 달리 할 수 있는 게 없다. 그렇다 보니 산업 간 충돌에 대한 반발이 거세고 표를 의식하는 정치권은 신산업보다는 기존 산업의 편에 서려고 한다.

이런 현상이 발생한 대표적인 사례가 렌터카를 이용한 차량 공유 서비스 타다다. 이 서비스는 스마트폰으로 호출하고 기사가 말을 걸지 않는 등 승객 중심의 서비스를 제공하면서 큰 반향을 일으켰다. 하지만 그 반향만큼 기존 택시업계의 반발도 크게 불러왔다. 그 반발은 네 명의 택시기사가 분신을 할 정도로 격렬했다. 결국 타다에 우호적이던 정부는 모호한 태도를 취하기 시작했고 검찰은 법 위반으로 기소했다. 하지만 법원의 판단은 달랐다. 서울중앙지법은 그간 정부가 처벌을 하지 않았고 소비자가 선택했다는 이유에서 합법 판결을 내렸다. 그러자 선거를 앞둔 국회가 나서서 법을 개정해 버렸다.

이번 사건을 두고 어느 누구를 비난할 수는 없다. 택시기사에게는 생계가 달린 문제다. 소비자들이 좀 불편해졌다고 이들의 반발을 비난할 수도 없다. 그렇다고 신산업을 시작하는 벤처 사업가를 비난할 수도 없다. 우리는 소비자의 선택을 기본으로 하는 시장경제에 살고 있다. 선택의 받기 위해 기존과 다른 제품과 서비스를 개발하는 시도는 존중받아야 한다. 신산업이 큰 수익을 거둔다고 비난해서도 안 된다. 지금 성공한 기업은 큰 수익을 거두지만 비슷한 시도를 하다가 신용불량이 된 많은 벤처기업인이 있다. 이들은 큰 위험을 감수한 대가로 큰 수익을 거둔 것이다.

신구 산업에 대한 인식은 세대 간 상당한 차이를 보이고 있다. 이들 잘 보여주는 사례가 타다 서비스에 대한 인식이다. 2019년 실시된 리얼미터 여론조사에서 타다가 혁신이란 응답이 49.1%로 불법이란 응답(25.7%)보다 높았다. 하지만 연령대별 응답은 사뭇 달랐다. 20대는 혁신(62.8%)이란 응답이 불법(15.8%)보다 앞도적이었던 반면, 60대 이상에서는 불법(31.6%)이라는 응답이 혁신(29.6%)이란 의견보다 우세했다.

신구 산업의 갈등은 세대 간 갈등과도 연결된다. 기존 산업에 종사하는 분들은 주로 연령대가 높다. 당장 이 일을 그만둔다고 해서 다른 일을 새로 시작하기도 쉽지 않다. 반면 신산업을 시작한 분들은 연령대가 낮다. 특히 태어날 때부터 스마트폰을 손에 쥐고 놀았던 디지털 네이티브 세대(Z세대)는 디지털 전환이 중심인 신산업에 강하다. 이들에게 왜 꼭 기존 산업과 충돌하는 신산업을 하려고 하느냐, 그것 말고 다른 것을 하라는 것은 가혹한 요구다. 이들이 제일 잘 하는 게 디지털 전환이다. 기성세대가 하는 사업을 물려받으라는 요구도 위험하다. 디지털 전환 흐름 속에서 이미 많은 산업이 언제 망할지 모르는 상황에 처해 있다. 젊은 세대가 살아갈 길은 디지털 전환뿐이다.

어려운 문제일수록 원칙을 지키면서 하나씩 풀어가야 한다. 제일 중요한 원칙은 소비자의 선택에 기반을 둔 시장 경쟁이다. 기존 사업자가 피해를 본다고 정부가 나서서 소비자의 후생을 하나씩 제한하다 보면 시장은 죽고 국가가 득세하게 된다. 국가주의 경제의 실패는 과거 공산국가의 붕괴에서 이미 확인된 바 있다.

그렇다면 정부는 어떤 역할을 해야 할까? 시장에서 경쟁이 제대로 작동할 수 있도록 해야 한다. 소비자가 특정 제품이나 서비스를 강요받지 않고 원하는 것을 선택할 수 있는 환경을 만들어 줘야 한다. 경쟁에서 뒤처진 사람들의 기초생활을 책임지는 것은 기본이다. 기존 산업이 신산업과 경쟁할 수 있도록 환경을 조성해야 한다.

경쟁 환경을 조성한 대표적 사례로 호주 뉴사우스웨일스주(NSW) 정부의 차량 공유 서비스 합법화를 들 수 있다. 호주에서도 우버(Uber) 서비스 도입에 대해 택시업계가 강하게 반발했다. 하지만 뉴사우스웨일스 주정부는 우버 서비스에 대해 1달러의 추가 부담금을 5년간 부가하는 대안을 제시하고 합법화 입장을 관철시켰다. 이를 통해 5년간 2억 5천만 달러의 세수를 확보해서 택시 면허 사업자를 위해 쓰겠다는 방침이다.

우리 정부도 택시와 플랫폼의 혁신과 상생을 도모한다는 취지에서 2019년 7월 택시제도 개편 방안을 발표했다. 여기에는 세 가지 유형의 플랫폼 사업제도가 포함됐다. 이에 대해 언론은 택시제도 개편안이 결국 택시업계가 원하는 대로 됐다면서 정부가 신구 산업의 경쟁이 아니라 구산업을 선택했다고 평가했다. 마치 이를 증명이라도 하듯 발표 후 2년이 지난 지금 많은 사람이 좋아하던 타다 서비스의 빈자리를 채우는 서비스는 아직 나타나지 않고 있다.

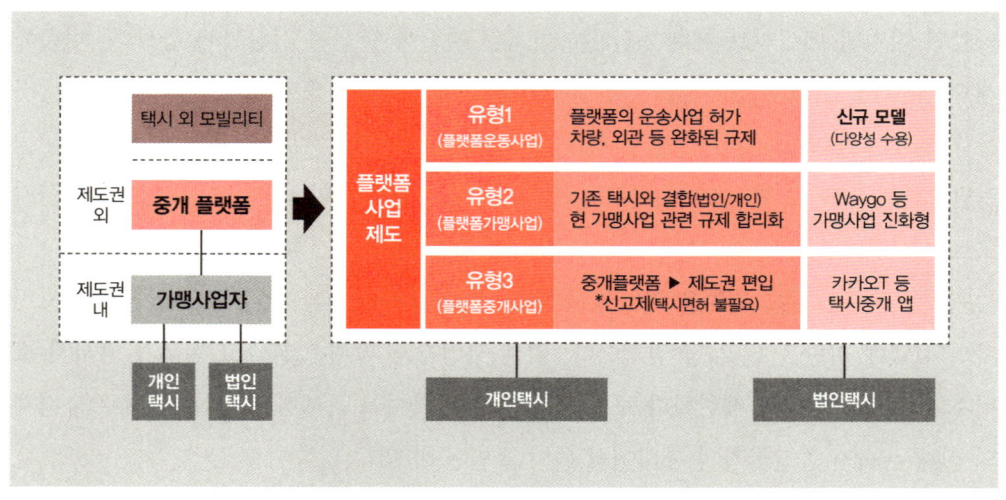

출처: http://news.kmib.co.kr/article/view.asp?arcid=0924089085&code=11151100&cp=nv

신규 모빌리티 서비스 활성화를 위한 플랫폼 업체 제도화 방안

이름만 바꾸는 정책 쇼를 멈춰라

행정관리담당관, 창조행정담당관, 혁신행정담당관은 모두 같은 일을 하는 부서다. 5년에 한 번씩 순서대로 이름만 바뀐 이 부서는 정부부처 모두에 있고 조직관리를 담당한다. 이 부서 공무원은 정부가 바뀔 때마다 명함을 다시 판 셈이다. 내실은 그대로인데, 보이는 것만 바꾸는 것을 두고 쇼를 한다고 한다.

정부의 쇼는 이것만이 아니다. 정부가 바뀌면 으레 내놓는 게 국정과제다. 대통령직인수위원회에서 5년 동안 국정의 로드맵을 그려 정리해 놓은 것이다. 물론 각 정부마다 하고 싶은 일이 다를 테니 정부마다 차이가 나는 것도 당연하다. 문제는 정부의 업무는 정권이 바뀐다고 해도 변하지 않는 것이 훨씬 많다는 점이다. 예산 하나만 보더라도 세금을 잘 걷고, 재정건전성을 유지하며, 세금 신고의 편의성을 제고하는 일은 모든 정부가 당연히 해야 하는 일이다. 농정 업무인 벼농사 등 주요 작물관리, 직불제 등 농민 보호, 농축산물 유통 선진화도 마찬가지다. 고용노동부에서 노동자 권리 보호, 직업 능력 개발, 경력단절 여성의 지원도 그렇다.

그런데 노무현 정부 이후, 제시된 국정과제들을 살펴보면, 적어도 이름은 전부 다 다르다. 금융위의 국정과제는 박근혜 정부에선 가능성에 투자하는 금융환경 조성, 금융 서비스의 공정 경쟁 기반 구축, 서민 금융 부담 완화, 금융시장 불안에 선제적 대응이었다. 문재인 정부에서는 소득 주도 성장을 위한 가계부채 위험 해소, 금융 산업구조 선진화, 서민 재산 형성 및 금융 지원 강화로 변했다. 무엇이 변했을까? 가능성에 투자하는 금융환경 조성과 금융 서비스의 공정경쟁 기반 구축은 금융 산업구조 선진화와 같고, 서민 금융 부담 완화는 서민 재산 형성 및 금융 지원 강화와 같다. 금융시장 불안에 선제적 대응 역시 소득 주도 성장을 위한 가계부채 위험 해소와 대동소이한 과제가 포진돼 있다.

공약을 국정과제라는 이름으로 변화시켜 대통령 당선 후, 인수위에서는 수개월 내에 뚝딱 만들어, 정부부처에 내려 보낸다. 물론 눈치 빠른 부처는 정권 교체 1년 전부터 인수위에 제출할 부처의 숙원 과제를 정리, 각 후보의 공약과 비교해 포장하는 기민함을 보이기도 한다. 이제 정부 출범과 함께 조직을 담당하는 행정자치부는 전 부처에 이전 정부의 슬로건이 반영된 부서 이름을 새롭게 고치라고 가이드라인을 내려 보내고, 성과 평가를 담당하는 국무조정실은 국정과제 100개에 정부가 하던 기존의 업무를 욱여넣는다. 일은 그대로인데, 그대로일 수밖에 없는데, 억지로 분류해서 그럴듯하게 만드는 것이다. 그리고 나서, 뭔가 완전히 새로운 일을 새로운 조직이 하는 것처럼 보이게 한다. 창조경제니, 정부 3.0이니, 포용성장이니, 사회적 가치니 알쏭달쏭 새로운 말과 함께.

스마트 생산도 마찬가지다. 섹시해 보이는 이 정책은 2014년, 박근혜 정부 제조업 혁신 3.0전략 및 실행 대책에서 나오더니 정권이 바뀌어도 이름만 조금씩 바꿔 가며, 뭔가 새로운 일을 하겠다는 분위기로 계속 나왔다. 2020년까지 무려 여덟 차례다. 한번 정책이 만들어지면, 이전에 짜여진 틀 속에서 수정해 가며 안정적으로 추진하면 될 것을 정

인공지능 관련 정책 4년간 13번 발표

정책명	발표 연도	소관 부처
사람이 중심이 되는 '국가인공지능윤리기준'(안)	2020. 11. 27	과학기술정보통신부
지능형 공장, 양적 보급에서 질적 고도화 정책으로 전환	2020. 11. 12	중소벤처기업부
인공지능 반도체 산업발전전략	2020. 10. 12	관계부처 합동
인공지능 데이터 품질 국내외 표준화 추진	2020. 10. 05	과학기술정보통신부
인공지능시대에 대비 국민대상 인공지능 소프트웨어 교육체계 마련	2020. 08. 05	과학기술정보통신부
인공지능 도입 지원을 위한 AI 바우처 사업 개시	2020. 03. 16	과학기술정보통신부
인공지능 국가전략 발표	2019. 12. 17	관계부처 합동
혁신성장 확산 가속화전략 및 2020 투자 방향	2019. 08. 21	관계부처 합동
혁신성장동력 시행계획	2018. 05. 30	과학기술정보통신부
인공지능 R&D 전략	2018. 05.	4차산업혁명위원회
인공지능 및 빅데이터 분야 연구 지원	2017. 08. 08	과학기술정보통신부
지능정보화를 선도하기 위한 인공지능 R&D 투자	2017. 03. 20	과학기술정보통신부
인공지능 가상현실 핀테크 규제혁신 방안	2017. 02. 17	과학기술정보통신부

부는 관계부처 합동이니, 산자부가 하니 중기부도 하고, 이름도 섹시한 4차산업혁명위원회에서도 하겠다면서 윤색에 윤색을 거듭한다. 같은 일을 다르게 보이게 만드는 이 일에 보고서 만들고, 회의 준비하려고 얼마나 많은 공무원이 밤을 새웠는지 모르겠다.

말장난과 같은 이런 일이 왜 정부가 들어설 때마다 반복될까. 정부 운영의 내실을 다지는 것보다, 보이는 것, 여론이라 불리는 국민들의 정치적 반응에 너무 민감하기 때문이다. 정치의 영역과 행정의 안정적 영역이 있음에도 불구하고, 행정의 영역에 정치가 너무 깊이 개입하는 것도 있고, 행정은 이런 정치의 개입에 고유한 행정 업무의 안정적 수행의 중요성을 지키고 있지 못한 것도 있다. 왜 행정부에선, 정치가 행정관리담당관을 창조경제담당관으로 바꾸고, 다시 창조경제담당관을 혁신행정담당관으로 바꾸라는, 말도 안 되는 요구를 거부할 수 없는가. 정치의 행정 오염이 점점 커지고 있다.

정부 업무를 어떻게든 잘 보이려는 눈물겨운 노력도 많아지는 것 같다. 문재인 대통령의 김정은 국방위원장과의 도보다리 연출, 한밤중에 개최된 6·25 전쟁 발발 70주년 기념 행사, 과한 인테리어로 물의를 빚은 대통령의 공공임대주택 방문, 탄소중립 행사라며 흑백 화면을 송출한 것, 『타임』지 표지에 실린 대만 사례는 언급하지 않은 채, 내지 기사로 실린 K-방역의 성과를 크게 다룬 것, 의도는 알겠지만 큰 의미에서 쇼다.

내실도 있으면서 좀 더 잘 보이려는 노력이라면 애교라고 하겠지만, 국민들은 혼란스럽다. 내실 없는 애교는 국민을 속이는 일이 될 수도 있다. 도보다리 후 3년, 북한은 개성에 있는 남북연락사무소를 폭발하고, 그새 더 센 무기를 만들었다고 자랑한다. 6·25 전사자 유해 송환은 칭찬받을 일이지만, 어느 정부나 노력했던 것, 굳이 비행기를 바꾸면서까지 예쁘게 보일 필요가 있었을까. 온통 부동산 시장을 불쏘시개로 만들어 놓고, 주택 공급이 부족하니 공공임대주택이 괜찮다고 홍보한 것, 무리한 탈원전 정책으로 태양광 산업 비리, 원전감사 문제점 등이 드러난 상태에서 탄소 중립 행사를 한 것을 어떻게 해석해야 할까.

서류상 없는데 있다고 꾸미는 회계 처리를 분식회계라고 한다. 민낯을 가리고 화장을 덮는다는 얘기다. 쇼만 열심히 하다 보면, 이상한 실력이 는다. 안 보이지만, 든든한 정부 운영의 내실을 탄탄하게 하는 것이 아니고 국민이 감동하는 이벤트 기획 능력이 고도화되는 것이다. 중요한 건, 정부의 일이란 쇼여서도 안 되지만, 쇼로는 제대로 할 수 있는 게 별로 없다는 것이다. 현장에선 동네 민원 하나를 제대로 해결하는 일도, 성실하고 책임감 있는 공무원이 밤새 고민하고 해결책을 찾아보고 해도 될까 말까다. 급한 마음에 일처리도 제대로 안 됐는데, 시장님이 방문한다고 아침부터 보고서류를 만들고 민원인을 동원해 시장님에게 대답할 미사여구를 연습하며 언론사 불러 떠들썩한 사진 찍는다고 문제가 해결되는 것이 아니다. 그리고 제대로 된 정부라면 이런 쇼로 국민들을 속여서도 안 된다.

물론 새로 들어선 정부는 정말 이전 정부에서는 관심을 덜 가졌던 역사적인 일을 하고 싶은 욕망이 있다. 박근혜 정부는 창의적인 벤처생태계를 만드는 데 관심을 가졌고, 이를 위한 규제개혁, 비정상의 행정 관행을 바로잡는 데도 관심을 가졌다. 문재인 정부는 대북 문제의 해결, 검찰 개혁, 적폐 청산에 관심을 가졌다.

그렇다면, 새로 들어선 정부는 이렇게 나름 새롭게 하고 싶은 일과, 기존의 일상적인, 그러나 공공 서비스의 안정적 제공과 국민의 안전과 생명, 그리고 안정적인 삶을 책임지는 업무를 구분해야 한다. 그런데, 적어도 노무현 정부 이후, 정권 변화 때마다 모든 정부 업무를, 이름만 바꿔 새 정부의 슬로건으로 재배열하는 엄청난 일을 하고 있는 것이다. 이런 일을 해내는 공무원도 대단하지만, 이런 일을 요구하는 집권 세력도 어지간하긴 마찬가지다.

그래서 정부가 바뀔 때마다, 명함을 새로 만들고, 부서 간판을 새로 만들고, 새로운 국정과제를 내려 받아, 기왕에도 하던 일을 다시 배치하는 우스꽝스러운 일을 이제는 하지 말자. 정말 제대로 된 해결을 기다리고 있는 정책 문제는 너무 많고, 이런 일에 정부가 집중해도 시간이 부족하다. 정부의 각종 행사도 담백한 연출이 과도한 분식보다 훨씬 낫다. 자칫하면 국민이 제대로 된 정부 운영 현황을 알아채지 못하게 만들 수도 때문이다.

나라 살림, 정치로부터 탈출시키자

chapter 7

국가채무, 더 늦기 전에 관리하자

    정치 이념은 정부 역할에 대한 신념에서 극명한 차이를 보이지만, 현재의 재정 상태에 대한 진단에서도 극명한 차이가 있다. 설령 정부 역할을 서로 다르게 생각한다 하더라도, 많은 사람이 현재의 재정 상태가 양호하다고 판단한다면 확장 재정을, 문제가 있다고 판단한다면 당연히 건전재정을 주장할 것이다. 따라서 현재의 재정 상태에 대한 진단만이라도 일치시킬 수 있다면, 우리는 정책적 판단의 차이를 상당 부분 해소할 수 있을 것이다.

    현재 우리 사회에서는 경제협력개발기구(OECD)의 동일한 통계를 기반으로 하면서도, 한 부류의 사람들은 좀 더 확장적인 재정정책을, 또 다른 한 부류의 사람들은 좀 더 긴

축적인 재정정책을 주문한다. 왜 이러한 인식의 차이가 나타나는가? 이 문제를 해결하지 않고서는 우리가 정치 이념의 차이를 쉽게 극복할 수가 없다. 국가재정에 대한 진단과 인식이 통일되지 않고서는 정부정책에 대한 사회적 합의를 이끌어 내기가 어렵기 때문이다. 국민적 인식을 수렴하도록 하기 위해서는 재정에 대한 진단의 차이가 무엇인지를 철저하게 분석해야 한다.

확장 재정을 지지하는 사람들의 재정에 대한 인식은 크게 세 가지가 있다. 첫째, 우리나라의 재정건전성은 경제협력개발기구(OECD) 국가들 중 최고 수준이기에 경기 부양을 위한 재정 여력이 충분하다는 것이다. 둘째, 우리나라의 국내총생산(GDP) 대비 복지 지출 비율은 경제협력개발기구 평균에 비해 약 10% 포인트 낮기에 복지 지출을 지속적으로 늘여야 한다는 것이다. 셋째, 우리나라의 국내총생산 대비 정부 규모는 경제협력개발기구 평균에 비해 상당히 낮기에 정부와 공공 부문을 적극 확대해야 한다는 것이다. 이러한 인식에 대해 확장 재정이 위험할 수 있다는 입장에서 반론의 논거들을 차례로 제기하고자 한다.

가장 먼저, 우리나라의 재정건전성은 과연 세계 최고 수준인가? 재정건전성의 국제 비교에서 최근 널리 사용되는 지표는 국내총생산(GDP) 대비 정부채무(일반정부 총채무) 비율이다. 2017년 현재 경제협력개발기구(OECD) 평균은 80.9%고 우리나라는 44.5%로서 36개 경제협력개발기구 국가들 중 아홉 번째로 양호하다(〈표〉 참조). 그런데 여기에는 우리가 간과하는 중요한 사실이 있다. 재정 여력을 뒷받침하는 것은 정부의 징세권과 발권력인데, 기축통화[1]가 아닌 국가의 발권력에는 한계가 있기 마련이다. 만약 달러화, 유로화, 파운드화, 엔화 등 기축통화 국가들을 제외한다면 경제협력개발기구 정부채무 비율의 평균은 51.9%에 불과하다. 비기축통화 국가인 스웨덴, 뉴질랜드, 멕시코 등은 우리나라와 비슷한 수준임을 명심해야 한다. 더구나 우리나라는 공기업(금융, 비금융)의 비중이 상당히 크기에 정부채무가 대략 20% 포인트 정도 더 높다고 보는 것이 타당하다.

---

1) 기축통화는 국가 간 결제의 기준이 되는 통화로서 미국 달러화가 해당되지만, 미국 중앙은행(연방준비제도)과 무제한 무기한 통화 스와프 계약을 체결하고 있는 EU 유로, 일본 엔, 영국 파운드, 스위스 프랑, 캐나다 달러 역시 기축통화의 기능을 한다.

그렇다면 우리는 국가채무를 늘이며 확장 재정에 돌입하는 것이 매우 위험할 수 있다는 판단을 할 수 있어야 한다.

국내총생산(GDP) 대비 정부채무(2017년)

비율	기축통화 국가	비기축통화 국가
130% 이상	일본(223.2), 그리스(188.7), 이탈리아(152.6), 포르투갈(145.4)	
110~130%	프랑스(124.3), 벨기에(121.9), 영국(116.9), 스페인(114.7)	
80~110%	미국(106.2), 오스트리아(94.9), 슬로베니아(88.3), 캐나다(94.2)	헝가리(91.4)
50~80%	아일랜드(77.2), 핀란드(73.3), 독일(71.5), 네덜란드(70.0), 슬로바키아(58.2)	이스라엘(73.3), 폴란드(68.2), 아이슬란드(63.9), 멕시코(51.8)[1]
50% 미만	라트비아(48.0), 리투아니아(47.8), 룩셈부르크(30.5), 에스토니아(12.6)	스웨덴(49.8), 뉴질랜드(49.5), 덴마크(48.9), **한국(44.5)**, 체코(44.0), 스위스(42.9), 노르웨이(42.8), 호주(42.6), 터키(35.2), 칠레(29.7)
평균	98.1%	51.9%

주1: 멕시코는 2016년 수치임.
출처: Data extracted on 25 Feb 2019 22:06 UTC (GMT) from OECD.Stat

이제 두 번째 의문으로서, 우리나라의 현행 복지 지출 규모는 과연 작은 것인가? 2018년 현재 국내총생산 대비 복지 지출 규모는 경제협력개발기구 평균이 21.5%인데 우리나라는 11.1%에 불과하다. 그러나 여기에도 유의해야 할 중요한 포인트가 있다. 경제협력개발기구 선진국들은 이미 1950년대부터 인구고령화를 겪으며 복지국가의 경험이 우리보다 2~3세대 앞선다. 따라서 우리는 경제협력개발기구 국가들의 현재 상황보다는 이전의 경험과 통계들을 비교하는 것이 훨씬 더 중요하다. 2018년 현재 우리나라의 노년부양비(경제활동인구 대비 노인 비율)는 19.6%인데, 경제협력개발기구 국가들이 이 비율에 도달했을 시기에 복지 지출 비율이 얼마였는지 살펴볼 필요가 있다. 북유럽 국가들은 대부분 1960년대에 이 비율에 도달했는데, 유감스럽게도 경제협력개발기구 복지 지출 통계는 1980년부터 가능하다. 부득이 이들을 제외한 나머지 경제협력개발기구 국가들을 비교하면 아래 표와 같다. 표에서 보는 바와 같이 우리나라의 복지 지출이 낮은 것은 사실이지만 대체적으로 스위스, 일본, 그리스, 포르투갈과 비슷하다.

국내총생산(GDP) 대비 복지 지출 비율(노인부양률 19.6%일 때)[1]

복지 지출 비율	국가들	
19~22%	네덜란드(1996), 아일랜드(2014), 뉴질랜드(2010)	높음
17~19%	룩셈부르크(1991), 스페인(1988), 호주(2008)	
15~17%	프랑스(1984), 캐나다(2008), 아이슬란드(2013)	평균 15.3
13~15%	영국(1980)[2]	
11~13%	스위스(1980),[2] 일본(1993), **한국(2018)**	낮음
11% 미만	그리스(1980),[2] 포르투갈(1989)	

주1: ( ) 안의 수치는 노인부양률 19.6%가 달성된 연도를 표시.
주2: 영국은 1967년, 그리스와 스위스는 1976년이지만 통계의 부재로 1980년도 수치를 표시.
출처: Data extracted on 13 Feb 2019 02:10 UTC(GMT) from OECD.Stat

복지 지출에 대해서는 이처럼 시계열적인 동학적 관점이 중요하기에, 복지정책을 수립할 때는 경제협력개발기구 국가들의 과거뿐만 아니라 우리의 미래 전망도 반드시 감안해야 한다. 우리나라는 인구고령화가 급속하게 진행돼 2060년에는 노년부양비가 82.6%로, 전 세계 그 어느 국가도 경험하지 않은 비율에 진입한다. 이에 따라 복지 지출 규모는 2060년에 29.0%로 급격히 증가한다(사회보장위원회의 사회보장 재정 추계, 2014년). 새로운 복지정책을 더 이상 도입하지 않고 인구구조 변화만을 반영하더라도, 복지 지출 비중은 2060년에 스웨덴 등 북유럽 국가들처럼 세계 최고 수준에 도달한다는 것이다. 이러한 복지 지출 증가는 필연적으로 2060년의 정부채무 비율을 약 150%대 이상으로 증가시킨다(국회예산정책처 2020년 장기 전망). 이러한 객관적 증거들을 종합한다면, 우리는 더더욱 확장 재정에 대해서는 신중한 입장을 취해야 할 것이다.

이제 세 번째 의문으로서, 우리나라는 정부와 공공 부문을 적극 확대해야 하는가? 2018년 현재 우리나라의 국내총생산 대비 정부 규모는 33.3%에 불과하여 경제협력개발기구 평균치 42.8%에 약 10% 포인트 작은 것으로 평가된다. 그런데 우리나라의 정부 규모가 작은 이유는 복지 지출의 규모가 작기 때문이다. 만약 정부 규모에서 복지 지출을 제외한다면, 2018년 현재 우리나라는 22.2%로서 경제협력개발기구 평균 21.4%보다 0.8% 포인트 더 높다(〈표〉 참조). 복지재정을 제외할 때 우리나라 정부 규모는 일본(17.0), 호주(18.5), 독일(18.8), 미국(19.1), 영국(19.4)보다 더 크다. 여기서 정부 규모는 '일반정부(general government)'로서 대부분 준정부기관을 포함하지만 공기업을 포함하지는 않는다. 우리나라는 공기업 규모 역시 상당하고 또 이들을 통해 정책사업을 다수 수행하기에 전반적으로 우리나라의 공공 부문은 더 크다고 판단해야 한다.

국내총생산(GDP) 대비 비(非)복지 재정 규모(2018년)[1]

비복지 지출 비율	국가들
25~28%	헝가리(27.2)
23~25%	프랑스(25.0), 네덜란드(25.0), 아이슬란드(24.8), 핀란드(24.0), 노르웨이(23.6), 덴마크(23.5), 이스라엘(23.5), 그리스(23.1), 캐나다(23.0)
21~23%	스웨덴(22.9), 슬로바키아(22.8), 벨기에(22.7), 뉴질랜드(22.6), **한국(22.2)**, 포르투갈(21.8), 슬로베니아(21.5), 오스트리아(21.4), 에스토니아(21.4), 라트비아(21.4)
19~21%	이탈리아(20.9), 체코(20.6), 룩셈부르크(20.4), 폴란드(20.3), 영국(19.4), 미국(19.1)
17~19%	독일(18.8), 호주(18.5), 스위스(17.6), 스페인(17.5), 일본(17.0)
17% 미만	아일랜드(11.7)
평균	21.4

평균 21.0 ↑높음 ↓낮음

주1: 호주는 2016년, 캐나다는 2017년, 이스라엘은 2017년, 일본은 2015년 수치임.
출처: Data extracted on 13 Feb 2019 02:10 UTC(GMT) from OECD.Stat

지금까지 우리는 경제협력개발기구(OECD) 통계를 단순 비교하며 세 가지 의문을 분석했다. 복잡한 학술 분석은 더 복잡한 논의를 불러일으키겠지만, 통계 비교라는 단순한 분석의 결론에서 크게 벗어나지 않을 것이다. 국가재정에 대한 진단은 우리의 미래 운명을 좌우하기 때문에 반드시 진영을 불문하고 우리 모두가 공동의 인식을 바탕으로 해야 한다. 재정위기를 슬기롭게 극복한 경제협력개발기구 국가들의 오랜 경험에서 볼 때, 국민의 신뢰를 얻을 수 있는 정치 중립적이고도 전문적인 공론의 장이 재정건전성의 유지에 대단히 중요하다.

그리고 국가재정의 진실을 직시하기 위해서는 국제 기준에 부합하는 객관적인 재정 통계의 생산이 매우 중요하다. 경제협력개발기구 국가들과의 재정 통계를 비교하기 위해서는 각종 개념과 분류 체계에 대한 국제 기준을 반드시 준수해야 한다. 특히 '일반정부'와 비금융공기업 그리고 금융공기업의 분류뿐만 아니라 다양한 특수법인들을 국제적인 통계 기준에 부합하도록 꾸준히 개편해야 한다. 이러한 부문 분류 외에도 공무원과 군인연금의 충당금은 정부채무에 포함시킬 것인지, 한국은행의 통화안정증권을 국채로 간주할 것인지, 공기업들이 정권의 요구에 따라 무리하게 수행하는 정책사업의 채무를 정부채무에 포함시킬 것인지 등 많은 이슈에서 국제 기준 준수의 문제가 나타나고 있다. 국제 기준을 준수하지 않는 재정 통계로는 재정 상태에 대해 올바른 진단이 내려질 수 없고 또 정치 이념의 차이를 극복하기도 힘들 것이다.

재정준칙, 재정 독립의 해결책

2019년 5월 국가재정전략회의에서 문재인 대통령은 '국내총생산(GDP) 대비 국가채무 비율 40%' 기준의 근거를 질문했다. 질문은 과학적 근거를 묻는 것이었지만 반응은 정치적 논란으로 비화됐다. 민주당은 40% 기준의 근거가 없기에 국가채무를 늘여서라도 경기를 부양해야 한다고 주장했다. 경제부총리도 여기에 부응하며 국가채무 비율을 2020년에 40%, 2022년에 45%까지 확대하겠다고 천명했다. 반면 야당인 한국당은 문재인 대통령이 야당 시절에 주장했던 기준에 따라 국가채무 비율을 40%로 제한해야 한다고 주장했다. 국가채무 비율에 대한 여야의 이러한 정치적 대립은 매년 예산안이 국회를 통과할 때까지 뜨겁게 달아오를 전망이다.

사실 우리나라는 지금까지 재정적자, 국가채무 등 정부가 의무적으로 준수해야 하는 총량적 재정준칙도 없이 그때그때 재정을 운영해 왔다. 물론 국가재정법 제18조에서는 수지 균형의 준칙을 천명하고 있지만 이 규정이 사문화된 것은 이미 오래전의 일이다. 1997년 외환위기 이후 기획재정부는 단 한 해도 거르지 않고 매년 경기 부양의 필요성을 지적하며 재정의 역할과 조기 집행을 앵무새처럼 반복하고 있다. 재정적자와 국가채무를 제한하는 재정준칙이 확립돼야 한다는 주장이 학계와 전문가들 사이에서 줄곧 제기됐으나 정치권의 반향은 지금까지 냉랭하기만 했다.

기획재정부가 재정준칙의 필요성을 인정하기 시작한 것은 2015년 12월 우리나라의 장기재정 전망 결과를 확인한 이후다. 2012년부터 국회예산정책처는 2060년까지의 장기재정 전망을 발표하며 우리나라 재정의 지속가능성에 의문을 제기했는데, 마침내 기획재정부도 이 지적에 동의한 것이다. 이러한 인식에 따라 2016년 10월 기획재정부는 「재정건전화법」을 발의했는데, 여기서 국가채무 45%, 재정수지 −3%의 재정준칙을 제안했다. 같은 해 12월 민주당의 일부 의원들도 대체법안을 발의했는데, 신규 국가채무를 전년도 국내총생산 대비 0.35%로 제한하는 준칙을 제시했다. 이 두 법안은 2017년 대통령 선거 속에서 흐지부지되고 말았다.

재정건전화법이 표류한 지 3년 만인 2020년 10월 기획재정부는 5년 만의 장기재정 전망에서 또다시 암울한 전망을 확인하자 국가재정법 개정안을 발의하며 재정준칙을 제안했다. 보도자료에서 기획재정부는 "전 세계 92개국이 재정준칙을 운용하고 있고, 선진국 중 한국, 터키만 재정준칙 도입 경험이 없어 도입 필요성"이 있다며 우리의 치욕적인 현실을 그대로 고백했다. 전쟁, 대규모 재해, 글로벌 경제 위기 등에서는 재정준칙의 한도 적용을 면제할 것이기에 코로나19의 현 위기에서는 재정준칙이 재정 운용을 제약하지 않을 것이다. 그런데 기획재정부는 재정적자와 국가채무의 한도를 각각 설정하는 보편적인 재정준칙 대신에 특이한 공식을 제시했고, 또 그 구체적 한도를 시행령에 위임하도록 함으로써 실효성이 전혀 없다는 전문가들의 비판에 직면했다.

사실 문재인 대통령이 2019년 5월에 질문한 국가채무 비율의 근거는 오직 재정준칙이라는 규범을 통해서만 설명될 수 있다. 지금까지 유명무실했고 또 암묵적으로만 인정됐던 국가채무 비율의 기준을 재정준칙의 형태로 분명하고도 명확하게 확립하는 것은 매우 중요하다. 재정준칙은 법적으로 규정되지만 이를 위배했을 때 대통령과 정치인들의 법적 책임을 추궁하기란 사실상 불가능하다. 그러나 비록 법적 책임은 아니더라도 정치인들에게 정치적 책임을 추궁하는 것은 선거에 상당한 영향을 끼칠 수 있기 때문에 나름대로 실효성을 가질 수 있다.

재정준칙은 정치인들이 재정 포퓰리즘의 유혹을 벗어날 수 있도록 재정총량의 기준을 사전에 합의해 정치적 책임을 추궁할 수 있도록 하는 것이다. 만약 재정준칙이 없다면 정치인들은 정부 지출을 충당하고자 국가채무에 전적으로 의존하게 될 것이다. 정부 지출을 충당하는 방법으로는 조세, 지출 구조조정, 그리고 국가채무의 세 가지 방법이 있다. 그런데 조세는 누군가의 현재 소득을 감소시키고, 지출 조정은 누군가의 현재 혜택을 줄이는 것이기에 현재 세대가 그 재원을 부담한다. 반면 국가채무는 현재 세대가 아무런 부담도 하지 않고 지출의 혜택만을 누리도록 하기에 정치인들에게는 '신의 한 수'인 것이다.

더구나 최근에는 현대통화이론(MMT)이라는 경이로운 이설이 등장하며 재정준칙이 더욱더 중요해졌다. 이는 통화를 발행해 정부 지출에 충당하자는 것으로서 확장 재정을 열망하는 일부 정치인들이 열광하고 있다. 통화 남발의 가장 큰 장애는 인플레이션인데, 인플레이션만 발생하지 않는다면 통화 증발이 최고의 재원이라는 것이다. 전 세계가 하나의 경제로 통합되고 기술 진보가 급격히 이뤄지는 상황에서, 평균 물가로 표현되는 인플레이션 위험이 줄어든 것은 사실이다. 그러나 이 이론은 통화 증발 여지가 국가마다 다르다는 사실을 무시한 우리나라와 같은 소규모 개방경제에 매우 위험한 이론이다. 부동산과 주식시장의 버블, 외환시장 불안정이 우려되는 우리나라에서는 그 위험성이 더욱 높은 것이다. 자칫하면 베네수엘라와 같은 상황에 빠질 수 있기 때문이다.[2]

현대통화이론은 미국, 유럽연합, 일본, 영국 등 기축통화 지위를 누리는 국가에서는 부분적으로 타당하다. 그러나 이들도 무분별한 통화 증발에 나설 경우 기축통화의 지위를 잃을 수 있다. 설령 현대통화이론이 성립한다고 하더라도 국가채무가 미래 세대의 부담이라는 사실이 변화하는 것은 아니다. 세계적 전염병, 자연재해, 글로벌 금융 위기, 전쟁 등 정부 지출이 불가피한 국가적 위기는 앞으로 언제든 나타날 수 있기 때문이다. 국가채무 증가는 미래 세대의 재정정책 여지를 축소하는 것으로 미래 세대를 약탈하는 것이다. 미래 세대의 정책적 재량을 위해서는 그린벨트처럼 그 여지를 남겨야 한다.

지금 우리나라는 전 세계에 유례가 없는 고령화로 복지 지출과 국가채무 급증이라는 쓰나미를 앞두고 있다. 그런데도 국가채무 증가에 방심하는 것은 파도타기 쾌락을 위해 쓰나미로 돌진하는 무모함과 같다. 지금 우리는 일본의 전철을 밟지 않도록 'K-재정'이라는 모범적 재정 운영을 고민할 때다. 국가재정에서는 '공유지의 비극'[3]이 극명하게 나타나기에, 우리 모두가 공동체를 지킬 수 있는 재정준칙을 합의할 때 비로소 대한민국도 보존될 수 있다. 이러한 재정준칙의 설정에서는 다음 네 가지 사항을 유의해야 한다.

첫째, 재정준칙은 재정의 중장기적 지속가능성을 보장할 수 있어야 한다. 적어도 2060년에 달성해야 할 국가채무 비율의 장기적 목표를 설정하고, 이를 달성하기 위해 최소 10년 단위의 중기적인 목표를 제시해야 한다. 물론 여기서는 우리의 경제 상황과 재정에 대한 종합진단을 필요로 한다. 국가채무 비율의 적정 수준은 정부의 발권력, 징세력 그리고 재정관리 역량에 결정적으로 좌우되기 때문이다. 그러나 섬세한 이론적 접근이 정책적 판단을 대신할 수는 없기에 경험적 규칙을 중시할 수밖에 없다. 특히 복지

---

2) 현대통화이론에 대해서는 저명한 경제학자인 로고프(Kenneth Rogoff), 맨큐(Gregory Mankiw)를 중심으로 미국의 주류경제학계에서 상당한 반론과 비판이 이어지고 있다.

3) 공동의 목초지에서는 주민들이 자신의 가축을 더 살찌우고자 경쟁적으로 방목한다. 그 결과 목초지가 황폐화돼 모두가 파멸한다. 모든 국민이 조성하고 모든 국민이 혜택을 얻는 국가재정 역시 공유자원이기에 이러한 현상이 불가피하게 나타난다.

국가의 대명사로 불리는 북유럽 노르딕 국가들의 정부채무 비율이 45~50% 이내에 있음을 유념해야 한다.

둘째, 매 정권의 재정 성과를 정기적으로 평가함으로써 정치인들의 재정준칙 준수를 독려해야 한다. 그 어떤 정부도 예외 없이 경기 부양과 국가채무 증가의 유혹을 받는다. 정치인과 정당들의 건전하지 않은 정책과 공약사업에 대해 객관적인 검증이 지속적으로 이뤄질 때 이들이 선거 과정에서 불이익을 받을 수 있다. 재정 운용의 문제점을 정책 토론의 장으로 끌어낼 수 있도록 다양한 재정분석과 권고를 적극적으로 제기하는 시스템을 구축해야 한다. 정권별로 국가채무 비율, 공기업 부채, 연금 채무와 충당금의 변화, 의무지출과 경직성 경비의 비율 등 재정 전망에 영향을 주는 모든 사항이 낱낱이 밝혀질 수 있어야 한다.

셋째, 재정준칙의 준수 여부를 감시하는 정치 중립적 기구(특히 위원회)가 반드시 존재해야 한다. 현재 우리나라에서는 국회예산정책처(NABO)가 가장 유력한 대안이 될 수 있지만 정치적 중립성과 전문성을 획기적으로 강화한다는 전제하에서만 가능하다. "NABO는 국회의장이 대표하는 정치적 견해에 좌우되기에 정치적 독립성이 보장되지 않는다"는 2016년 경제협력개발기구(OECD) 보고서의 NABO 평가에 주목해야 한다. NABO 운영을 처장에 의한 독임제 대신 금융통화위원회와 같은 위원회 제도로 바꾸고, 위원들의 임기가 4~6년 또는 그 이상이 되도록 해야 한다. 위원회와 NABO의 관계도 금융통화위원회와 한국은행처럼 규정하되, NABO는 한국은행과 달리 연구와 보고 기능에만 주력해야 할 것이다.

넷째, 재정준칙의 확립, 경제 위기에 대한 예외 인정 등 이들 모두에 대해 여야의 만장일치 또는 최소한 2/3 이상의 동의를 얻어내야 한다. 왜냐하면 이러한 의결 요건이 지켜질 때 비로소 다음 정부에서도 이를 파기할 명분이 사라지기 때문이다. 대의민주주의는 본질적으로 재정 포퓰리즘과 정부 팽창을 유발한다. 선거 과정에서 선거구민들은 다양한 요구를 경쟁적으로 제시하고, 정치인들은 당선 욕구로 기회주의적 재정 운용의 유혹을 받을 수밖에 없다. 우리는 정치인들의 합리적 욕구를 즉흥적 여론이 아니라 합리적 제도로 막아 내야 한다.

예비타당성조사 면제를 없애자

예비타당성조사(이하, 예타)는 우리나라에서 전문성이 정치적 판단을 제압하는 정말 몇 안 되는 제도 중 하나다. 1999년 제도 도입 이후 지금까지 정치권은 수많은 공공사업을 요구했지만 그중 절반은 예타에서 탈락했다. 정치인들에게 예타는 자신의 앞길을 방해하는 '눈엣가시'처럼 불편하고 성가신 존재였다. 심지어 대통령조차 자신의 제1호 공약 사업인 이명박 대통령의 4대강 사업이 관문을 통과하지 못할까 전전긍긍 우회로를 찾을 정도로 예타의 위력은 정말 대단했다.

예타의 위력은 도대체 어디에서 나오는가? 비용편익(BC) 분석으로 불리는 경제성 분석의 과학적 객관성에 있다. 국민 세금 1원을 투입할 때 최소한 1원 이상의 사회적 편익은 창출돼야 한다는 이 간단한 논리가 갖는 설득력 때문이다. 국민의 혈세를 한 푼이라도 아껴 써야 한다는 국민적 공감대가 곧 예타의 위력이다. 누가 감히 0.3원의 사회적 편익을 위해 1원을 투입해야 한다고 말할 수 있겠는가!

그러면 사회적 편익(B)은 예타에서 어떻게 판단하는가? 정부의 정책 목표는 다양하고 모호한데, 어떻게 BC분석은 편익을 단 하나의 수치로 표현하는가? 여기에는 경제학자들의 오랜 고민이 반영돼 있다. 사회적 편익은 개인의 행복, 개인의 만족, 개인의 효용에 기반해야 하며, 그 어떤 전체주의적 가치도 인정하지 않아야 한다는 것이다. 개인들은 사회적 가치를 판단할 때 이념과 진영으로 나뉘지만, 자신의 행복을 판단하는 일에는 명확한 기준을 가지고 있다. 그래서 예타는 개인들이 공공사업에 대해 인정하는(또는 지불하고자 하는) 개인적 가치의 총합으로 사회적 편익을 산정한다.

결국 예타의 위력은 사회적 가치의 판단 기준과 그에 따른 계량적 수치의 객관적 설득력에서 나타난다. 수치 산정에서는 그 누구도 압력을 가할 수 없다. 오직 경제적 생산성과 효율성의 논리만이 작동할 뿐이다. 우리 국민 모두가 자발적으로 참여해 결정한 수치(시장가격)를 기준으로 사회적 편익이 결정된다. 대통령도, 국회의원도, 장차관도, 시도지사도, 재벌 회장도 이 수치의 결정에서 오직 5천만의 일원으로만 참여한다. 설령 시장

가격이 존재하지 않는 사회적 가치(예컨대, 안전과 환경)가 있다 하더라도 어떻게든 시장 가격으로부터 합리적이고도 과학적인 방법으로 그 가치를 추정하려고 한다.

그런데 유감스럽게도 이와 같은 평가에서 소득 분배 효과는 전혀 반영되지 않는다. 가난한 사람들이 1원의 비용을 부담하고 부자들이 1.5원의 수익을 얻는 공공사업도 채택해야 한다는 것이 경제성의 논리다. 이는 정말 괴롭고 안타까운 일이다. 경제학자들은 이 안타까움을 두 가지 측면에서 해명하고 있다.

첫째, 공공사업은 특정 집단에 유리하도록 의도적으로 설계되지 않아야 한다. 공공사업들이 무차별적인 보편성의 원리에 따라 제안 선택된다면 '공공사업들 패키지' 자체는 부자와 빈자 모두에게 공평한 이익을 줄 것이다. 둘째, 정부는 공공사업과 별도로 소득 재분배 정책을 실시함으로써 이 문제를 벗어날 수 있다. 현실적으로 공공사업의 소득 분배 효과를 객관적으로 평가해 내기란 거의 불가능하다. 이러한 사정을 감안해서 예타를 비롯한 일반적인 경제산업 정책에서는 소득 분배를 무시하고 대신에 별도의 소득재분배 정책을 시행해 이 결점을 보완하자는 것이다. 불가능한 이상(理想)에 치우쳐 현실의 문제 해결을 복잡하게 하며 세월을 허송하는 것은 현명한 태도가 아닐 것이다.

우리보다 앞선 경험을 가진 대부분의 경제협력개발기구(OECD) 선진국들은 경제학자들의 이러한 견해에 동의하고 있다. 따라서 그들은 소득 분배를 목표로 하는 정책사업이 아닌 한, 비용편익분석이라는 경제성을 위주로 공공사업을 선택한다. 수많은 시행착오 속에서, 그들은 소득 분배와 경제성의 목표를 구분한 후 정책별로 역할을 분담시키는 것이 훨씬 더 효과적임을 깨달았기 때문이다. 그럼에도 우리나라는 예타에서 경제성 평가를 50%에 한정하고, 그 나머지 50%는 정책적 평가(25%)와 지역균형 발전 효과(25%)에 부여하고 있다. 특히 지역균형 발전 효과에서는 지역낙후도 지수를 활용해 낙후된 지역에 돌아가는 편익에 높은 가중치를 부여하며 소득 분배를 나름 감안하고 있다. 또한 계량적 분석의 한계를 극복하고자 종합평가법(analytical hierarchy process)을 도입하는 등 합리적 절차를 마련했다.

이처럼 멋진 우리나라의 예타 제도가 이명박 정부의 4대강 사업에서 큰 위기에 봉착했다. 2007년 말 대선이 끝나며 정부는 개별 사업의 비용편익에 대한 치열한 과학적 논쟁보다 예타를 벗어나는 편법을 강구했다. 예타 면제의 대상 사업을 열 가지로 확대하며 상식적으로 이해하기 어려운 두 가지 사업 유형을 추가했다. 하나는 타당성 평가가 반드시 필요한 '재해 예방'을 여기에 포함시켜 4대강 사업을 예타 면제의 대상으로 확정했다. 또 다른 하나는 '지역균형 발전'을 면제 대상에 포함시켜 지역 민원사업에 대한 고삐를 풀어버린 것이다.

정부의 의무적인 사업과 긴박하고 시급한 사업에 대해서는 예타를 실시할 실익이 사실상 없다. 또 사업의 편익을 정형화해서 계량화하기 어려운 연구개발(R&D) 사업에서도 비용편익분석을 적용할 여지는 상당히 좁다. 그렇지만 예타를 면제한 이 두 가지 사업 유형은 의무적이지도 시급하지도 않았고 또 계량화가 어려운 사업도 아니었다. 특히 지역균형 발전의 효과는 예타 제도에서 이미 감안하고 있음에도 불구하고 예타 면제를 감행한 것은 오직 경제성을 무시하기 위한 포퓰리즘적 전략이었을 뿐이다. 2009년 이명박 정부는 국토균형 발전을 명분으로 56조 원에 달하는 '광역경제권 발전 30대 선도 프로젝트'를 일괄적으로 예타 면제했던 것이다.

2009년으로부터 또다시 10년이 흐른 2019년, 이명박 정부의 예타 면제를 그렇게 극렬하게 비판하던 문재인 대통령은 또다시 대규모의 예타 면제를 감행했다. 2019년에 25조 원에 달하는 대규모 SOC사업들을 국토균형 발전을 명분으로 예타 면제했고, 2020년에는 2021년 4월의 국회의원 보궐선거를 앞두고 약 25조 원에 달하는 3개 신공항사업(부산의 가덕도 신공항, 광주공항, 대구 신공항)의 예타 면제를 추진하고 있다. 그렇게 비판하던 적폐 정책들을 똑같이 반복하고 있으니 정치란 결국 자신들의 권력 쟁취 수단일 뿐이라는 사실을 새삼 깨닫게 된다.

지역 민원사업들은 보편적인 전국적 타당성이 부족하기에 비용편익(BC) 비율이 높게 나올 리 없다. 개별적으로 추진할 때 나타나는 정치적 논란을 피하고자 전국의 모든 민원사업을 패키지로 묶어 발표함으로써 국민들이 각자의 민원 해결에 취하도록 만든다. 지역에 돌아갈 편익 0.3원을 위해 국가가 1원을 부담하는 것은 지역민들 입장에서 환상적인 일이다. 더구나 A지역의 정치인과 B지역의 정치인이 투표 거래를 통해 서로의 공공사업을 밀어주기로 한다면 A, B의 지역민 모두가 혜택을 누린다. 그 어떤 정치인도 이러한 투표 거래가 국가재정이라는 공유지를 황폐화시킨다는 사실을 말하지 않는다.

사실 국토균형 발전이라는 정책적 목표는 구체적으로 무엇인지 명확하지도 않다. 전국의 지가와 지가상승률을 모두 동일하게 하는 것인가? 모든 주민들이 10km 이내에 수영장을 갈 수 있도록 하는 것인가? 모든 주민이 통근 시간 1시간 이내에서 연봉 4천만 원의 일자리를 구할 수 있도록 하는 것인가? 지역적 차이를 없애는 것은 불가능한 이상 **(理想)**일 뿐이다. 오히려 주민들에게 지역별로 차등적인 복지 혜택을 – 최근 논의되는 농민 수당의 형태도 검토할 수 있다– 제공하고, 그들이 거주 이전의 자유를 실질적으로 누리도록 하는 것이 진정한 균형이 아닐까? 더구나 집적 효과를 극대화한 도시의 경쟁력이 국가경쟁력을 좌우한다는 주장이 상당한 설득력을 갖고 있지 않은가?

균형 발전을 이유로 하는 예타 면제는 지역의 민원 해결이라는 것을 실토해야 한다. 그러나 이러한 차별적인 민원 해결은 결국 국가 전체에 또 국민 전체에 돌이킬 수 없는 보편적인 해악을 끼친다. 너무도 잘 알려진 '공유지의 비극'처럼 우리 모두가 언젠가는 공멸하는 길이다. 민주주의 정치에서 이러한 포퓰리즘을 극복하는 일은 매우 어려운 일이지만, 우리가 민주주의를 지켜 내기 위해서는 반드시 넘어야 할 산이다.

예타가 무력화되면 정치적 포퓰리즘은 더욱 기승을 부린다. 나에게 이익을 준다 하더라도 국가 전체에 해를 끼치는 정책에는 우리 모두가 냉정해져야 한다. 예타의 경제성 분석은 포퓰리즘에 대한 정확한 처방이다. 그런데도 우리는 민원이라는 이유로 예타 면제를 반기고만 있을 것인가? 1980년대 각종 선거에서 우리 국민들은 '먹고도 안 찍는 민주 배짱'으로 정치인들의 표 매수에 저항하며 민주화를 이룩했다. 정치인들이 지금 생각하는 것처럼, 과연 우리 국민들에게서 이러한 기개는 모두 사라진 것일까?

조세 정의, 편익 원칙으로 바로 세우자

    1217년 대헌장(Magna Carta)에서 시작한 근대 민주주의는 국왕의 세금 전횡을 막겠다는 저항에서 시작했다. 당시에는 국왕의 지대 수입으로 재정 수입이 상당했기에 의회는 지출의 내용을 결정하는 것보다 세금의 한도 설정에 관심을 뒀다. 이후 상공업의 발전으로 봉건제가 해체되며 봉토 부담금에 의존하던 국왕의 수입은 크게 줄어들었다. 국왕은 그 수입을 보전하고자 다양한 조세를 부과했지만 국왕의 수입은 여전히 불안정했다. 1760년 영국의 국왕이 조세 수입을 포기하고 의회로부터 일정한 출연금을 받기 시작하면서, 국왕의 경비와 국가의 경비가 분리됐다. 이때부터 의회는 지출의 용도와 내용에 관심을 가지기 시작하면서 1787년에 모든 수입과 지출을 통합하는 일반회계(consolidated fund)가 등장했다.

    이러한 시기에 애덤 스미스(Adam Smith)는 1776년의 『국부론』에서 조세 부담의 원칙을 분석했다. 당시에는 특정 수입재원이 특정 용도의 지출로 사용되는 목적세 형태의 용도 지정(earmarking)이 많이 활용되고 있었다. 이러한 시대적 상황에 따라 그는 공공 서비스 편익을 수령하는 사람들이 당해 공공 서비스의 재원을 부담해야 한다는 편익 원칙(benefit principle)으로서 조세를 주장했다. 편익 기준으로 충분한 재원을 확보하지 못할 때에만 지불 능력(ability-to-pay)에 따라 조세를 부과해야 한다고 설명했다.

    "한 국가의 국민이라면 마땅히 가능한 한 각자의 능력에 비례해서, 즉 국가의 보호하에 각자가 획득하는 수입의 크기에 비례해서, 정부를 유지하기 위한 기여를 해야 한다. 큰 나라의 정부 지출과 국민 개인들 사이의 관계는 대토지 관리비용과 공동임차인들 사이의 관계와 같은데, 임차인 각자는 그 토지로부터 얻는 이익에 비례해서 관리비를 부담해야 한다. 이른바 과세의 공평 또는 불공평은 이 원칙의 준수 여하에 달려 있다."[4]

---

4) Smith, A. (1776), *The Wealth of Nations*, 한국어 번역본, 김수행, 『국부론』, 2007, p.1017.

그러나 이후 고전파 경제학자들은 예산 지출을 정치의 영역으로 간주하고 조세에 대해서만 경제학적 접근을 시도했다. 존 스튜어트 밀(John Stuart Mill)로 대표되는 공리주의 학자들은 공공지출과 독립적으로 조세 부과의 원리를 모색했다. 조세 부과는 사회의 총희생을 최소화해야 하는데, 한계효용 체감의 법칙을 감안하며 사람들에게 동등한 희생을 요구해야 한다고 주장했다. 이는 곧 소득이 많은 부자들이 더 많은 세금을 납부해야 하고, 더 나아가 한계효용 체감의 법칙에 따라 누진소득세가 적합하다고 생각했다. 이들은 조세 부과의 원리로서 편익 원칙을 무시하고 지불 능력 원칙만을 강조했다.

1870년대 한계혁명으로 불리는 가치론이 발전하면서 조세 부과에 대한 인식은 또 한 번 변화했다. 한계혁명에 따르면, 상품의 가치는 수요와 공급으로 결정되는 한계가치로 이해할 수 있으며, 또 수많은 시장의 가격 체계는 수많은 수요와 공급의 일반균형을 달성한다. 근대경제학의 시작으로 불리는 이 한계혁명은 일반균형이라는 전체 경제의 시각에서 조세를 분석해야 하므로 조세 부과-재정지출을 함께 검토할 것을 요구했다. 조세는 민간 부문에서 정부 부문으로 자원을 이전하는 것이기에, 조세로 조성된 자금을 활용한 재정 지출은 민간 부문에서의 지출 이상으로 가치를 보여야 전체 경제의 발전이 이뤄진다.

이러한 관점에서 1896년 스웨덴의 경제학자 크누트 빅셀(Knut Wicksell)은 조세의 편익 원칙을 복원했다. 정부가 개인들에게 부과하는 강제적인 부담금은 당해 공공 서비스의 편익을 누리는 자에게 그 편익에 비례해 부과할 때 일반균형 경제의 효율성을 제고하는 것이다. 그는 의회의 예산 과정에서 편익 원칙으로서의 목적세 또는 용도 지정(earmarking) 조세를 어떻게 구현할 것인지 고민했다. 그는 편익 원칙이 조세-지출의 관계를 종합적으로 감안할 뿐만 아니라 근대적인 민주주의 정신을 반영한다고도 주장했다. 민주주의 사회는 개인의 자유에 기반해야 하는데, 개인이 원하지 않는 공공 서비스에 대해 정부가 기여금을 강제하는 것은 공정하지 않다고 생각한 것이다.

빅셀의 주장은 정치 과정을 경제학적으로 분석하지 않았던 1960년대까지는 그다지 주목받지 못했다. 시장은 사적 교환의 과정이고 국가는 공적 교환을 위한 실체라는 이분법적 사고가 당시에 지배했던 것이다. 이기심이 지배하는 사적 교환과 달리, 공적 교환을 지배하는 국가의 의지는 공익(또는 사회후생)을 극대화하는 것이어야 한다고 인식했다. 정치 과정을 통해 공익을 추구함으로써 시장의 이기심을 적극적으로 교정해야 한다는 인식이 1960년대까지는 주류를 형성했다.

제임스 뷰캐넌(James Buchanan), 고든 털럭(Gordon Tullock) 등 공공선택론(public choice) 학자들은 당시까지의 이러한 인식을 정면 거부했다. 공익을 추구하는 국가라는 유기체적 실체를 거부하고 오직 개인들이 존재해 암묵적인 사회계약으로 국가를 형성한다고 보는 것이다. 개인들은 자기이익(self-interest)을 추구하기 위해 어떤 때는 시장을 또 다른 어떤 때는 정부를 활용한다. 여기서 자기이익은 성취 욕구 등을 포괄하는 개념으로서 개인의 이기심과 이타심을 모두 망라한다. 결국 이기심을 추구하는 시장과 공익을 추구하는 국가라는 이분법적 사고가 환상에 불과하다고 주장했다.

그렇다면 정치행위와 행정행위로 구성되는 정부는 어떻게 운영되고 있는가? 정부를 운영하는 정치인과 관료들 역시 자기이익의 동기에 따라 기득권을 추구하는 개인에 불과하다. 그리고 시장과 정부가 모두 자기이익으로 움직인다면 편익 원칙이 민주주의의 보편적 원리에 더 부합할 것이다. 편익 원칙하에서 개인들은 자신이 원하는 공공 서비스를 제공받을 수 있고, 또 그 재원의 개인간 분배도 편익의 규모에 따라 공정하게 이뤄지기 때문이다.

정부재정의 재원을 조성할 때 편익 원칙이 이렇게 소중함에도 불구하고 우리나라에서는 부자가 세금을 더 많이 부담해야 한다는 목소리만 크게 들린다. 지불 능력에 따라 세금을 부담하는 것만이 공정하고 공평하다는 것이다. 그러나 우리가 그 역사와 현실을 좀 더 깊게 생각해 본다면 재원 조성의 편익 원칙이 훨씬 더 공정하게 느껴질 수 있다. 자원 배분의 효율성과 소득 분배의 공평성을 이분화(dichotomy)하는 접근이 보편적 수용성을 높일 수 있다는 경제학적 접근을 받아들인다면, 소득 분배 정책의 재원에 대해서만 지불 능력 원칙을 적용하는 것이 타당할지도 모른다.

물론 편익 원칙의 이론적 타당성에도 불구하고 이의 현실적 구현에는 많은 어려움이 따른다. 공공지출의 유형에 따라서는 그 대가를 직접 대응해 부과할 수 없는 경우도 많고, 또 공공 서비스의 혜택과 비례하는 형태로 조세 또는 부담금을 설계하는 것이 매우 어렵기 때문이다. 이러한 현실적 어려움에도 불구하고 우리는 조세의 부과 원칙으로서 편익 원칙이 훨씬 더 오래된 조세 정의의 이론적 원리라는 사실을 염두에 둘 필요가 있다. 그럼으로써 우리는 부자에게 세금을 부과하는 것만이 정당하다는 편파적 인식에서 벗어날 수 있다. 또한 특정한 지출을 증액하고자 할 때 '어디서 재원을 확보할 것인가' 또는 '어떤 지출을 감액해야 할 것인가?'라는 페이고(pay-go) 원칙도 편익 원칙을 존중할 때 좀 더 수월하게 수용될 수 있을 것이다.

나랏돈 쓰임새를 구조조정하라

자원 배분의 효율성으로 표현되는 '경제 성장'은 거의 모든 사람이 합의하는 사회적 목표로서 분명하고도 실증적인 접근이 가능하다. 반면 개인들 사이의 '소득 분배' 형평성에 대해서는 그 정의조차 사람들마다 서로 달라 객관적 접근이 매우 어렵다. 과학적 접근이 가능한 '경제 성장'과 전혀 그렇지 못한 '소득 분배'를 조금이라도 혼합한다면, 그 혼합된 기준 역시 개인들마다 서로 달라서 만장일치에 가까운 합의를 도출해 내기가 사실상 불가능하다. 사회적 합의가 비교적 용이한 경제 성장을 그렇지 못한 소득 분배와 분리할 때, 우리는 소득 분배의 형평성에 대한 개인별 인식의 차이도 더욱 명확하게 드러날 수 있다. 따라서 경제정책은 사회가 추구해야 할 궁극적 목표를 '경제 성장'과 '소득 분배'로 양분하고 있는 것이다(또 다른 정책 목표로서의 '경기 대응'은 단기적인 성격을 가진다).

이는 마치 정치철학에서 사회 정의를 응보적(retributive) 정의와 분배적(distributive) 정의로 구분하는 것과 유사하다. '응보적 정의'는 좋은 일을 한 사람에게 마땅한 보상을 주는 것으로서 경제 성장을 중시하는 경제정책을 정당화할 수 있다. 반면 분배적 정의는 사람들에게 각자의 마땅한 몫을 나눠 주는 것이기에 소득 분배의 경제정책을 의미한다.

따라서 경제정책의 목표를 자원 배분의 효율성과 소득 분배의 형평성으로 양분하는 것은 사회 정의를 추구하는 기본 원리와도 일맥상통하는 것이다.

경제정책의 목표를 양분하는 접근은 당연히 정책 수단의 선택에도 많은 영향을 줬다. 1960~70년대 서구 선진국들에서 복지 지출이 증가하며 소득 분배 기능이 강화되자 경제 성장 정책의 필요성이 보완적으로 제기됐다. 재정 지출의 구조조정과 각종 규제개혁을 통해 시장 메커니즘을 강화하는 노력들이 1980년대부터 적극 추진됐던 것이다. 선진국들은 복지 지출 증가를 용인하면서 다른 한편으로 정부재정과 산업정책에서 소득 분배적 요소들을 과감하게 도려내기 시작했다. 소득 분배와 경제 성장이라는 정책 목표는 가급적 분리돼 있어야 하고, 또 하나의 정책 수단에 여러 정책 목표가 혼재돼 있다면 최적의 정책 조합을 이끌어 낼 수 없다는 신념이 반영된 것이다.

이러한 신념은 정부의 개인에 대한 보호가 시장과 산업에 대한 규제와 간섭이 아니라 복지정책이라는 직접적 수단에 의해 이뤄져야 한다는 인식을 형성하기도 했다. 어떤 나라든지 자본주의 발전 초기에는 정부가 특정한 산업과 기업을 육성하고 또 특정한 직종과 지역을 보호하는 선별적 정책을 취한다. 그러나 사회 전반에 시장 기능이 충분히 완성되고 수용된다면 정부는 특정 부문에 대한 선별적 정책이 아니라 개인들을 직접적이고도 보편적으로 보호하는 정책으로 점차 전환한다. 최근의 기본소득 논의도 이러한 배경에서 등장한 것이다.[5] 따라서 복지정책은 개인의 자기책임성을 강화하고 개방과 경쟁을 통한 구조조정을 적극 수용할 수 있도록 만드는 일종의 보험사업인 것이다.

북유럽 노르딕 국가(스웨덴, 덴마크, 노르웨이, 핀란드 등)를 비롯해 서구의 복지국가들도 초기에는 복지정책의 목표를 완전고용과 소득 분배 개선에 두고 경제 성장을 위한 구조조정에 큰 관심을 두지 않았다. 오히려 당시에는 개인들이 완전고용과 소득재분배를 위한 적대적인 투쟁에 주력했다. 그러나 여러 번의 경제 위기 속에서 적대적 투쟁이 공동체 전체의 파멸을 가져온다는 인식을 하게 되면서 복지정책에 대해 좀 더 세련된 원칙과

---

[5] 유감스럽게도 우리나라에서는 기본소득의 지급에 대해서만 보편성이 강조되고 그 재원 역시 보편적으로 조성돼야 한다는 주장은 잘 나타나지 않고 있다.

개념을 발전시켰다. 개인들은 공동체의 일원으로 상호 신뢰와 합의 속에서 공동체의 지속가능성에 대한 책임을 분담해야 한다는 것이다.

경제 성장과 소득 분배에 대한 이분법적 접근은 강력한 복지정책과 강력한 구조조정의 병행이라는 복지국가의 비전을 만들어 냈다. 한편으로 복지정책을 추진하며 다른 한편으로는 시장 지향적 구조조정을 적극적으로 추진하는 것이다. 복지국가의 전형으로 알려져 있는 북유럽 노르딕 국가들에서도 복지정책의 목표는 강력한 시장 지향적 구조조정을 수용하게 하는 것이라는 사실을 거리낌 없이 천명하고 있다. 어떤 국가가 복지국가의 비전을 얼마나 현실성 있게 추진하는가를 파악하기 위해서는 복지재정의 규모뿐만 아니라 규제개혁과 정부재정의 구조조정이 얼마나 강력한가를 평가해야 한다. 특히 비복지 재정 분야에서 얼마나 긴축하고 있는가는 곧 복지국가의 실질적 가늠자가 될 수 있다.

잘 알려진 바와 같이, 우리나라는 국내총생산(GDP) 대비 복지 지출 비중이 11.1%에 불과하다. 이는 경제협력개발기구(OECD) 평균치 20.1%보다 약 10%포인트 낮지만, 고령화의 정도에 따른 차이일 뿐이다. 좀 더 분명한 사실은 우리나라의 비복지 재정 비중이 주요 선진국들보다 높다는 데에 있다. 고령화와 무관한 비복지 재정은 우리나라가 22.2%로서 경제협력개발기구 평균치 21.4%보다 약 1%포인트 더 높다. 더구나 일본 17.0%, 독일 18.8%, 영국 19.4%, 미국 19.1%, 스위스 17.6%, 호주 18.5%에 비하면 우리나라가 너무 높다. 이는 우리나라의 재정 지출 구조, 즉 사회 전반에 대한 정부 개입 범위와 형태에 상당한 구조조정이 있어야 한다는 사실을 의미한다. 더구나 우리나라는 경제협력개발기구 국가들 중에서 일반정부가 아닌 공기업(비금융공기업, 금융공기업)에 의한 정책사업이 과도하다는 사실을 감안한다면 이 문제는 결코 가볍지 않다.

더욱더 심각한 문제는 우리나라에서 재정 지출의 구조조정이 이뤄질 수 있는 제도적 틀이 구축돼 있지 않다는 것이다. 국가재정은 기본적으로 '공유지의 비극'이 발생하는 대표적인 분야다. 모든 사람이 국가재정에서 더 많이 취하기 위해 '만인의 만인에 대한 투쟁'에 열을 올리고 있다. 이러한 투쟁을 질서 있게 제어하는 제도적 장치가 없다면 우리의 공동체는 결국 파멸할 수밖에 없다. 그런데 우리나라는 선진국에서 이미 검증된 합리적 재정제도조차 구비하지 못한 채 여전히 후진적인 재정 운용에 안주하고 있다.

재정 지출의 구조조정은 중앙의 강력한 명령과 통제에 의해서도 이뤄질 수 있다. 지금까지 우리나라는 청와대와 중앙 예산당국의 강력한 지시에 의해서만 재정 지출의 구조조정이 이뤄져 왔을 뿐이다. 좀 더 민주적이고 개인들의 합리적 유인에 부합하는 자발적 구조조정을 유도하는 제도적 장치가 전혀 마련돼 있지 않다. 그 장치는 노무현 정부에서 제시했던 4대 재정개혁의 핵심적 내용 중 하나인 '총액배분 자율편성'과 '성과주의 예산제도'에 있다.

이 개혁들이 지지부진하게 된 근본적 이유는 여러 가지가 있겠지만 핵심적인 문제는 국회 예산제도의 부실에 있다. 민주화 이후 국회의 예산 권한은 지속적으로 확대돼 왔지만 국회의 합리적 예산심사를 유도하는 국회 예산제도는 여전히 지지부진하다. '총액배분 자율편성'을 위해 국회는 행정부의 개별사업 예산 편성 이전에 재정 총량과 주요 분야별 지출 한도를 결정해야 한다. 그럼으로써 국회의 개별 상임위는 주어진 지출 한도 내에서 예산을 심사하고, 예산결산특별위원회는 재정 총량과 분야별 한도 금액을 준수하는 데 주력해야 한다. 더불어 국회는 '성과주의 예산제도'를 위해 예산 집행의 핵심 목표가 비목별(line-item) 한도 준수에서 최종적 성과 지향으로 전환할 수 있도록 결산심사의 기능을 획기적으로 개선해야 할 것이다.

그런데 이러한 제도를 구비한다 하더라도 예산사업의 생산성과 효율성을 중시하는 인식이 확립돼 있지 않다면 재정 지출의 구조조정을 기대할 수 없다. 소득 분배를 개선하기 위한 복지 지출은 기본적인 인권과 보편적 개인의 보호에 초점을 맞추되, 비복지 재정 지출은 경제 성장을 위한 창의와 혁신의 길을 활짝 열어 줄 수 있어야 한다. 또한 복지 지출에서는 복지정책의 근본 목표인 빈곤 퇴치에서 성과를 낼 수 있도록 정책 목표 집단을 정확하게 조준하는 구조조정이 필요할 것이고, 비복지 지출에서는 소득 분배적 요소를 과감하게 도려내어 경제 전체의 효율성을 개선하는 데 집중할 수 있어야 할 것이다.

정부규제 품질을 높이자

chapter 8

선택의 자유를 최대한 보장하라

정부는 규제 머신이다. 세계 어느 나라건 마찬가지다. 규제가 없으면 정부도 없다. 정부의 모든 행정행위는 법령에 근거해야 하기 때문이다. 비판적 정치인을 임의로 구금하는 독재국가들도 법률이라는 형식을 따른다. 따라서 규제가 없는 나라는 이 세상에 없다. 이렇게 보면 규제는 공기와 같은 존재다. 어느 곳에든 존재하지만 보이지 않을 뿐이다.

세계 모든 나라에 규제가 있는데 한국에서 유독 규제가 시빗거리가 되는 이유는 무엇인가. 이렇게 생각해 보자. 규제는 정부가 만들어 내는 공산품이라고. 시장에 제품을 내놓는 기업에는 품질보증(Quality Assurance)이라는 조직이 반드시 있다. 시장에 출시되는 제품의 품질을 관리하고 하자 있는 제품은 교체해 준다. 마찬가지다. 정부가 경제 주체들의 행동을 규율하기 위해 규제를 만들었다면 품질을 보증해야 한다.

한국 정부가 규제와 관련해 비난을 받는 이유는 바로 규제의 품질관리 시스템이 규제 선진국에 비해 엉망이기 때문이다.

그렇다면 규제에서 품질은 무엇을 의미하는 것인가?

규제의 품질은 우선 규제가 추구하는 가치와 관계돼 있다.

미국 오바마 대통령의 행정명령 13563호는 이를 잘 묘사하고 있다. 정부의 규제 시스템은 경제를 성장시키고 일자리를 창출하며 혁신과 경쟁력을 높이는 동시에 국민의 안전, 복지, 건강, 환경을 지켜 나가야 한다는 것이다. 국민 안전과 경제 활력 증진 두 개의 목표 사이에 균형을 추구해야 한다는 뜻이다. 정부 규제에는 시민의 활동을 제약하는 것만 있는 게 아니다. 안 되는 일을 되게 하는 것, 새로운 시장을 창출하는 것도 규제를 통해서 가능하다. 예를 들어 정부가 특정 기술을 발전시키겠다면 정부 조달 시스템을 통해 정부가 구매하는 제품이 반드시 그 기술을 사용하도록 강제할 수 있다. 아주 쉬운 예가 가로등 규제다. 가로등을 LED등(燈)만 사용하도록 하는 기술 규제는 LED 등의 시장을 만들어 기술을 발전시키는 계기를 만들 수 있다.

한국의 문제는 규제가 이러한 균형을 잃고 있다는 데 있다. 국민 건강, 안전, 복지만 목표로 하지 성장, 일자리 창출, 혁신, 경쟁력이라는 목표에는 눈을 감는 것이다. 성장, 기술 발전을 촉진한다는 목표는 사라지고 오로지 안전과 복지, 환경이 제1의 가치다. 기울어진 운동장이다. 지난해 강화된 화학물질 관리에 대한 법규가 대표적인 예다. 오로지 화학물질의 안전에만 초점이 맞춰져 있다.

규제품질과 관련한 또 하나의 문제는 기업이 도저히 준수할 수 없는 규제를 강요하는 것이다. 엉터리 밥솥을 주고 밥을 지으라고 강요하는 셈이다. 문제는 규제를 만드는 관료들이 현장을 모른다는 데 있다. 화학물질평가법과 화학물질관리법이 새로 도입됐을 때 일이다. 일선 생산 현장에서 수많은 불만이 제기됐다. 환경부에 물어봤다. 이해관계자 의견 수렴은 충분히 거쳤는지. 돌아온 답은 입법 예고도 충분히 했고 이해관계자 의견도 수없이 청취했으며 수차례의 설명회도 거쳤다는 것이다.

그러나 화학제품을 취급하는 실제 현장에는 제대로 가보지 않은 게 분명했다. 화학물질 저장 탱크를 청소할 때는 관리책임자가 반드시 입회해야 한다는 규정이 있었다. 한반도체 회사 기흥공장에만 저장탱크가 40개 이상 있었다. 이 회사는 갑자기 관리책임자를 40명 이상 새로 고용해야 하는 지경에 이르렀다. 현장에 한 번도 가보지 않았으니 (가봤더라도 잘 살펴보지 않았으니) 엉터리 규정이 만들어진 것이다. 시행 가능하지 않은 규제를 도입하면 기업이 대응할 수 있는 유일한 방법은 그저 감독당국의 선처에 기대는 것밖에 없다. 부정부패가 어디서 발생하겠는가. 바로 이런 유형의 규제가 부패 사슬의 시발점이 된다.

규제품질에서 가장 중요한 것은 규제의 디자인 자체다. 꼭 필요하다고 판단하더라도 민간의 선택권을 보장하고 재산권 침해를 최소화할 수 있도록 규제를 디자인하는 것이다. 이런 측면에서 악법 중의 악법을 든다면 소위 '블라인드 채용법'(정식 명칭은 「채용절차의 공정화에 관한 법률」)이다. 학력과 학점을 지원서에 쓸 수 없게 하고 지원서 양식도 정부가 표준화한다. 기업이 필요한 인재를 어떤 방법을 뽑건, 인터뷰를 하건 말건, 대학의 전공을 보건 말건 결정은 기업 고유의 선택의 영역이다. 자신에게 가장 도움이 되는 방법으로 사람을 선택할 수 있도록 해야 한다. 그러나 2017년 개정된 블라인드 채용법은 기업으로부터 이러한 선택권을 빼앗아 버렸다.

선택권을 보장한다는 것은 규제를 하더라도 민간의 자율을 최대한 보장한다는 가치 체계가 있어야 가능한 일이다. 정부가 명령하고 지시하기(Command and Control)를 즐기면 민간의 자율은 훼손되기 마련이다.

같은 목적의 규제를 도입하더라도 명령-통제 방식과 선택권 보장 방식은 규제의 내용에서 큰 차이를 보인다.

산업재해보험료 결정 방식에서 보는 한국과 미국의 차이가 이를 잘 설명한다. 한국은 정부가 내라는 대로 내는 구조이고 미국은 기업이 낼 돈은 기업이 조정하는 구조다. 산업재해보험은 미국에서도 강제보험이다. 사업장을 운영하는 경영자들은 반드시 산업재해보험에 가입해야 한다. 강제보험인 점은 같으나 운영은 완전히 다르다.

한국은 보험회사 선택권이 없고 사업장의 재해 발생 빈도나 규모가 보험요율에 거의 영향을 미치지 못한다. 산재보험은 정부 산하기관인 근로복지공단에만 가입해야 하며,

보험료율은 복지공단이 매년 산업 유형별로 공시한다. 미국은 이와는 달리, 산업재해보험회사를 기업이 자율적으로 선정한다. 보험요율은 해당 사업장에서의 실제 사고율을 기준으로 결정된다.

특히 중요한 부분이 내가 내는 보험요율을 나의 노력으로 낮출 수 있다는 점이다. 보험료가 직직전 연도(2021년 보험료의 경우 2019년 기준)로부터 과거 3년간의 사고율을 기준으로 매년 조정되기 때문이다. 따라서 내가 열심히 안전에 투자하고 교육시켜 사고율을 절반으로 낮추면 보험료도 절반 수준으로 줄일 수 있다. 나는 실제로 미국 로스앤젤레스(LA)에서 공장을 운영하면서 연 30만 달러에 달하던 산재보험료를 15만 달러 수준으로 낮춘 경험이 있다.

한국에도 사고율이 낮은 사업장을 우대하는 제도는 있다. 그러나 기본이 근로복지공단이 정하는 산업별 요율이다. 잘하면 기본요율의 20%까지 절감하고 못하면 20% 더 낸다. 한국에 석유화학공장이 얼마나 많은가? 모든 석유화학공장에 적용되는 기본 요율이 똑같다. 상하 20%는 안전환경을 열심히 개선해야 할 인센티브로는 충분하지 않다.

어느 제도가 산업재해를 줄이는 데 더 효과적이겠는가? 당연히 미국 제도다. 재해 관련 법규를 매번 강화하는 한국이 산업재해 사망자 비율 OECD 1위라는 오명에서 벗어나지 못하는 이유 중 하나가 이러한 산업재해보험요율 체계 때문일 수 있다.

주52시간 근무제도 마찬가지다. 한국에서는 노동부 장관의 허가를 받지 않는 한 주52시간 이상 근무가 원천적으로 금지돼 있다. 경기에 민감한 제품을 생산하거나 수출하는 업체들의 경우 일시적 주문 폭발이 있더라도 근로자에게 추가 근로를 시킬 수 없다. 홈쇼핑에 물건을 내놓아 수요가 갑자기 폭발해도 추가 잔업을 시킬 수 없다. 미국에서는 근로자와의 합의를 전제로 주52시간 이상의 근무를 선택할 수 있다. 물론 연장근로에 따른 급여 할증을 전제로 하는 것이다. 근로자에게도 좋은 제도일 수 있다. 형편이 어려워, 혹은 급전이 필요해 돈을 더 벌어야 할 경우 한국처럼 주52시간 규제 때문에 주말이나 야간에 다른 직장을 찾아 나설 이유가 없다. 회사가 허용하면 다니는 회사에서 일을 더 하면 된다.

미국에서는 주휴 개념도 선택적이다. 토요일, 일요일이 주휴무일이 아니다. 5일을 근무하고 쉬는 이틀은 회사 사정과 개인 사정에 따라 얼마든지 조정 가능하다. 내가 월요일, 화요일에 쉬겠다면 그것이 나의 주휴일이다. 월화에 쉬기로 결정한 경우, 토요일, 일요일 근무가 불가피한데 그렇다고 고용주가 임금을 할증해 주지 않는다. 한국은 순환근무 체제에서 토요일이나 일요일 근무가 불가피한 경우 반드시 주휴근무 할증을 지불해야 한다.

그렇다고 미국 경영자들은 근로자들에게 마구 연장근무를 시킬 수 없다. 할증임금을 50%, 100% 지급해야 하기 때문이다. 할증을 감당하고도 수익이 나거나, 긴급 주문으로 불가피할 경우에만 연장근무를 요청한다.

미국과 한국, 어떤 제도에 손을 들어 주겠는가. 같은 목적의 규제라도 시행 방법에 따라 민간의 자율과 선택권은 크게 달라질 수 있다. 한국의 규제 관료들에게는 민간의 자율, 선택권, 사유재산권을 최대한 보호한다는 개념이 부족하다. 법의 제목과 목적은 비슷해도 한국의 법규가 훨씬 더 시장 파괴적인 요소를 많이 갖고 있는 이유가 바로 여기에 있다.

규제혁신을 아무리 외쳐도 한국에서 규제환경이 나아지지 않는 이유는 한국 정부가 자신이 만들어 국민과 기업에 제공하는 제품, 즉 규제의 품질을 제대로 관리하지 못하고 있기 때문이다. 규제개혁의 핵심은 규제의 품질과 관련해 위에서 제시한 세 가지 원칙, 즉 민간의 자율과 선택권을 최대한 보장하고, 안전과 경제 간의 균형을 맞추며, 현장에서 실행 가능한 규제를 만들어 내는 것이다.

신산업 고속도로를 뚫자

새로운 산업이 기존 규제와 충돌하는 것은 당연하다. 기존 규제는 그간 생산한 제품과 서비스에 맞춰져 있기 때문이다. 특히 우리나라처럼 성문법을 적용하는 국가는 더욱 그렇다. 영국이나 미국처럼 판례를 중시하는 국가에서는 새로운 제품과 서비스가 나오더라도 기존 규제와 충돌하지 않을 가능성이 높다. 반면 독일이나 일본처럼 사전에 규칙을 정하고 여기에 맞지 않는 경우를 금지하는 성문법 체계에서는 새로운 제품과 서비스가 기존 규제와 충돌할 수밖에 없다.

정부는 기존 법체계의 이러한 한계를 보완하기 위해 규제 샌드박스(regulatory sandbox) 제도를 도입·운영하고 있다. 이 제도는 신기술·신산업 관련 규제의 존재와 내용을 확인할 수 있는 규제 신속 확인, 기존 규제 변경 이전에 시장에 출시를 허용하는 임시 허가, 기존 규제의 적용을 받지 않고 실증 테스트를 할 수 있는 실증 특례로 구성돼 있다. 가장 큰 특징은 새로운 제품이나 서비스에 대해 일정 기간 기존 규제의 적용을 유예해 준다는 점이다. 국회의 법률 개정이나 주무부처의 법령 개정 이전에도 신사업을 시

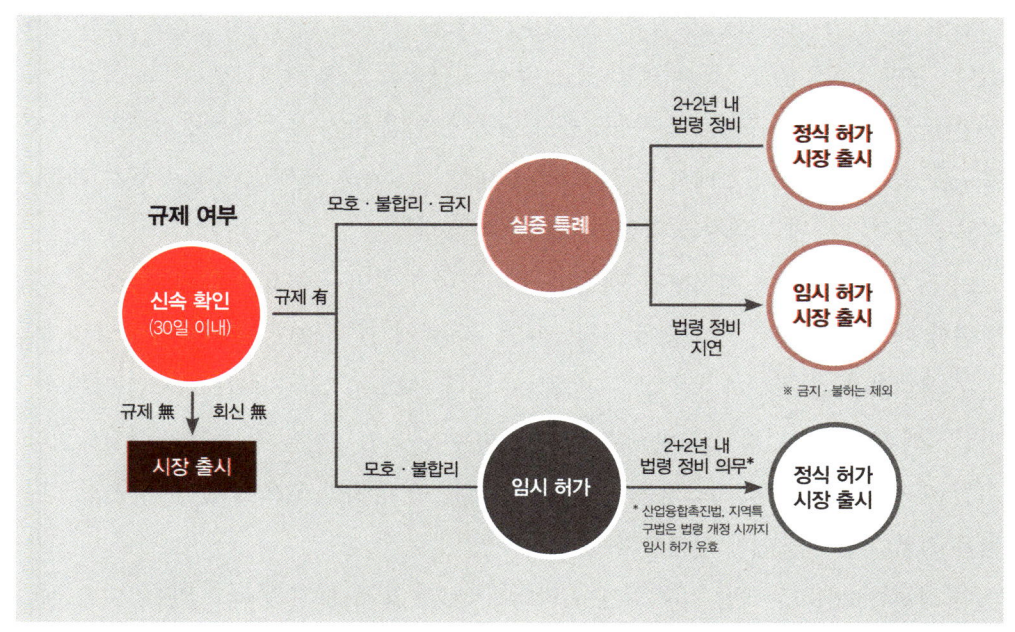

출처: https://www.better.go.kr/sandbox/info/sandbox_intro.jsp

규제 샌드박스 운영 흐름도

험해 보고 시장에 내놓을 수 있다.

규제 샌드박스 운영 성과에 대한 정부의 평가는 긍정적이다. 2020년 11월 기준으로 지난 2년 동안 모두 364건을 승인했고, 이 중 166건(46%)은 시장에 출시되거나 실증 테스트 중이라고 한다. 투자(6,213억 원)는 물론 고용(1,742명) 성과도 상당하며, 모바일 전자고지서 등 국민 피부에 와 닿는 변화를 이끌어 냈다고 자평하고 있다. 승인 기업의 만족도가 91.7%에 이를 정도로 높다고 평가하고 있다.

그러나 정작 현장의 반응은 그리 우호적이지 않다. 왜 그럴까?

첫 번째 이유는 사회적으로 논란이 없는 사업으로 규제 샌드박스 허용 대상을 한정한다는 점이다. 모바일 전자고지서처럼 공무원이 관련 규정을 신속하게 정비하지 않아 지연되는 경우에는 효과가 있다. 반면 원격의료나 공유 차량처럼 기존 사업자의 반발이 큰 경우에는 아예 위원회 심의 대상에도 올리지 않고 있다.

대표적인 사례로 쓰리알코리아가 개발한 일반의약품 판매용 스마트 원격화상 투약 시스템이 있다. 이 시스템을 통해 환자가 통화 버튼을 누르면 원격으로 약사와 상담할 수 있다. 진짜 약사인지는 모니터에 보이는 약사 면허증을 통해 확인하면 된다. 상담 결과에 따라 약사가 약을 추천하고 복용법을 설명한다. 약은 마치 우리가 자동판매기에서 음료수를 뽑아 먹듯 자판기에서 나온다. 약에 대한 선택권은 약사가 가지고 있기 때문에 음료수 자판기와 달리 환자가 약을 선택할 수는 없다.

이 장치를 지하철에 설치하면 환자가 굳이 약국을 찾아갈 필요가 없다. 가장 효과를 발휘할 때는 야간이다. 한밤중에 당직 약국을 찾는 게 쉽지 않다. 편의점에서 해열제와 같은 상비약을 판다고 하지만 없는 편의점도 많다. 때로는 알러지 치료약처럼 상비약이 아닌 경우도 있다. 그렇다고 비싼 돈을 내야 하는 병원 응급실을 찾는 것도 부담스럽다. 이럴 때 원격화상 투약 시스템은 큰 도움이 된다. 이 장치만 있으면 당직 약사 한 명이 넓은 지역의 환자를 쉽게 상대할 수 있다.

이 장치는 2013년 개발 이후 규제에 막혀서 8년째 빛을 보지 못하고 있다. 이를 해결하기 위해 2020년 7월 과학기술정보통신부의 규제 샌드박스 심사를 추진했지만 국회의원의 반대에 막혀 상정 자체가 좌절됐다. 이처럼 규제 샌드박스 심의위원회에는 허용될

출처: https://m.etnews.com/20200708000219(사진-쓰리알코리아)

일반의약품 판매용 스마트 원격화상 투약 시스템

안건만 올라간다.[1]

두 번째 이유는 공무원 편의주의다. 규제 샌드박스의 세 가지 도구(신속 확인, 실증 특례, 임시 허가) 중 가장 큰 비중을 차지하는 것은 실증 특례다. 2021년 1월 10일 기준으로 전체 실적(404건)의 81.4%(329건)가 실증 특례다. 임시 허가는 11.4%(46건)이다. 신속 확인은 실적 자체가 공개되지 않고 있다. 대신 공무원이 적극적으로 해석했다는 적극행정이 7.1%(29건)이다.

왜 이런 현상이 발생하고 있을까?

실증 특례는 공무원 입장에서 제일 부담이 적다. 적용 범위를 한정할 수 있다. 조금이라도 부담스러우면 사업 범위를 줄이면 된다. 설령 시행 과정에서 문제가 생겨도 걱정

---

[1] http://www.newsthevoice.com/news/articleView.html?idxno=13034

없다. 의무적으로 보험에 가입하도록 했고, 그 책임 또한 사업자가 진다는 것이 명확하다. 공무원 입장에서는 책임질 일이 없다.

임시 허가는 다르다. 비록 정식 허가는 아니지만 허가를 내주는 것이기 때문에 나중에 문제가 생기면 공무원이 책임져야 한다. 가장 부담스러운 것은 신속 확인이다. 사업자가 신사업 모델에 적용되는 규제의 적용 여부를 물어보면 답변을 해줘야 한다. 지금 규제는 매우 복잡하게 얽혀 있다. 때로는 담당자조차 법령 문구를 어떻게 해석해야 할지 모르는 경우가 적지 않다. 자칫 잘못 해석하면 신청한 사업은 물론 기존 사업에도 큰 영향을 미칠 수 있다. 그런 상황에서 신사업에 어떤 규제가 적용되는지 답변하는 것은 매우 큰 부담이다.

그렇다고 실증 특례가 원활하게 운영되는 것도 아니다. 실적 압박으로 우선 허용하기는 했는데 막상 실증사업이 끝나면 어떻게 해야 할지 막막한 경우가 적지 않다. 무언가를 실제로 증명하려면 증명하려는 질문이 명확해야 한다. 그런데 사업자의 신청에만 의존하고 논란의 소지를 막기 위해 사업 범위를 최소화하다 보니 막상 확인해야 할 질문이 분명하지 않다. 그나마 반값을 내며 동승한다는 반반 택시처럼 몇 차례 범위를 넓히는 실증사업을 하면서 사업화한 경우는 다행이다. 소비자가 직접 의뢰하는 유전자검사 서비스는 실증 특례를 받았지만 사업 시행이 계속 지연되고 있으며, 그 과정에서 사업의 내용이 계속 조정되고 있다.

정부의 신사업 규제개혁이 규제 샌드박스로 한정되는 것은 큰 문제다. 규제 샌드박스는 사업자의 신청을 처리하는 방식으로 운영된다. 그렇다 보니 비슷한 사업이 제안 사업자가 다르다는 이유로 별건 처리된다. 규제 샌드박스 신청이 빈번한 분야는 규제개혁의 수요가 큰 분야라는 점이다. 그렇다면 지금처럼 사업자의 신청에만 의존하기보다 해당 분야 규제 전체를 두고 큰 폭의 개혁을 추진해야 한다. 그런데 지금은 그런 모습이 보이지 않는다.

가장 중요한 것은 규제개혁에 대한 정부의 의지다. 언제부턴가 규제개혁은 신산업 발전에 따라붙는 수식어가 됐다. 이제는 그런 수식어의 지위조차 잃어버리는 것 같다. 신산업 육성을 위해서는 규제개혁을 꼭 해야 한다는 절박감을 가져야 한다. 이를 위해서는 무엇보다 기존 사업자의 반대를 뛰어넘어 타협을 이끌어 내겠다는 강력한 의지가 필요하다.

만들기 전에 있는 것부터 따져 보자

효율적 정책 운용을 위해 정책분석이라는 방법을 활용하고 있다. 우선 정책 수요를 파악하고 달성 목표를 명확히 하는 것에서 출발한다. 정책 목표를 달성하기 위한 다양한 대안을 탐색하고 각 대안별 소요될 비용과 효과를 분석한다. 그 결과를 종합해서 최선의 대안을 선택하고 예산 편성 및 법령 제·개정을 거쳐 실행한다. 이후 성과를 평가해 보고 문제점이나 개선 수요가 확인되면 이를 반영해서 다시 정책을 시행한다. 목표를 달성해서 더 이상 정책을 지속할 필요가 없으면 관련 정책을 종료한다. 이러한 일들은 목표를 달성할 때까지 지속적으로 반복된다.

정부는 규제를 합리적으로 운영하기 위해 정책분석 개념을 적용한 규제영향분석을 제도화하고 있다. 행정규제기본법 제7조에 따라 규제를 신설하거나 강화하려면 규제영향분석서를 작성해야 한다. 분석서에는 규제의 필요성과 함께 규제 이외에 다른 수단은 없는지, 기존 규제와 중복되는지를 점검하도록 하고 있다. 규제 시행에 따라 규제를 받는 집단과 국민이 부담해야 할 비용과 편익도 비교분석하도록 하고 있다.

유감스럽게 이 제도는 취지를 제대로 달성하지 못하고 있다. 본래 취지는 분석을 통해 합리적 방안을 찾아보자는 것인데 현실은 이와 반대다. 신설하거나 강화하고 싶은 규제를 먼저 정하고 여기에 맞춰서 규제영향분석서를 작성한다. 그나마 정부에서는 형식적으로라도 규제영향분석서를 작성하지만 국회는 이런 것조차 하지 않는다. 국회의원이 원하는 규제가 있으면 분석 절차를 거치지 않고 그대로 입법화한다.

때로는 정부부처가 자신의 영역을 넓히기 위해 다른 부처에서 이미 하고 있는 규제와 비슷한 규제를 만들기도 한다. 규제를 지켜야 하는 국민 입장에서는 비슷한 규제를 각각 지켜야 하니 답답할 노릇이지만 공무원들은 아랑곳하지 않는다. 자기 부처의 영역을 지키지 않으면 조직 내에서 무능한 직원으로 낙인찍히기 때문이다. 국회의원도 여기에 동조한다. 정부부처는 각기 다른 상임위원회에 소속돼 있는데 국회의원에게는 자신의 상임위에 소속된 부처가 중요하다. 더군다나 법률 개정안 발의를 자신에게 요청하면 더할 나위 없이 좋다. 실적을 올리기 좋은 기회다.

이런 현상이 발생하는 대표적인 사례가 화학물질등록평가법(화평법)과 화학물질관리법(화관법), 산업안전보건법(산안법)이다. 이들 법률은 화학물질의 평가, 화학사고 예방, 작업장 안전이라는 각기 다른 취지에서 법제화됐다. 그렇다고 각 법률이 서로 관련이 없는 것은 아니다. 화학물질 안전을 중심에 두고 서로 연계돼 있다. 화학물질로 인한 피해를 예방하기 위해서는 화학물질의 위해성을 평가하고 그 정도에 맞춰서 관리를 해야 한다. 관리를 잘못하면 가장 먼저 피해를 보는 것은 작업장의 근로자다.

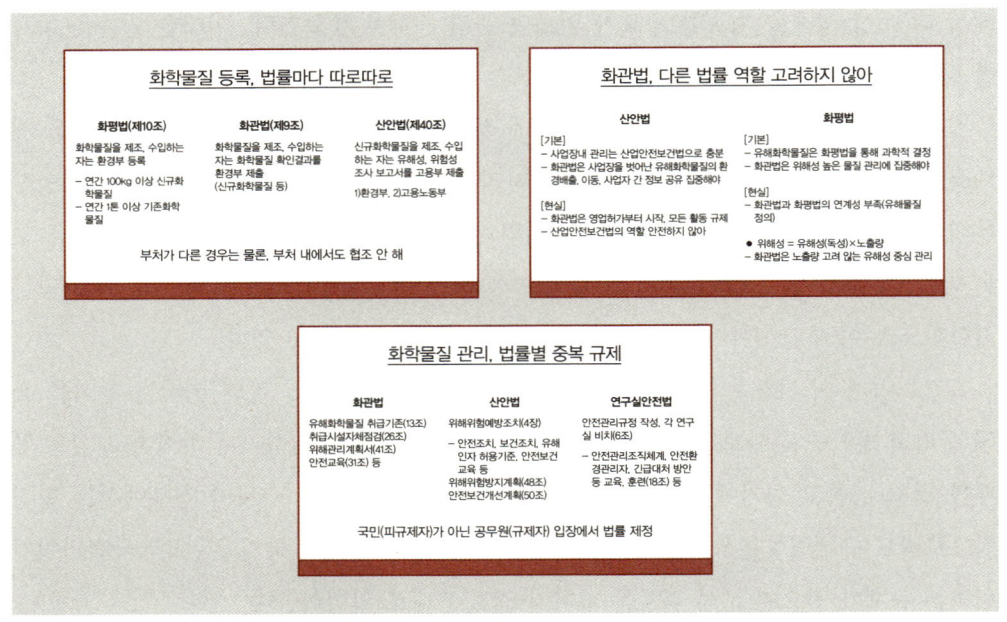

현실은 딴판이다. 화평법, 화관법, 산안법은 완전히 별개로 움직인다. 주무부처가 환경부와 산업부로 다른 화관법과 산안법뿐만 아니라 환경부라는 한 부처에서 운영하는 화평법과 화관법도 연계성이 매우 떨어진다.

사업장 내 안전관리는 산업안전보건법을 강화하면 될 일이다. 굳이 산안법이 관할하고 있는 사업장 내부에서 일어나는 일까지 화관법이 관여할 필요는 없다. 대신 사업장 외부에 미치는 영향에 초점을 맞춰야 한다. 화학물질이 어떻게 이동하는지 사업자 간 정보를 공유하는 것은 매우 중요하다. 그런데 화관법은 산업안전보건법의 역할을 고려하지 않는다. 영업 허가부터 시작해서 사실상 모든 작업장 내 활동을 규제한다. 산업안전보건법과 역할이 중복된다.

화관법은 같은 부처에서 운영하는 화평법과도 잘 맞지 않는다. 유해화학물질은 화평법을 통해 과학적으로 위해성을 판단하고 화관법에 따라서 위해성이 높은 물질을 관리하는 데 집중해야 한다. 그런데 현실은 평가 따로, 관리 따로다. 심지어는 법률에서 정한 유해 화학물질의 정의도 다르다. 화평법에서는 "유독물질, 허가물질, 제한물질 및 금지물질"로 정하고 있는데 화관법에서는 "사고 대비 물질, 그 밖에 유해성 또는 위해성이 있거나 그러할 우려가 있는 화학물질"이 추가된다.

심지어 사업자는 자료를 제출하고 있는데 정부는 활용하지 않는 경우도 있다. 화평법에 따라 사업자는 위해성 평가 결과를 제출해야 한다. 화학물질이 어느 정도 독성이 있는지 얼마나 노출돼서 실제 인체에 영향을 미치는지를 평가한 자료다. 정작 이 서류를 받은 정부는 검토 결과를 공개하지 않고 있다. 왜 그럴까? 검토할 전문성과 인력이 부족하기 때문이다. 한마디로 공무원들이 검토할 능력도 없으면서 기업에 자료 제출을 요구하고 있는 것이다.

정작 우리와 부품소재산업에서 경쟁하고 있는 일본의 규제는 우리보다 약하다. 그렇다면 일본 정부는 화학물질로 인한 국민 건강 악화를 방치하고 있을까? 물론 아니다. 기업에 할 수 있는 만큼만 요구하고 나머지는 정부가 한다. 일본 정부는 위해성 평가의 내용을 알고 있고, 상당수는 기업이 하기에 너무 어렵거나 효율성이 떨어진다고 판단했기 때문이다.

지금 필요한 것은 규제가 당초 설정한 목표를 달성하는지 평가하는 일이다. 지금 사업자가 지켜야 하는 규제가 무엇이 있고 어떻게 작동하고 있는지 확인을 해야 한다. 그리고 당초 설정했던 화학물질 안전 수준에 부합하는지도 평가해야 한다. 이를 통해 규제의 사각지대가 있으면 보완을 해야 하고 별다른 효과 없이 사업자에게 큰 부담이 되는 규제는 과감하게 털어내야 한다. 규제가 많다고 무조건 좋은 것은 아니다. 규제 부담이 너무 커지면 법 준수를 체념하거나 사업 자체를 그만둘 수 있다. 법 제정 취지는 규제를 통해 작업장의 안전 수준을 높이는 것이지 작업장 자체를 없애는 것이 아니다.

지금 국회와 공무원에게 필요한 것은 역지사지의 자세다. 내가 사업자라고 생각하고 규제를 지키면서 사업을 할 수 있을지를 생각해 봐야 한다. 지금 운영되는 규제 상당수는 공무원도 그 취지를 모르는 경우가 적지 않다. 그렇다면 그 의미가 명확하도록 관련 규정을 정비해야 한다. 만일 필요가 없다면 과감하게 폐지해야 한다. 규제를 받는 사람들도 우리와 같은 대한민국 국민이다.

디지털 정부, 스마트 규제로 무장하자

뉴욕시 소방국이 2015년 엄청난 일을 해냈다. 1916년 이후 99년 만에 처음으로 화재로 인한 사망률 제로를 달성했다. 비결은 무엇이었나? 화재 현장에 제때에 도착해서 위험을 무릅쓰고 용감한 구조활동을 수행했기 때문? 당연하다. 그렇다면 이전에는 그렇게 하지 않았나? 미국에서 소방관은 가장 존경받는 직업 중 하나다. 직업적 헌신의 상징이다. 그렇다고 뉴욕시가 소방 규제를 강화하는 조례를 도입한 것도 아니다. 규제의 내용도 바뀌지 않았고 소방관도 그대로인데 화재 사망 제로의 혁신을 달성한 원동력은 무엇인가.

소방 업무의 디지털 전환에서 답을 찾을 수 있다. 뉴욕시 소방국은 예측분석(predictive analytics)과 기계학습 기술로 무장한 인공지능 시스템 FireCast를 개발했다. 소방국 자체 데이터뿐 아니라 시 건축과, 환경과, 재무부서의 데이터까지 모두 끌어다 빅데이터 분석을 실시해 화재 취약 빌딩을 선정했다. 뉴욕시 소재 30만 개 빌딩 중 5만 개가 꼽혔다. 뉴욕시 소방국은 이들 빌딩을 대상으로 소방 관계 법령을 제대로 준수하고 있는지 중점 관리했다. 현장점검(inspection)도 이곳에 집중했다.

4차 산업혁명 기술은 이처럼 현대 정부의 규제 집행 능력을 획기적으로 개선할 수 있는 기회를 제공한다. 2018년 12월 이천의 한 물류창고 건설 현장에서 화재가 발생해 여덟 명의 인부가 목숨을 잃었다. 만약 뉴욕시 소방국 같은 시스템이 있었다면 이 시스템은 이천 화재 현장을 소방관 상주 관리 현장으로 선정했을 것이다.

규제 집행뿐 아니다. 규제를 만드는 과정에서도 4차 산업혁명 기술은 대규모 집단지성을 활용할 수 있는 도구를 제공한다. 프랑스의 디지털공화국법이 디지털을 활용한 대규모 집단지성 동원의 대표적인 예다. 다른 말로 표현하면 직접민주주의의 실현이다.

디지털공화국법을 준비하면서 프랑스 정부는 인터넷 플랫폼을 활용해 국민 의견을 직접 청취했다. 5천 명의 시민이 참여해 1만 7,678건의 의견을 제시했다. 이것을 어떻게 다 분석했을까. 공무원 몇 명이 앉아서 이 많은 국민 건의를 인쇄해서 검토했다면 국민 건의의 핵심 내용을 제대로 파악하지 못했을 것이다. 자연어 처리가 가능한 기계학습과 데이터 분석기법이 동원됐음에 틀림없다. 법률안을 만들고 나서는 각각의 조항에 대한 국민투표를 실시했다. 2만 명 이상이 투표에 참가해 14만 7천 건의 투표를 실시했다. 잘 디자인한 인터넷 플랫폼은 이것을 가능케 한다. 이에 반해 한국의 입법부가 개인정보보호법 등 데이터 3법을 통과시킬 때 어떤 일이 벌어졌는가. 프랑스처럼 국민을 상대로 국민의 의견을 직접 묻는 프로세스는 없었다.

두 사례는 규제행정에서도 디지털 전환이 필요함을 말하고 있다. 정부는 민간기업의 디지털 전환을 돕는다며 엄청난 예산을 투입하고 있다. 인공지능정보화 사회를 만든다며 2017년 이후 발표한 대책만 13개다. 정부는 이러한 노력과 비용의 100분의 1이라도 투입해 스스로 민간기업 못지않은 디지털 전환을 실행에 옮겨야 한다. 정부 운영 방식을 바꾸고, 업무 효율성을 획기적으로 개선하며, 국민 다수의 의견에 기반한 정책을 수립하고 국민을 대상으로 한 서비스 모델을 혁신해야 한다. 그 첫 단추를 정부는 규제행정에서 시작할 수 있다.

규제와 관련한 민간의 불만은 무엇인가?

첫째, 규제를 만들 때 민간과 기업의 의견을 제대로 수렴하지 않는다.

둘째, 시대에 뒤떨어진 낡은 규제와 중복 규제가 많다.

셋째, 규제를 준수하는 비용이 지나치게 높다.

넷째, 정부 각 부처의 중복적인 보고 의무로 인해 행정 부담이 높다.

다섯째, 규제를 만드는 과정에서 규제의 효과를 사전에 검증하지 않고 규제로 인해 민간이 부담해야 할 비용을 고려하지 않는다. 즉, 규제 도입 시 의무화돼 있는 규제영향분석이 날림으로 진행된다는 지적이다.

규제행정의 디지털 전환으로 이 문제들을 어떻게 해결할 수 있는지 살펴보자. 민간과 기업의 의견 수렴은 앞서 예시한 프랑스 디지털공화국법 제정 과정을 한국에도 도입하는 것으로 해결할 수 있다.

두 번째 문제를 보자. 한국에 산업 안전과 관련된 규제만 10개 부처에 24개 법령이 있다. 웬만한 대기업이 아니면 모두 다 알 수도 없고 지킬 수도 없다. 정부 각 부처가 유사 규제의 존재를 알면서도 새로운 규제를 도입하는 게 원인이다. 부처의 권한을 강화하기 위해서다. 한국에서 법은 곧 힘이다. 그래서 기를 쓰고 새로운 법률을 만들려 한다. 법은 또 조직이다. 법을 만들면 법을 담당하는 조직이 만들어진다. 정부가 새로운 규제를 만들 때 잘 살펴봐라. 반드시 관련 조직을 만들겠다는 내용이 포함돼 있다. 2019년 통과한 재생의료법에는 규제기관을 3개나 신설하는 내용이 포함돼 있다. 첨단의료-바이오 정책심의회, 첨단재생의료 지원기관, 첨단바이오의약품 규제과학센터가 그것이다. 그러나 절대로 보도 자료에 이를 강조하지 않는다. 국민은 가랑비에 옷 젖는 줄 모르고 규제 기관의 확대재생산을 위해 세금을 내고 또 내야 한다.

정부가 유사 규제의 존재를 몰랐다고 변명할 수 있다. 그것이 변명이건 아니건 국민에게는 유사 규제의 존재 여부에 대해 알 권리가 있다. 간단하게 해결할 수 있다. 인공지능을 활용한 유사 규제 검증 시스템을 만들면 된다. 유사 중복 규제 문제는 한국만의 문제가 아니다. 다국적 컨설팅회사 딜로이트(Deloitte)가 미국의 연방 규제를 대상으로 텍스트 마이닝(text mining)과 기계학습 기법을 동원해 분석해 봤다. 미국연방규제집(US Code of Federal Regulations)에 수록된 21만 7천 개 섹션을 모두 조사했다. 그 결과 1만 8천 개 섹션의 유사 중복 규제를 발견해 냈다.

정부가 규제를 도입할 때 인공지능 기반 유사 규제 검증을 의무화하고 이를 국민들에게 공표하도록 강제해야 한다. 국민들이 알게 되면 중복 규제의 도입이 어려워진다. 이미 존재하는 유사 중복 규제도 같은 방식으로 찾아낼 수 있다. 사실 기업들은 모두 안다. 유사 중복 규제의 내용을. 그런데 이를 밖에서 떠들고 다닐 수 없다. 후환이 두렵기 때문이다. 그렇기 때문에 인공지능 검증 시스템을 통한 분석과 그 내용의 공표가 더욱 필요하다. 뉴질랜드는 한 걸음 더 나아가 모든 법률을 코드화하는 일에 착수했다. 법률을 기계가 읽을 수 있는 수준으로 코드화하는 것이다. 일종의 표준화다. 국민들이 법의 내용을 쉽게 파악할 수 있도록 돕기 위한 조치다.

규제 준수 비용을 낮추기 위한 노력은 전 세계 규제기관의 중요한 미션 중 하나다. 그러나 한국의 규제기관들은 이에 별 관심이 없는 듯하다. 법을 만드는 사람들도 무관심하기는 마찬가지다. 최근에 국회는 한국 내 모든 기업의 포장재를 정부가 검사토록 하겠다는 법안을 만지작거리고 있다. 포장재로 인한 환경 오염 방지. 그럴듯한 명분이다. 그러나 기업이 부담해야 할 검사비용은 물론이고 정부가 수만 개 이상 기업이 생산하는 수백만 개 포장재를 관리하는 데 들어가는 비용에 대해서도 일언반구가 없다.

베스트 프랙티스(best practice)가 하나 있다. 뉴질랜드 정부의 'Better for Business' 프로그램이다. 기업 규제와 관련한 10개 부처가 모여 기업의 규제 준수 비용을 25% 낮춘다는 목표를 갖고 활동하고 있다. 2020년까지의 목표다. 아직 최종 실적은 발표되지 않았다. 그러나 2017년에 이미 7%를 달성했다. 기업의 규제비용을 알기 위해서는 기업의 규제 애로를 실제처럼 경험하는 것이 중요하다. 이때 활용할 수 있는 4차 산업혁명 기술 활용 기법이 고객경험 관리기법이다. 기업이 다양한 디지털 도구를 활용해 고객의 쇼핑 경험을 간접 체험하고 최고의 서비스와 제품을 디자인하는 경영기법이다. 고객의 행태에 대한 데이터를 수집하고 분석한다. 예를 들면 오프라인 매장에서의 고객 행동을 녹화하고 분석한다. 안면 인식 기술을 동원해 제품을 손에 쥔 고객의 표정 변화까지 추적한다. 서비스센터 직원이나 매장 직원이 고객과 주고받는 대화를 분석한다. 고객이 온라인 오프라인에서 남기는 피드백도 활용한다. 최첨단 기술을 동원해야 가능한 일이다. 뉴질랜드 정부는 바로 이 고객경험 관리기법을 기업이 부담하는 규제비용을 찾아내는 데 활용하고 있다.

정부 각 부처가 제각각 보고 의무를 부과하거나 검사를 실시해 기업의 부담이 가중되는 일도 비일비재하다. 한때 한국의 대학병원들은 정보보안과 관련해서 4개 부처에 보안 현황을 각각 보고해야 했다. 국가정보원도 이 중 하나다. 대학병원들이 교육부 소관이니 교육부도 포함된다. 보고 내용을 분석해 봤더니 80~90%가 동일하거나 유사한 내용이었다. 그럼에도 이 부처 저 부처에 제각각 똑같은 내용을 보고해야 했다.

디지털 전환으로 기업의 보고 의무를 간소화한 사례를 우리는 오스트리아에서 볼 수 있다. 오스트리아 중앙은행은 자국의 금융회사들과 함께 중앙은행 보고용 소프트웨어 프로그램을 개발했다. Austrian Reporting Service(AuRep)라고 이름지어진 이 플랫폼을 통해 금융기관들은 보고비용을 30%까지 감축시킬 수 있었다. 중앙은행이 은행들에게 그때그때 필요한 자료를 요구하는 것이 아니라 금융기관이 자신이 생성하는 자료를 AuRep에 한 번만 등록하면 된다. 오스트리아 중앙은행은 AuRep에 올라온 자료와 자체 수집 데이터를 활용해 금융 감독 업무를 진행한다. 일종의 '한번 보고 시스템(Only once reporting)'을 구현한 것이다.

한국 정부가 꼭 도입해야 할 것 중 하나는 인공지능(AI)을 활용한 규제영향분석이다. 정부 규제나 국회의 법률 제개정 과정에서 AI를 활용해 규제비용을 산출하고, 민간의 규제 준수 부담, 규제 중복 여부 등을 검증하라는 것이다. 규제의 목적을 달성할 수 있는지 여부도 과학적 사전검증이 가능하다. 규제영향분석에 현재 행정부는 나름 노력이라도 하는데 입법부는 전혀 안하무인이다. 그래서 한국에서 국회의원 1인당 법률 통과 수로 측정한 국회의 생산성 향상은 국민 고통지수의 악화를 의미한다.

한국의 규제 수준이 세계적으로 강한 것은 이미 뉴스도 아니다. 국민 모두가 다 안다.

규제를 피해 해외로 나가는 기업도 적지 않다. 상법, 공정거래법, 금융복합기업집단법이 제개정되자 80%가 넘는 기업이 고용과 투자를 축소하거나 기업을 해외로 이전하고 싶다고 말했다. 물론 규제개혁의 1차 목표는 이 같은 반기업적·반시장적 법률을 바꾸는 것이다. 그러나 따지고 보면 이러한 법률도 규제 당국이 디지털 전환의 수단을 활용해 피규제자들의 의견을 수렴하고 규제가 미치는 영향을 분석해 '수용 가능한 법안'을 만들었다면 해결할 수 있었던 문제다.

규제를 만들 때부터 합리적 대안을 만들어 내고, 최소의 집행비용으로 규제 준수율을 높이며 동시에 규제 준수 비용을 낮추면서도 국민의 생명과 안전을 지키면서 경제를 활성화할 수 있는 해법이 바로 눈앞에 있다. 바로 규제행정의 디지털 전환이다. 규제 도입부터 집행까지 전주기적 디지털 전환은 세계 어떤 나라보다도 한국에 필요한 과제다.[2] 참고로 규제행정의 디지털 전환에 활용할 수 있는 디지털 도구와 이를 활용해 규제당국이 실행할 수 있는 규제행정 혁신의 내용을 담은 두 개의 그림을 딜로이트 보고서에서 인용해 소개한다.[3]

---

[2] 이렇게 말하면 우리 정부는 이렇게 반론할 것이다. 한국이 전자정부 세계 1위라고. 정부에서 말하는 전자정부는 디지털화(digitization)를 말한다. 간단하게 말하면, 정부가 주민등록등본 등 오프라인에서 제공하던 서비스를 온라인으로 제공하는 것이다. 정부의 디지털 전환(digital transformation)이라 함은 정보를 디지털화하고 디지털로 제공하는 것을 넘어서 디지털 도구를 활용해 정부 서비스 모델 자체를 혁신하는 것이다. 예를 들어 출생신고를 온라인으로 하고 출생증명서를 온라인으로 받아 볼 수 있게 하는 것은 디지털화다. 오스트리아에서는 부모가 출생 신고를 할 필요가 없다. 아이를 낳은 병원에서 출생 정보를 정부 시스템에 보고하면 정부 내 모든 관련 부처에 '아이가 태어났어요'가 알려진다. 엄마가 퇴원하고 집에 돌아가면 육아수당이 통장에 자동 지급돼 있다. 이것이 디지털 전환이다. 에스토니아에는 once only라는 정책이 있다. 내가 나의 정보를 한 번 정부에 제공하면 정부가 똑같은 정보를 절대로 다시 요구하지 않게 하는 것이다. 나의 신용정보, 개인 건강정보, 재산정보, 소득정보 모두가 마찬가지다. 그래서 세금 보고하는 데 3분이면 된다. 디지털 전환의 선구자들은 이렇게 국가를 혁신한다.

[3] 이 글에서 인용된 사례들 대부분은 딜로이트(Deloitte)가 정부 디지털 전환과 관련해 발간한 2개의 보고서를 참조했다. 'Creating the government of the future'(2020), 'The regulator's new toolkit'(2018).

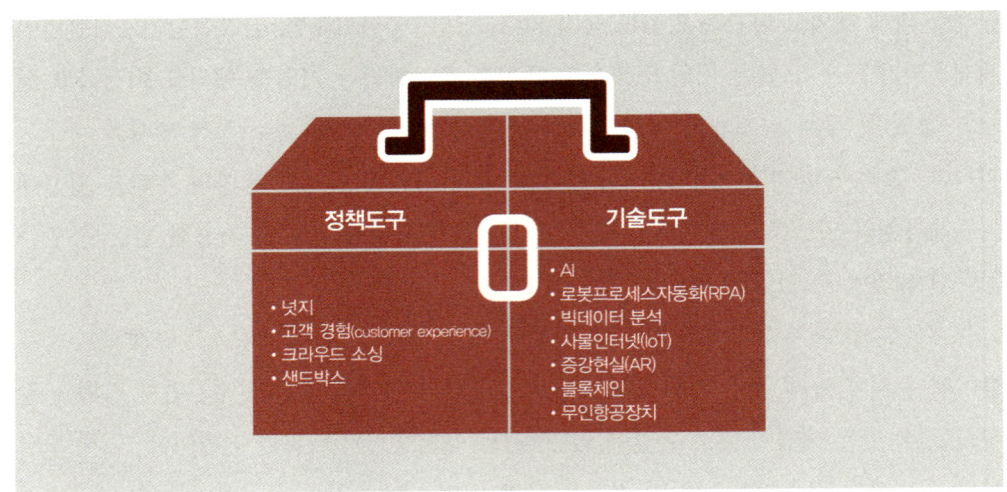

출처: Deloitte, 'The regulator's new toolkit: Technologies and tactics for tomorrow's regulator,' p.5.

규제기관의 디지털 전환에 활용할 수 있는 디지털 도구

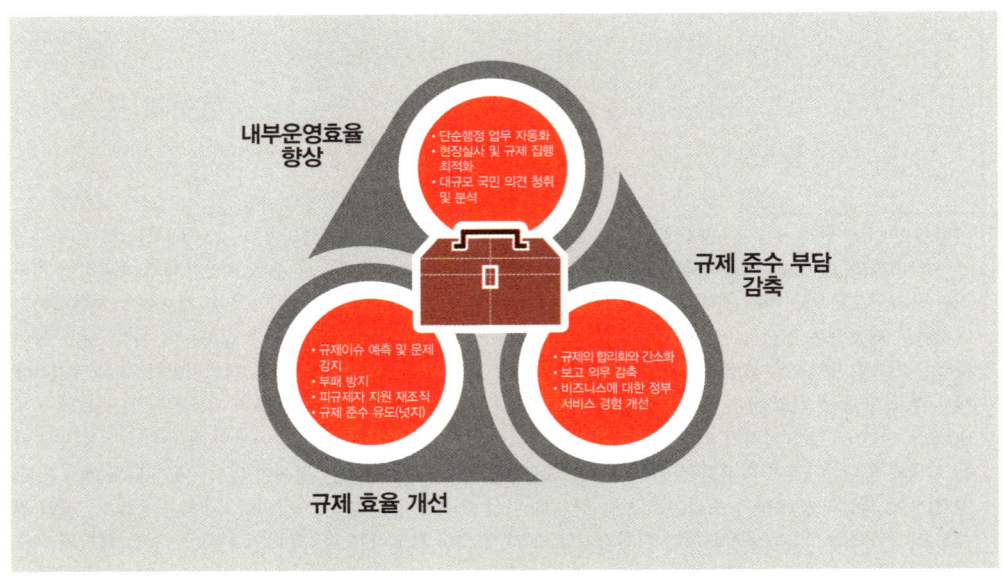

출처: Deloitte, 'The regulator's new toolkit: Technologies and tactics for tomorrow's regulator,' p.9.

규제기관과 국민, 기업을 모두 만족시킬 디지털 전환 효과

규제개혁의 틀, 근본부터 바꾸자

 정부의 규제개혁 의지가 의심받고 있다. 4차 산업혁명이라는 큰 변화 속에서 혁신성장을 이끌어 내려면 규제개혁을 해야 한다는 데에는 모두 동의하고 있다. 하지만 실제 규제개혁 상황을 보면 정말로 규제개혁을 할 의지가 있나 하는 의심이 든다. 진지하게 규제개혁을 하려는 게 아니라 홍보성 행사, 말잔치로 끝나는 게 아닌가 하는 생각이 든다. 근본을 바꿔야 하는데 변죽만 울리고 있기 때문이다. 그래서 열심히는 하는데 성과는 없다.

 규제개혁의 틀과 방식을 바꾸지 않고, 새로운 규제개혁 수단의 도입을 정부의 규제개혁 성과로 삼아온 이상한 관행 결과다. 노무현 정부에서 행정 부담을 줄이겠다며 법석을 떤 표준비용분석 연구 등은 조금 하다 말았고, 이명박 정부에서는 실효성이 없다 생각되는 규제의 효력을 임시로 정지시켜 보는 한시적 규제 유예를 만들었으며, 박근혜 정부에선 새로운 규제에 따른 규제 부담 증가분만큼 기존 규제의 개혁으로 충당하는 규제비용 관리제를 도입했다. 문재인 정부에서는 규제 샌드박스다. 신산업의 새로운 아이디어에 대해서는 임시 허가나 실증제도를 통해 규제를 적용받지 않고, 한번 해 볼 수 있게 하는 제도다. 물론 모두가 필요한 제도다. 그런데 실제 운영은 잠깐뿐이다.

 그래서 요란한 규제개혁에도 불구하고, 각 정부별로 자신이 내세운 브랜드만 관리하다 보니 규제개혁을 기다리고 있는 진짜 중요한 과제들은 지지부진하다. 수도권 규제가 대표적이다. 1970년대 후반, 수도권정비법에 따라 도입된 이 제도는 수도권의 팽창을 막기 위한 것이다. 그 후 지방균형 발전이 선거 쟁점이 되면서 이 규제는 성역이 됐다. 우리나라가 참고한 프랑스와 일본은 수도권 규제를 벌써 개선했다. 자세히 보면 천차만별인 수도권을 자연보호권역, 성장관리권역, 과밀억제권역으로 단순화하고, 대학이나 기업의 진입을 규제하다 보니, 국토의 효율적 운영은 저해하고 있다. 과밀억제권역 내의 그린벨트라도 도심고속도로를 끼고 있어 개발에 더 적합한 곳도 있고, 자연보호권역이라도 각 지자체나 지역의 사정에 따라 저공해 혹은 무공해 유발 기업의 입지가 가능한 지역도 있다. 이게 고쳐지지 않는 것이다.

규제개혁을 한다면서 비합리적 규제를 오히려 더 만들어 내는 역설도 있어 왔다. 문재인 정부는 부동산 가격 상승을 바로잡겠다며 부동산에 대대적 규제를 도입했다. 1가구 1주택의 기조에 따라 2가구 이상에 대해서는 양도소득세를 높게 매기고, 주택 구매 시 자금 출처를 소명하게 하는 등의 조치를 취했다. 서민을 위한 전세가격을 잡고 안정적인 전세주거권을 보장했다며, 2+2, 4년 보장 전세 기간을 정하고, 재계약 시 임대료 상한을 5%로 정했다. 결과는 거꾸로 나오고 있다. 주택 거래가 동결된 것이다. 주택을 팔고 싶어도 높은 양도세로 못 하니 시장에 나온 주택 공급 물량이 줄어든 것이다. 주택가격이 오를 수밖에 없다. 전세가격도 마찬가지다. 전세 규제를 강하게 하니, 집주인이 전세를 월세나 반전세로 돌려 서민들의 주거 부담은 오히려 커졌다. 이런 규제가 한두 가지가 아니다. 학력 차별을 방지하겠다고 도입한 블라인드 채용법도, 근로자에 대한 최저임금의 급격한 인상도, 재래시장 보호를 위해 마트 영업을 규제하는 유통산업발전법도, 시간강사를 보호하겠다며 도입한 강사업도 그 효과는 반대다. 지금도 국회에선 적어도 수백만 명에 영향을 미치는 규제가 필요하다는 이유만으로 효과에 대한 면밀한 검토는 없이 규제 입법이 이뤄지고 있다.

'있는 규제', '새로 만드는 규제', 규제는 두 종류로 나뉜다. 있는 규제는 이미 만들어져 우리의 삶을 규정하고 있는 것들이다. 산업단지에 공장 증축을 하려면 허가를 받아야 하고, 위해물질 운반에 각종 안전 규정을 지켜야 하는 것, 횡단보도 빨간불을 지켜야 하는 것과 같이 우리는 사업을 하거나 어떤 행동을 할 때, 있는 규제를 지켜야 한다. 새로운 규제는 국회, 정부에서 규제를 만들고 있는 규제다. 제품으로 치면, 공장에서 제조 중인 규제들이다. 아직 효력은 없지만, 곧 만들어져 우리의 삶에 영향을 준다.

그래서 규제관리는 있는 규제의 애로 사항을 발견해 고치고, 새로 만드는 규제를 최대한 합리적으로 세련되게 설계하는 것이 중요하다. 이 둘만 잘 하면 불합리한 규제로 국민이나 기업이 겪어야 할 불편, 비용, 기회의 제약이 획기적으로 개선될 수 있다. 그런데, 우리나라는 이 둘 모두에 획기적인 변화가 필요하다. 진정한 규제개혁, 국민과 기업의 부담을 줄이고, 사회 전반의 경쟁력을 제고하고, 규제로 인한 부패와 비효율을 제거하기 위해서는 모든 규제를 근본적으로 바꿔야 한다.

그러려면 규제관리 시스템의 근본적인 혁신이 필요하다. 국회는 법을 붕어빵처럼 찍어낸다. 그리고 이런 법의 상당수는 규제다. 그럼에도 국회의 규제 입법은 제대로 된 영향분석을 하지 않는다. 2019년 연말 통과된 민식이법은 스쿨존에서 어린이 교통사고를 방지하겠다는 명분만으로 발의되고 2개월 만에 통과됐다. 정부부처에서 규제 입법을 준비해 마무리하는 데 적어도 1년, 많게는 수년의 기간이 걸린다는 점에서 이례적이다. 국회의 규제 입법에는 규제영향분석이 없고, 전부개정안이 아니면 이해당사자로부터 규제 입법에 대한 의견을 듣는 청문 절차를 거치지 않아도 되기 때문이다.

사고만 나면, 사회적으로 관심 있는 사건만 발생하면, 국민들의 이목도 끌 겸, 이를 바로잡는다며 무더기 규제 법안이 발의되고, 조금 지나 잊혀질 때쯤 슬그머니 몇 개의 법안이 통과된다. 2021년, 갑자기 자원재활용법 개정안이 발표됐다. 제품 출시 전 모든 포장재를 검사하고, 이를 어기면 징역이나 벌금을 부과하겠다는 것이다. 환경 보호를 위한 마음이야 십분 공감되지만, 이런 규제는 도입되면 안 된다. 식품업체만 6만 여 곳, 등록된 상품만 120만 개에 이르는 상황이 이 규제의 도입으로 기업이 부담할 비용이 얼마일까. 포장재 검사로 인해 과연 얼마나 포장 폐기물을 줄일 수 있을까? 국회는 마음만 먹으면 이런 규제 법률도 통과시킬 수 있다. 특히 지금의 정치 지형처럼 특정 정당이 의석을 압도하면 정책 질의와 토론과는 무관하게 정당의 의지만으로 통과시킬 수도 있다.

그래서 지금이라도 국회의 규제 법안에 대한 규제영향분석의 도입은 절실히 필요하다. 이를 두고 일부 의원들은 국민의 대표기관인 국회의원의 입법권을 침해하는 발상이라며 반발하지만 그렇지 않다. 국회의원의 입법권이란 아무 법안이나 만들라는 것이 아니다. 과학적 분석과 면밀한 토론을 거쳐 그 부작용을 충분히 따져가며 법안을 만들고, 이렇게 만들어진 법의 효과에 대해선 책임을 져야 한다는 것이다. 그러려면, 규제 입법의 과학성을 제고할 규제영향분석과 청문 절차는 너무나도 중요하다. 미국 의회에서도 무수한 법안이 발의되지만, 사전 검토 과정에서 살아남는 경우는 거의 없다. 그래서 이 과정을 법안의 무덤이라 일컫는다. 다 법안에 대한 꼼꼼한 분석에 기반한 실효성 검토가 있기 때문이다.

정부 내의 규제관리 거버넌스의 정비도 필요하다. 우리나라에서는 컨트롤 타워 기능을 여러 부처에서 수행하는 촌극이 발생하고 있다. 우리나라는 규제개혁 전담기구로 규제개혁위원회가 있지만 비상임에다가 사무국도 법률로 명시돼 있지 않다. 국무조정실 내 규제조정실에서 담당해 왔다지만 순환보직으로 운영되는 비전문가 조직인데다, 규제를 둘러싼 복잡한 이해관계를 조정하고, 법령 개선까지 해야 하는 이 복잡하고 일 많은 부서에 사명감만으로 열심히 하라고도 할 수 없는 노릇이다. 여기에 우리나라의 규제개혁은 대통령의 의제인지에 따라 영향을 크게 받는다. 김대중, 박근혜 정부 등 대통령 수준에서 규제개혁에 관심을 가지면 힘을 받지만, 규제개혁에 상대적으로 소극적인 정부에선 규제개혁위원회가 유명무실화되기도 한다.

규제개혁 거버넌스를 대대적으로 손봐야 국민생활에 큰 영향을 미치는 규제를 합리적으로 관리할 수 있다. 핵심은 독립성과 책임성, 그리고 전문성을 갖춘 규제개혁 기구를 정부 내에 확실하게 만드는 것이다. 규제개혁은 각 부처가 가진 규제의 실효성을 따지는 과정이다. 따라서 각 부처와 독립성을 가지되, 자신이 가진 규제의 필요성을 주장할 이들 부처의 규제 보호 논리에 규제 개선의 필요성을 피력할 수 있는 위상을 가져야 한다. 그래서 규제개혁은 국무총리실에 규제개혁 전담차관을 두고, 규제개혁위원회의 사무국 역할을 부여해야 한다. 물론 이 기관은 행정부 내 각 부처의 규제 입법과 개선안에 대해 검토하고 승인하는 권리를 가져야 할 것이다.

이렇게 되면, 자연스럽게 정부 내에 규제관리 전문가가 키워질 수도 있다. 입직 시부터 평생 동안 규제관리를 하며, 현장 경험과 전문성을 갖춘 관료는 규제개혁의 안정적 추진을 위해 필수적이다. 또한 전담차관제에 따른 예산을 안정적으로 갖출 수도 있다. 규제영향분석 등 규제관리를 제대로 하려면 전문 경제학자, 통계학자 등이 동원돼야 하는데 지금의 규제조정실은 독자 예산이 인력예산을 제외하고는 없다. 이러한 예산의 한계가 규제심사의 부실로 연결되는 실정이다. 그 밖에도 규제관리를 위해서는 이해당사자의 협의, 규제개혁 제도 발전을 위한 정책연구에 예산이 필요하다.

규제개혁위원회가 제대로 된 역할을 수행하기 위해서는 규제개혁위원회 위원장의 임기도 정권 임기 기간과 일치하지 않도록 설계해서, 정권에 따라 규제개혁의 방향성이나 색깔이 달라져 급격한 사회 혼란을 야기하지 않도록 할 필요도 있다. 규제개혁위원회가 정치적·정량적인 판단에서 벗어나 재정이 예비타당성조사와 같이 규제안에 대한 최대한의 과학적 분석과 토론에 기반한 의사 결정을 보장받을 수 있다면, 우리나라 규제관리는 한층 세련될 수 있을 것이다.

한편 규제개혁을 하겠다며 각 부처마다 경쟁적으로 도입한 규제관리 거버넌스의 개편도 필요하다. 문재인 정부에서는 규제 샌드박스를 도입했다. 그리고 과학기술정보통신부, 산업부, 중소기업부도 컨트롤 타워 역할을 하고 있다. 현재 신산업 규제개혁의 핵심 정책 수단인 규제 샌드박스를 이들 부처가 운영하고 있다.

과기정통부는 정보통신융합법에 따라 정보통신(ICT) 관련 규제 샌드박스를 운영하고 있다. 과기정통부가 ICT 주무부처이기는 하지만 모든 ICT 관련 제품과 서비스를 관장하고 있지는 않다. 의료기기는 보건복지부와 식약처, 핀테크는 금융위원회, 가상현실 트럭은 국토부 등에서 관장한다. ICT가 어느 한 분야가 아닌 모든 산업에서 융합기술의 역할을 하기 때문이다.

산업부는 산업융합촉진법에 따라 규제 샌드박스를 운영한다. 시장경제에서 거의 모든 규제는 산업과 직간접으로 관련된다. 4차 산업혁명 시대에서 산업·기술 간 융합은 필연적이다. 그렇다 보니 사실상 전 부처가 산업부 규제 샌드박스 대상이다. 중기부는 지역특구법에 따라 규제 샌드박스를 운영한다. 지역특구에서 수도권은 제외된다. 그런데 수도권에서만 할 수 있는 산업은 없다. 그렇다 보니 중기부 역시 전 부처가 규제 샌드박스 적용 대상이다.

이것을 두고 규제개혁은 중요한 것이니 각 부처마다 관심을 가지면 좋지 않냐고 생각할 수 있다. 지난 2년간 규제 샌드박스 실적을 보면 그렇지 않다는 것을 알 수 있다. 제일 좋은 성과를 거둔 부처는 금융위원회. 135건으로 전체(404건)의 1/3을 차지한다. 다른 부처와 비교했을 때 내용적으로도 우수하다.

왜 이런 현상이 생길까? 규제개혁의 동기가 확실하기 때문이다. 금융위원회 입장에서 보면 규제 샌드박스 실적은 곧 자기 부처의 성과다. 실적이 좋을수록 행정부 내에서 기관의 위상이 높아진다. 금융 규제 주무부처이기 때문에 시행 과정에서 발생할 수 있는 위험을 관리할 능력도 있다.

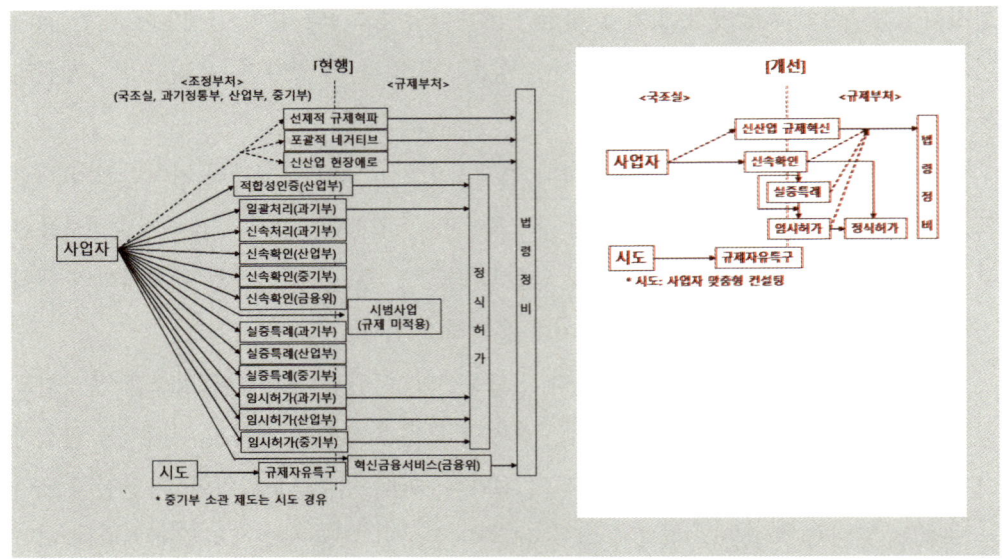

규제개혁의 개선 예

반면 과기정통부, 산업부, 중기부의 규제 샌드박스는 다르다. 복지부나 식약처 입장에서는 이들 부처가 주도하는 규제 샌드박스에 적극적으로 참여할 이유가 없다. 좋은 실적이 나면 과기정통부의 실적이 되고 운영 과정에서 문제가 생기면 자기 부처의 책임이 되기 때문이다. 과기정통부 입장에서도 규제 부처가 반대하면 강하게 밀어붙이기 어렵다. 규제의 내용을 잘 모르는 상황에서 사업자의 말만 믿고 밀어붙일 수는 없다.

그래서 정부 내의 규제개혁의 컨트롤 타워는 국무총리실로 일원화해야 한다. 지금 제도에 따르면 행정부 내 모든 규제정책을 총괄하는 부처는 총리실이다. 행정규제기본법에 따라 신설·강화하는 규제는 규제개혁위원회 심의를 받아야 한다. 이 위원회의 사무국 역할을 총리 내 규제조정실이 하고 있고 위원장이 국무총리다. 여러 부처에서 운영 중인 규제 샌드박스도 이런 방식으로 정리해야 한다. 물론 여기서 제안한 전담차관제를 설치하면 이런 과정이 더 실효적으로 이뤄질 수 있을 것이다. 규제 샌드박스도 지금처럼 사업자가 여기저기 쫓아다니지 않고 국무총리실에 신청하면 논의되는 방식으로 개편해야 하는 것이다.

물론 이렇게 하더라도 대통령, 청와대의 집권 세력이 마음만 먹으면 활동을 마비시키거나, 자신들의 코드에 맞는 규제개혁만 할 가능성도 있다. 우리나라의 국가 운영은 대통령이 돼 권력을 잡으면, 세상을 완전히 바꿀 수 있을 것처럼 운영되는 것 같다. 대통령의 권한이 이렇게 세지다 보니, 정부부처가 청와대 수석들, 여당 핵심 인사들의 눈치를 본다는 말이 나온 것도 어제오늘 일이 아니다. 그래서 대통령이 규제개혁이 국가경쟁력에 왜 필요한지 이해할 수만 있다면 지금보다 훨씬 전형적인 규제개혁도 가능할 것이다.

그런데 사실은 여기에 대한 대안도 있다. 대통령에 휘둘리지 않을 규제개혁의 방법론, 그것은 아예 대통령실, 청와대 안에 규제개혁 전담기구를 두고, 전문성을 가진 관료들을 배치하는 것이다. 미국에서는 백악관 관리예산처(Office of Management and Budget: OMB) 내에 정보규제실(Office of Informaton and Regulatory Affairs: OIRA)을 두고 국정 최고 수준에서 규제개혁 의제를 안정적으로 챙긴다. 우리나라도 이렇게 청와대 내에 정권이 바뀌어도 규제개혁이란 임무가 변하지 않는 규제개혁 조직을 두고 중요 규제의 신설, 행정 부담의 관리, 법률 제정 수준 규제분석의 점검, 이해관계가 첨예해 경색된 규제개혁안 등과 같은 규제개혁의 핵심 길목을 지키도록 하는 것이다. 청와대라는 성역 내에 규제개혁이라는 트로이 목마를 끌어들이는 것이다. 이렇게 되면, 각 부처의 규제개혁에 대한 반발이나 이해관계가 복잡해서 한 걸음도 조정이 안 되는 규제들에 대해서도 좀 더 혁신적인 접근이 가능할 것이다.

불균형 해소, 바른 해법을 제시한다

chapter 9

진정한 소득불균형 대책은 성장

우리나라의 실리콘밸리라 불리는 판교밸리는 하루가 다르게 새로운 벤처기업이 만들어진다. 이들 중 성공한 기업에 투자가 이뤄지고, 사무실 책상이 한두 개 늘다가, 사무실이 커지고, 어느새 건물이 새로 들어서면서 만들어졌다. 이런 성공의 스토리는 소리 없는 전쟁의 결과다. 어떻게 하면, 좋은 품질을 만들어 내면서도, 유통비용을 줄이고, 좀 더 좋은 조건을 내미는 협력업체와 거래하며, 더 유능한 인재를 고용할 것인가의 고차방정식을 푸는 데 성공했기 때문이다. 그리고 이런 고차방정식에는 낙수 효과에서 기대하듯, 사회적 가치 창출이란 변수는 없다. 어떤 기업도 사회적 가치 창출을 목적으로 경영하지 않는다. 사회적 가치 창출은 기업 경영의 결과로서 그 성과가 사회에 미친 좋은 영향일 뿐이다. 판교밸리, 이 공간에서 일하는 사람들은 스스로 자기 삶을 책임지고 살 뿐만 아니라, 우리나라 어딘가에 도움이 필요한 이들을 위한 소득재분배 정책에 필요한 세금을 내는 사람들이다. 정부는 이것을 할 수 없다.

1960년대 부자와 2020년대 중산층, 누가 더 많은 것을 누리고 있을까? 1960년엔 극소수의 사람 외엔 전화기가 없었고, 휴대폰은 아예 없었다. 외국 여행은 부자도 꿈꾸기 힘들었고, 온통 더러운 길, 민둥산과 석탄연료의 매연, 정비되지 않은 한강에선 수시로 죽은 물고기떼가 올라왔다. 지하철이 없고, 버스노선도 정비되지 않아, 서울이라지만 서울역에 내리면 또 몇 시간을 걸려 강북으로, 강남으로 가던 때이기도 했다. 서울에서 잘 이어진 한강 둔치 자전거 길을 따라 양평까지 자전거를 탄다는 건 상상할 수도 없는 일이기도 했다.

2021년, 국민 중 휴대폰이 없는 사람은 거의 없고, 부자가 아니더라도 해외 여행은 수시로 다니고, 차도와 보도는 어느 나라보다 잘 정비돼 있다. 심심하면 자전거를 끌고 하이킹을 하고, 서울에선 지하철을 타면 한 시간 내의 거의 모든 곳에 닿는다. 시외 출장도 마찬가지다. 대전까지 1시간 걸리고, 안동까지 1시간 30분이면 간다. 30년 전만 해도 3시간, 5시간 넘게 걸린 길이다.

불과 두 세대, 60년 만에 모든 국민을 할아버지 세대의 부자보다 호사스럽게 살게 해준 이 기적이야말로 진정한 낙수 효과의 결과다. 기업이 폭발적으로 성장했고, 좋은 일자리가 만들어졌으며, 세금이 많이 걷혔다. 개인소득도 많아졌지만 국고도 풍요로워졌다. 돈이 없어 엄두도 못 내던 대형 국책사업을 할 수 있게 됐다. 인천공항, 지하철, 한강 정비, 고속철도, 초고속정보통신망이 이런 식으로 하나씩 만들어졌다. 민둥산을 푸르게 조림을 하더니 요즘은 산책길과 휴양림을 만들고, 캠프장도 만들었다. 국민 누구라도 휴양림 하루쯤 다녀오는데 부담스럽지 않은 부자국가는 이렇게 만들어졌다.

이것을 당연하다 생각하면 안 된다. 1960년대 우리나라와 비슷한 국가들이었던 아프리카, 동남아시아 후진국들은 60년이 지난 지금도 별로 변한 것 없는 세상에 살고 있다. 변하지 않은 것이 있다면, 부자는 엄청난 부자고, 가난한 사람은 정말 엉망인 공공 서비스와 사회환경에 변변한 일자리 하나 얻기도 힘든 내일이 없는 삶을 사는 국가가 여전히 많다. 그래서 우리나라의 성공은, 정부가 일부러 낙수 효과를 기대한다며, 기업이 소득을 강제로 배분한 결과 이뤄진 것이 아니다.

   소득불균형을 해소하기 위한 방법은 크게 두 가지다. 재분배, 정부가 나서서 고소득계층에서 저소득 계층으로 강제적인 자원 이전을 하는 방식이다. 경제 성장, 사회 전체의 소득 수준이 올라가 고소득층이든 저소득층이든 평균적인 소득 수준이 높아지는 것을 의미한다. 경제 성장이 소득불균형 해소를 위한 근본 전략이다. 반면 재분배 정책은 대증적이며 임시적인 효과만 있을 뿐이다. 정부가 재분배 정책을 다양하게 시행한다 해도 경제 성장이 수반돼야 지속 가능할 수 있다.

   이유는 간단하다. 같은 부모에게서 태어난 자식이라도 같이 잘살 수는 없다. 소득이 작아 고생하는 자식에게 부모는 자기가 가진 돈을 지원해 줄 수 있다. 전문직에 소득이 많은 다른 자식에게 부탁해 눈에 밟히는 아픈 손가락 자식을 도와주라 할 수도 있다. 이게 언제까지 가능할까. 경제적 도움은 한시적이거나 규모가 작을 수밖에 없다. 돈 많이 번다고, 돈 걱정 안 하고 사는 자식이 있기도 힘들겠지만, 계속 지원해 준다고 능사도 아니다. 스스로 벌어서, 어떻게든 살아가는 방법을 찾지 않으면 안 된다.

   소득재분배 정책이 이와 같다. 값비싼 제품에는 특별소비세를 높게 매기거나, 고소득자에는 세율을 높게 정해 세금을 더 거둔다. 기업에는 일자리를 하나쯤 더 만들어 고용하라고 종용한다. 청년실업을 해소하기 위해서다. 대학생은 가족의 소득 수준을 10개 층으로 구분, 국가장학금을 지급한다. 저소득층 학생들은 장학금 전액을 국가로부터 지원받는다. 어느 국가나 이런 정책을 쓰고 있지만 잊지 말아야 할 것이 있다. 이런 정책에 필요한 세금을 내는 계층이 지속돼야 이런 정책이 지속 가능하다는 점이다.

   성장 없는 소득재분배 정책이 위태로운 이유는 여기에 있다. 그리고 성장은 민간기업의 경쟁력으로부터 나온다. 어느 누구도 품질도 나쁘고 비싸기만 한 제품을 사지는 않는다. 기업이 경쟁력을 갖기 위해서는 남다른 아이디어를 가져야 하고, 그 아이디어를 시험할 연구개발에 투자해야 하며, 마케팅과 고객관리에도 관심을 가져야 한다. 여기에 성공한 기업들이 좋은 기업이고, 매출액과 이익이 큰 기업이며, 세금을 많이 내는 기업이다. 그리고 이들이 내는 세금을 통해 소득재분배 정책이 가능하다. 국가장학금이든 취로사업이든, 청년실업지원금이든 영세민에 대한 소득보전이든 돈이 필요한 일이고, 이런 돈은 하늘에서 떨어지는 것이 아니라 누군가 낸 세금으로 충당된다.

기업의 성장은 좀 더 근본적인 소득재분배를 가능하게 해 준다. 자연스럽게 일자리가 많아지기 때문이다. 기업 성장은 고급 일자리만 많아지는 것이 아니다. 공장을 증축하고, 커진 공장을 관리하며, 공장의 생산 라인을 돌리기 위해서는 본사의 기획이나 연구개발팀의 박사도 필요하지만, 생산 라인에서 실질적으로 일을 하는 일자리도 필요하기 때문이다. 제4차 산업혁명으로 성장은 있는데 로봇과 자동화 시스템이 일자리를 대체해 고용 없는 성장이 있을 거란 전망도 틀린 것이다. 한두 개의 기업에는 이것이 맞을 수 있지만, 사회 전체로 보면 아니기 때문이다. 사람들은 소득이 생기면 새로운 놀거리를 찾고, 먹을거리를 찾고, 즐길거리를 찾는다. 자식 교육에도 더 투자하고, 여행도 더 많이 간다. 여기에 새로운 기업이 또 생겨나고, 일자리가 생기고, 소득이 생기고, 세금이 생긴다. 산업혁명기 러다이트(Luddite)는 공장의 기계가 일자리를 뺏어간다고 투쟁했지만, 산업혁명 이후 기업은 지속적으로 증가했고, 일자리의 수도 퀀텀 증가했다.

그럼에도 낙수 효과(trickle-down)가 없으니 정부가 직접 시장에 개입해 적극적인 소득재분배를 실현해야 한다는 주장이 있다. 그런데, 이는 낙수 효과를 너무 제한적으로만 이해한 단견이다. 기업이 성장해서 매출이 많아지고, 일자리가 증가하고, 사람들의 소득이 높아지는 것, 하나가 아닌 수백 개의 경쟁력 있는 기업이 만들어 내는 이 소리 없는 오케스트라야말로 낙수 효과다. 기업이 당장 좀 컸다고, 사회적 가치를 창출한다고 영세민 보호사업을 하고, 중소기업과의 상생을 위한 기금을 출연하고, 청년고용을 의무적으로 하는 것이 낙수 효과가 아니다. 그리고 이런 것이 낙수 효과라 기대했다면 원래 낙수 효과는 없는 것이다.

그렇다면, 소득재분배를 위해 무엇을 해야 할까? 지금의 소득 격차의 지형을 강조하며, 대기업은 너무 커졌으니 그만 커도 된다 하고, 중소기업은 너무 힘드니 이런저런 지원을 하고, 고소득자에는 돈이 많으니 세금 좀 내는 게 좋은 일이라 하고, 저소득자엔 너무 어려우니 정부가 당연히 도와주는 것이라 하면 안 된다. 이런 재분배 정책엔 여기에 필요한 돈을 대는, 시장에서 스스로 일자리가 만들어지는 가장 중요한 메커니즘이 빠져 있기 때문이다. 더 중요한 건 이익이 커지지 않는다는 것은 아무리 해 봐야, 지금 상황의 정체에 불과할 뿐, 지금보다 더 나은 삶은 없다. 성장만이 이것을 가능케 한다.

빚을 좀 지면 되는 것 아닌가, 정부가 재정구조가 너무 튼튼한데다, 어려운 사람도 많으니 빚을 좀 져서 소득재분배 정책을 하는 것도 방법이란 엉뚱한 주장도 있다. 여기에 정부는 파산할 이유가 없고, 원래 돈은 찍어 내면 되는 것이라는 황당한 목소리도 가끔 들린다. 시장에 가면 급전을 쓴다는 말이 있다. 너무 급하게 돈이 필요한데, 없으니까 빌려서 메운다는 것이다. 급전은 여러 번 쓰는 게 아니다. 반드시 갚아야 할 돈이기도 하지만, 급전을 자주 쓰다 보면 빌려 줄 사람이 줄어든다. 국가도 마찬가지다. 돈을 자주 빌려 쓰는 국가는 국가재정에 대한 신인도가 낮아질 수밖에 없고, 이렇게 낮아진 국가재정 신인도는 환율에도 영향을 미치고, 우리나라 기업의 주가에도 영향을 미친다. 무엇보다 이런 구조로는 성장을 통한, 자연스러운 소득재분배가 이뤄지면서도, 취약계층 공적부조를 위한 보조적 정책을 지속할 수 있는 방법이 없다.

임금 불균형을 먼저 해결하자

"한국은 경제적 불평등이 세계에서 가장 극심하다." 문재인 대통령이 2019년 1월 초 신년 기자회견에서 한 말이다. 틀렸다. 불평등의 정도가 심하긴 하지만 세계에서 가장 극심한 것은 아니기 때문이다.

OECD가 경제적 불평등을 판단하는 지표 중 하나가 가처분소득 지니계수다. 0이면 완전평등을, 1이면 완전불평등을 의미한다. 우리나라 지니계수는 16년 0.355에서 점차적으로 하락해 2019년에는 0.339를 기록했다.[1] 이를 OECD 회원국 중 비교 대상 36개국과

---

1) 지니계수와 달리 또 하나의 분배지표인 시장소득 분배 배율은 오히려 높아졌다. 임금소득에 사업소득, 자산

비교하면 일곱 번째로 높은 수준이다. 경제적 불평등이 OECD 7위 국가라는 말이다.

이보다 더 나쁜 지표는 따로 있다. 임금불평등 지표다. 2018년 OECD가 발간한 한국경제보고서에 따르면, 우리나라는 임금소득 하위 10%보다 상위 10%가 4.5배나 더 많은 소득을 올린다. 한국보다 이 배율이 높은 나라는 OECD에 미국밖에 없었다. 2020년 보고서에서는 한국보다 나쁜 나라에 이스라엘이 포함됐다. 한국의 임금불평등이 OECD 회원국 중 세 번째로 극심하다는 말이다.

특히 주목할 점은 한국의 임금불평등이 지난 20년간 지속적으로 악화돼 왔다는 사실이다. 하락하는 일 없이 지속적으로 높아졌다. 반면에 프랑스, 일본, 독일에서는 낮아지기도 했다.

독일의 임금소득 격차는 1990년 4배 수준에서 2016년에는 3.5배 이하로 하락했다. 소득계층 간 임금형평성이 높아진 것이다. 임금은 한번 올리면 내려가지 않는다는 하방경직성이 있다고 하지만 임금불평등까지 그렇지는 않다는 것을 보여주는 통계다. 하위 10% 계층의 임금인상률이 상위 10%의 임금인상률보다 꾸준히 높으면 장기적으로 임금소득 격차가 줄어들 수 있다. 그러나 이러한 일은 한국에서 발생하지 않았으며 기대하기도 어렵다.

임금소득 계층 간 불평등 외에 기업 규모 간 격차도 문제다. 한국에서 종업원 300인 이상 기업과 그 이하 기업 간 임금 격차는 1980년대까지만 해도 비슷했다. 그러나 2017년에는 2.2배로 확대됐다. 여기에 더해 정규직과 비정규직 간 임금 격차도 확대되고 있다. 문재인 정부 출범 후에도 높아지기만 했다.

결국 우리나라 경제적 불평등 악화의 주범은 다름 아닌 임금불평등이다. 그래서 정부가 소득불균형을 해소하겠다면 우선 임금소득 최상위 계층과 최하위 계층 간 격차, 대중소기업 간 임금 격차, 정규직과 비정규직 임금 격차를 해소해야 한다.

독일, 프랑스, 일본이 할 수 있었는데 우리는 왜 이것이 안 되는가?

우리나라의 임금은 일부 직종의 경우 이미 세계 최고 수준이다. 자동차 산업을 보자.

소득까지 포함한 개념으로 하위 20% 계층과 상위 20% 계층의 시장소득을 비교한다. 이 지표가 상승했음에도 지니계수가 하락했다는 것은 정부가 시장소득 격차를 복지지출 등을 통해 보전해 줬음을 말한다.

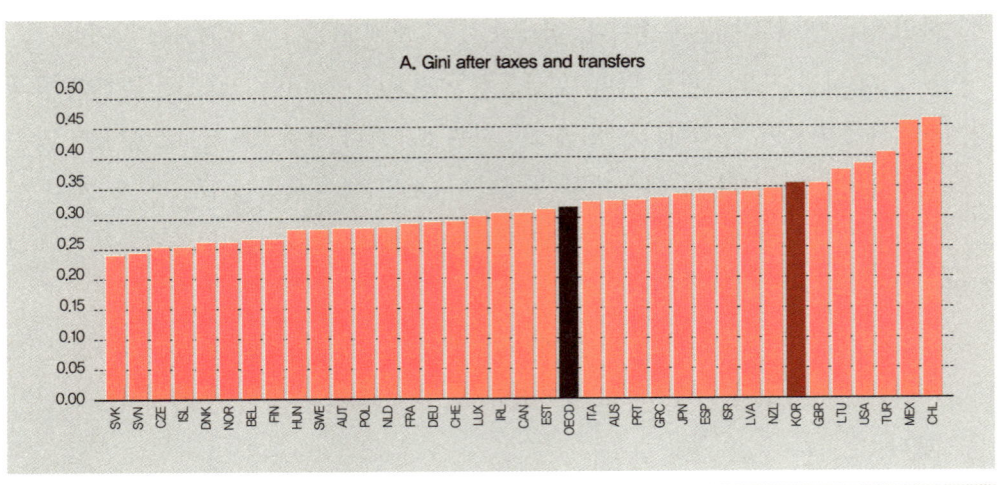

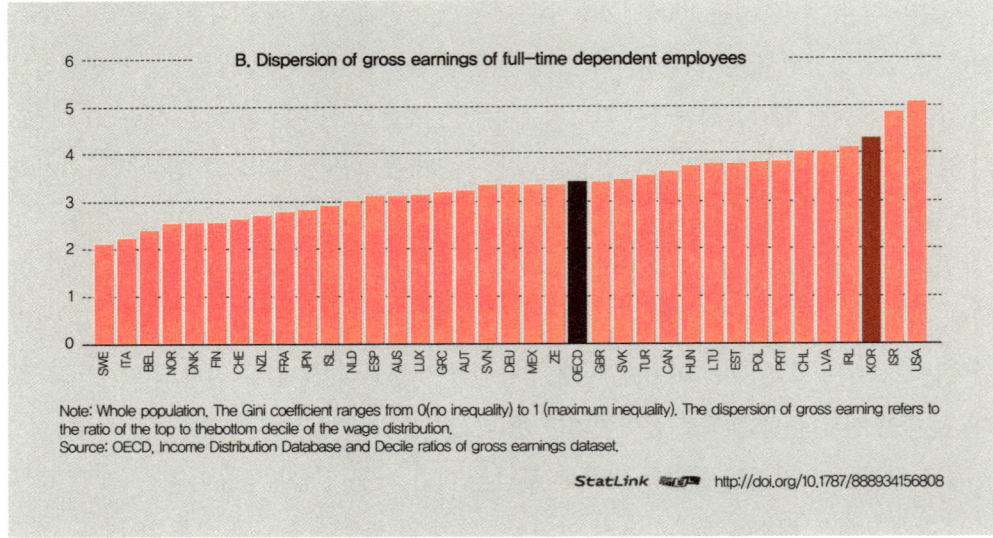

소득 불균형 악화는 OECD 7위, 임금 불균형은 OECD 3위

국내 완성차 5개 사의 2017년 1인당 평균 임금은 9,072만 원으로 일본 도요타(8,390만 원)와 독일 폭스바겐(8,303만 원)보다 높다. 잦은 노사 분규로 몸살을 앓아온 르노삼성 부산공장의 경우 르노 일본 규슈공장보다 임금이 20%나 높다고 한다. 반면에 시간당 생산, 1인당 매출 등 생산성은 한국이 경쟁국보다 낮다. 생산성은 낮은데 임금은 높다는

것이다. 특정 직종이 아니라 전체적으로 보아도 대형사업장의 경우 한국의 임금수준은 경쟁국 보다 높다. 아래 그래프에서 보듯이 1인당 GDP와 비교한 대졸 초임이 500인 이상 사업장에서 일본보다 45.1%포인트나 높다.

바로 이 지점에서 해답을 찾을 수 있다. 세계 최고 수준의 임금을 받는 생산성 낮은 한국의 사업장들을 살펴보아라. 대부분이 강성노조가 연례행사처럼 임금인상을 주도하고 있는 대기업 사업장이다. 이 문제와 정면으로 승부를 걸지 않는 한 한국에서 임금 소득불균형 해소는 영원히 불가능할지도 모른다.

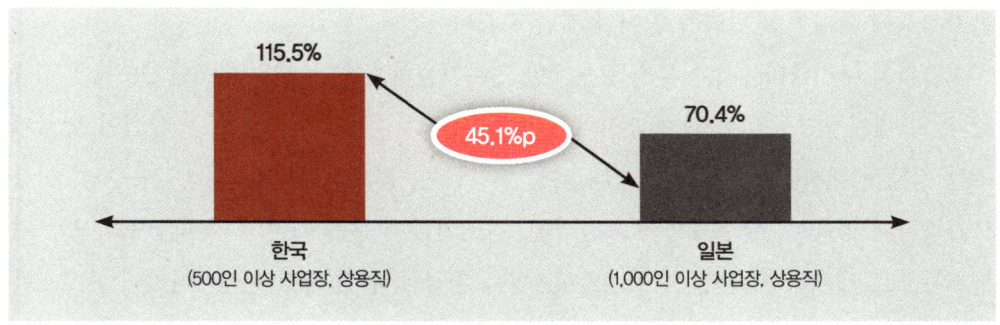

출처: 한국경영자총협회, '한일 대졸 초임 비교와 시사점', 2019.10.

한일 대기업 1인당 GDP 대비 대졸 초임 수준 비교(2018)

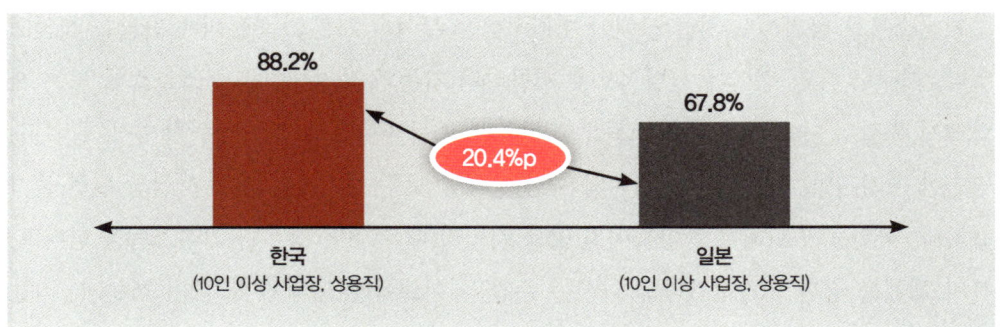

출처: 한국경영자총협회, '한일 대졸 초임 비교와 시사점', 2019.10.

한일 소기업 1인당 GDP 대비 대졸 초임 수준 비교(2018)

기본소득보다 더 나은 해법이 있다!

2020년 4월 코로나 팬데믹을 맞아 정부가 모든 국민에게 현금으로 재난지원금을 지급하자 기본소득에 대한 관심이 급속히 확산됐다. 정부 예산으로 모든 국민에게 현금을 지급하는 일은 우리나라 역사에서 처음 있는 일이다. 그래서인지 모든 사람에게 아무런 조건 없이 정기적으로 현금을 지급하자는 기본소득 논의가 점차 국민들의 이목을 끌고 있는 중이다. 이제 철학, 정치학, 경제학, 사회학 등 사회 문제를 연구하는 거의 모든 전문가는 기본소득을 비현실적 주장이라고 묵살할 수만은 없게 됐다. 어쩌면 정부 예산과 복지정책에 획기적인 변화가 일어날 것만도 같다.

지금까지 우리나라에서 기본소득에 대한 전문가들의 논의는 재원의 조달가능성에 집중됐다. 조세재정연구원(이하, 조세연)의 2017년 보고서 「각국의 기본소득 실험이 한국에 주는 정책적 시사점」에 따르면, 생계급여, 주거급여, 근로장려세제, 가정양육수당, 한부모가족자녀 양육비, 쌀소득보전 고정직불, 기초연금과 같은 기존의 복지급여를 모두 기본소득으로 대체하면 1인당 매월 23,000원을 지급할 수 있다고 한다. 여기에 근로소득과 관련된 각종 공제인 근로소득 공제, 인적 공제, 세액 공제, 각종 사회보험료 공제를 폐지하고 이를 기본소득의 재원으로 쓴다면 개인당 월 94,000원을 추가로 지불할 수 있다. 기본소득을 이보다 더 늘리고자 한다면 당연히 세금을 인상해야 한다는 계산이다.

기본소득을 하더라도 지급 금액이 미미하다는 분석은 기본소득 논의에 찬물을 끼얹었었다. 더구나 특정 집단에 선별적으로 제공하던 기존의 복지급여를 구조조정해 모든 사람에게 똑같이 나눠 주는 기본소득으로 바꾸면 소득재분배 효과는 하락할 수밖에 없다. 당연한 얘기지만, 기존의 복지급여와 세금 공제를 모두 폐지하는 것도 사실상 실현 불가능하다. 국민들이 도저히 받아들이지 않을 것이기 때문이다. 정부가 기본소득을 한다고, 복지 체계를 전면 조정하겠다고 나서는 순간 '기본소득을 도대체 왜 해야 하는가?'라는 본질적 의문에 봉착할지도 모른다.

기본소득을 지지하는 학자들은 사람이라면 당연히 가져야 할 권리에서 이유를 찾고 있다. 이 세상 사람들은 모두 토지, 환경, 지식 등 공유해야 할 부(富), 즉 코먼웰스(common wealth, 公有富)에 대한 공평한 권리를 갖기 때문에 이들을 활용해 창출한 소득과 부에 대해서도 공평한 배당의 권리가 인정돼야 한다는 것이다. 이들 중에는 여기서 더 나아가 기본소득 재원을 늘리기 위해 기본소득 도입과 함께 사유재산권을 대폭 폐지해 코먼웰스를 획기적으로 확대해야 한다고 주장하는 학자도 있다. 기본소득이 사회주의와 공산주의를 실현하는 수단이라고 공공연히 언급하고 있는 것이다.

그런데 기본소득을 위해 코먼웰스 개념을 동원하는 학자들은 이 제도가 기존의 사유재산권 질서에 어떤 영향을 주는지에 대해서는 구체적으로 언급하지 않고 있다. 더구나 지금의 시장경제 시스템 내에서도 정부가 코먼웰스에 사용료를 부과하고 외부 효과에 대해서는 교정적인 조세를 부과하기 위해 기울여온 노력들도 감안하지 않는다. 다시 말해, 이들의 주장과 같이 코먼웰스에 공평한 권리를 부여하기 위해 기본소득을 도입한다 하더라도 지금의 체제에서는 현실적으로 확보할 수 있는 재정수입이 그렇게 많지 않다는 것이다. 이런 사실에도 기본소득을 추진하게 되면 공산혁명 이상의 파괴적 변화가 나타날 수밖에 없다.

주류 경제학자들은 기본소득에 의문을 제기한다. 다만 기본소득을 지지하는 학자들이 제기한 기존 복지정책의 문제점에 대해서는 경청할 필요가 있다고 말한다. 이들 주류 경제학자들은 자신의 빈곤을 스스로 증명해야 하는 재산소득 조사(means-test)를 그 원인으로 본다. 가난하지만 정직한 사람들은 재산소득 조사 때문에 자존감에 상처를 입으면서 복지급여 수급을 포기하는 경향이 있다. 반면 일부 부유한, 그러나 부정직한 사람들은 재산소득 조사를 위장하며 복지급여를 타내려 한다. 또한 가난한 사람들 중 불성실한 사람도 있다. 이들은 복지급여에 안주하며 경제활동 자체를 포기하려 한다. 한마디로 기존의 복지정책이 빈곤층을 구제하는 목표를 제대로 실현하고 있는지에 대해 의문을 갖고 있는 것이다.

주류 경제학자들은 기본소득을 권리가 아니라 '음의 소득세'(또는 마이너스 소득세)를 관철하는 수단이라는 데 비교적 공감하고 있다. 음의 소득세는 일정한 기준소득에 미달하는 사람들에게 보조금, 즉 음의 소득세를 비례적으로 지급하자는 것이다. 소득이 0인 사람에게 기초적인 보조금(**기초소득**)을 보장하지만 소득이 점차 증가하면 그 정도에 따라 보조금을 감액하는 것이다. 소득이 증가해 기준소득을 초과하면 그때부터는 양의 소득세를 납부하도록 한다. 우리나라는 이러한 '음의 소득세'를 구축하고자 그 초기 단계로서 2009년부터 '근로장려세제'를 도입한 바 있다.

  정치철학자들의 기본소득과 주류 경제학자들의 '음의 소득세'는 결과적으로 지향하는 바가 동일하다는 것이 많은 전문가들의 일치된 견해다. 이 두 가지 제도의 동등성(equivalence)을 설명하기 위해 시장소득과 가처분소득의 그림을 이용하기로 한다. 그림 1)은 기본소득을, 그림 2)는 음의 소득세를 각각 나타내는데, 두 그림에서 대각선 OX는 세금과 복지급여가 전혀 없을 때 시장에서 벌어들인 소득(Y)이 가처분소득(D)과 일치한다는 사실을 보여준다. 그리고 세금과 복지급여가 존재하는 현실의 상황에서는 소득과 가처분소득의 관계가 점선 ①로 표현된다. 점선 ①에서는 세금과 복지사업의 현재 문제점 때문에 시장소득과 가처분소득의 관계가 불규칙적인 모습을 보인다.

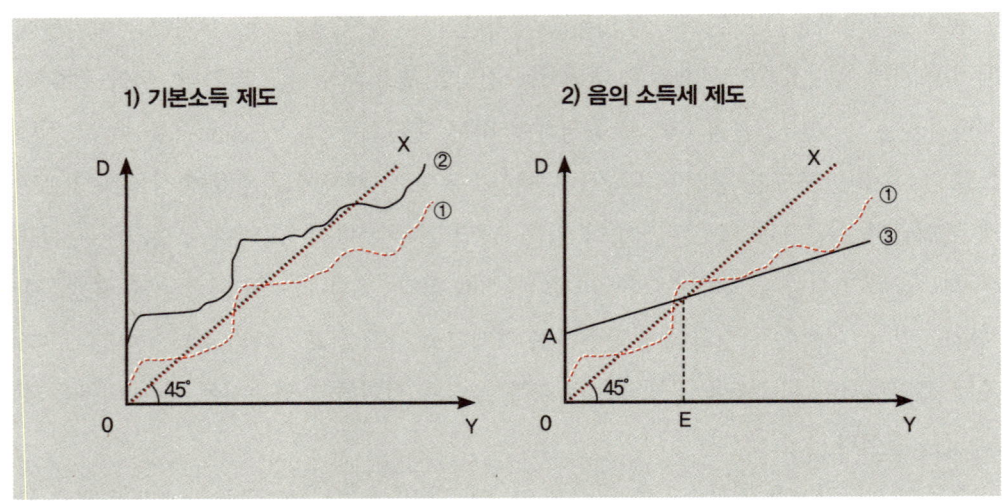

기본소득 제도와 음의 소득세 제도 비교

그림 1)의 기본소득 제도에서는 부자와 빈자를 구분하지 않고 전 국민에 보편적인 현금을 지급하기에 점선 ①을 실선 ②로 이동시킨다. 반면 음의 소득세 제도는 그림 2)에서 점선 ①을 실선 ③으로 이동시키는 변화를 의미한다. 다시 말해 OE의 기준소득 이하의 사람들에게는 보조금을, 그 이상의 사람들에게는 세금을 부과하는 것이다. 음의 소득세 제도에서는 세금과 보조금의 동시 변화를 추구하며 OE 이하의 빈곤자들에게 기초소득 OA를 먼저 보장하고자 한다. 그런데 실선 ②로 표현되는 기본소득 제도 역시 그 재원을 확보하기 위해서는 조세개혁이 필요하다. 결국 궁극적인 형태는 실선 ③을 지향하게 된다. 결국 기본소득과 음의 소득세의 최종적인 목표는 동일하기에 이 두 제도는 동등하다는 결론에 이를 수 있다.

그러나 이 두 제도가 추구하는 목표는 동등하지만 목표에 이르는 방법에서는 큰 차이가 있다. 기본소득 제도는 일단 기본소득부터 보편적으로 지급하는 혁명적인 변화를 도모하고 그 이후에 혁명적인 세제개혁을 단행하자는 것이다. 반면 음의 소득세 제도는 보조금 지급과 세제개혁을 병행하는 점진적인 개혁을 통해 제도를 안정적으로 정착시키자는 것이기 때문이다. 그렇다면 혁명을 택해야 할 것인가, 진화를 택해야 할 것인가?

벨기에의 정치철학자 필리프 판 파레이스(Philippe Van Parijs)는 『21세기 기본소득』에서 다음과 같이 언급하고 있다. "굉장한 규모의 경천동지할 사건이 한 방에 터져서 모든 문제를 풀어줄 것이라고 기대하지 말고, 수천 번의 작은 기회를 단기적인 목표로 지혜롭게 이용해 이를 장기적 진보로 쌓아 올리는 편이 바람직하다." 기본소득을 옹호한 대표적인 정치철학자의 견해다.

주류 경제학을 대변하는 2017년 발간된 경제협력개발기구(OECD) 보고서 「기본소득, 하나의 정책대안」의 내용도 살펴보자.

"'묻지마' 식의 보편적 정부 지원은 단순할 뿐만 아니라 지원받지 못한 채 방치되는 사람이 없다는 장점을 가질 것이다. 그러나 재정적으로 실현 가능한 유의미한 수준으로 모두에게 하는 무조적건 지급은, 기존 복지급여의 축소뿐만 아니라 증세를 요구할 것이고 또한 빈곤을 감소시키는 효과적인 수단이 되지 못할 것이다. 기존의 복지급여를 기본소득으로 대체한다면, 일정한 정책 목표를 전혀 조준하지 않은 채 사회보호 제도를 뒤엎음으로써 사회적 취약집단의 일부가 손해를 볼 것이다. … 현실적으로는 경제 성장의 편익을 좀 더 골고루 나누기 위한 재원을 어떻게 조성할 것인지에 대해 균형 있는 논의를 진행하면서 단계별로 도입할 필요가 있다."

우리나라가 지금까지 추구해 온 1983년의 생활 보호, 1999년의 국민기초생활 보장, 2009년의 근로장려세제, 2015년의 자녀장려세제 등은 사실 음의 소득세를 추구하는 과정의 일부다. 점진적으로 저소득층의 범위를 넓혀가면서 기초소득 보장을 확대시키고 있는 것이다. 위의 두 견해에서도 확인한 것처럼, 지금처럼 음의 소득세를 국가재정의 여력을 고려해 확대해 가면 언젠가는 기본소득에서 목표하는 모든 국민에 기초소득을 지급할 수 있는 날이 올지도 모른다. 그러지 않고, 지금 당장 기본소득을 지급하고자 하면, 그런 혁명적·단절적 변화에 따른 재정의 어려움과 복지 구조조정에 따른 혼란을 사회가 감당하기 어려울 수 있을 것이다.

미래에 투자하자

chapter 10

대학을 계층 사다리로 개편하라

한국교육개발원이 2021년 2월 상당히 의미 있는 보고서를 발표했다. 교육 분야의 양극화 추세를 시계열로 분석하는 시도를 한 것이다. 이 보고서가 중요한 것은 한국에서 교육이 계층 사다리 역할을 충실하게 이행하고 있는지를 판단할 수 있는 객관적 지표의 개발을 시도했기 때문이다. 부모가 부자이면 과외를 시키더라도 더 시킬 터이니 좋은 대학에 가고 좋은 성적을 받는 데 유리할 것이라는 판단은 직관적으로 옳다. 일반 국민을 대상으로 인식조사를 해도 그렇다고 대답하는 비율이 언제나 많다. 상식적으로 생각할 때 맞는 이야기이기 때문이다.

교육개발원의 이번 지표 개발은 이 같은 인식조사가 아니라 실제 현상을 지표로 분석했다는 의미가 있다. 이 보고서에 따르면, 2010년과 비교해서 2020년에 소득 하위 20% 집단이 교육 분야 지표에서 상위 20%에 들어갈 확률이 2010년을 100으로 봤을 때 17.3% 악화됐다. 반면에 한국에서 소득 수준이 상위 20% 안에 드는 부자들의 자녀와 하위 20%에 속하는 가난한 집 자녀들 간의 교육지표 격차는 거의 변동이 없었다. 이는 무엇을 의미하는가? 부자와 가난한 가정 간의 교육지표 격차에는 큰 변화가 없었는데, 가난한 가정에서 부자 가정의 교육지표를 성취하는 것은 더욱 어려워졌다는 것이다.

한국교육개발원 보고서 내용은 계층 사다리로서 교육의 역할이 악화됐음을 보여주는 것이다. 유사한 보고서를 한국직업능력개발원 황성수 연구위원도 발표했다. 경제협력개발기구(OECD)가 회원국 학생들의 학업 성취 수준을 평가하는 국제학업성취도평가(PISA) 결과를 시계열로 분석했다.

만 15세 학생들의 PISA 종합 성적을 기준으로 성적 상위 25% 학생 가족의 사회경제적 배경을 분석한 결과 하위 25%에 속한 학생들의 비율이 2006년 13.46%에서 2018년에는 11.68%로 낮아졌다. 간단히 말하면, 공부 잘 하는 학생들 중 저소득 가정 출신의 비율이 줄어들고 있는 것이다. 이에 반해 OECD 국가 평균은 비율이 높아졌으며, 미국도 높아졌다. 미국을 비롯해 OECD 국가에서는 계층 간 학업성취도 격차가 줄어든 것이다.

이 분석에서 또 하나 주목할 점은 비록 저소득층 학생들이 성적 상위를 차지하는 비중이 줄긴 했지만 한국은 여전히 미국이나 OECD 국가보다는 저소득층 자녀들의 학업성취도가 높다는 점이다.

OECD 평균은 저소득층 자녀가 상위 25% 학업을 성취하는 비율이 18년 9.91%고 미국은 8.88%다. 한국에서 소득 하위 계층 자녀들의 학업성취도가 이들보다 높은 것은 고무적인 일이다. 최근 소득 격차에 따른 교육 격차의 문제를 심각하게 진단하고 있는 측면에서 보면 이런 일반적인 인식과 반대되는 국제비교는 당황스러운 것일 수도 있다. 그러나 문제는, 한국에서는 이 비율이 낮아지고 있는 데 반해 미국과 OECD 평균은 높아졌다는 점이다. 한국은 지속적으로 줄고, 미국과 OECD 국가들은 지속적으로 증가한다면 언젠가는 이 비율이 역전될 수 있음을 말하는 것이다.

두 조사 모두에서 결론은 동일하다. 적어도 한국에서는 소득 하위 계층 자녀들이 부자 가정의 자녀들과 어깨를 나란히 하는 실력을 갖추는 일이 점점 더 어려워지고 있음을 말한다. 가난해도 공부 잘해서 가난을 탈출할 수 있는 기회의 창이 점점 좁아지고 있다는 말이다.

대학교육 제도가 중요한 이유가 바로 여기에 있다. 중고등학교에서 학력 격차가 벌어졌다 하더라도 인생 마지막 찬스로 이를 역전시킬 수 있는 기회가 바로 대학이기 때문이다. 대학이 학습 여건에서 불리한 환경에 놓일 수밖에 없었던 저소득층 학생들에게 문호를 더 개방하고, 이들이 더 적은 비용으로 열심히 공부해서 실력을 충실히 갖추고 사회에 나올 수 있도록 도와야 한다.

그러나 한국의 대학에게는 이러한 역할을 기대할 수 없다. 예를 들면 교육 여건이 상대적으로 좋고 학비도 저렴한 국공립대학 입시에 소득 하위 20% 계층 출신 몇% 의무 선발, 이런 게 없다. 오히려 학비가 싼 국공립대학에 상대적으로 좋은 여건에서 좋은 성적을 올리는 부잣집 자녀들이 몰리고 있다. 그래서 SKY 캐슬이다.

대학의 계층 사다리 역할을 부활시키려면 우선 원칙을 정하는 게 중요하다. 두 가지 원칙을 생각할 수 있다. 첫째, 가난해 초중등학교에서 공부를 하지 못했어도 대학에 들어갈 수 있는 기회를 제공해야 한다. 둘째, 최대한 저렴한 비용으로 최상의 교육을 받을 수 있는 기회를 제공해야 한다.

첫 번째와 관련해서는 국공립대학이 저소득층 자녀를 일정 수준에서 의무적으로 뽑는 방식이 있을 수 있다. 예컨대 신입생의 20%는 반드시 소득 하위 20% 계층에 속하는 학생들로 선발해야 한다는 것과 같은 방식이다. PISA 조사에서 성적 상위 25%에 들어가는 저소득층 자녀 비율이 13%니 이들은 자력으로 국공립대학에 갈 수 있는 수준이다. 그러면 성적 순으로 7% 정도 특례입학 한도를 설정할 수 있을 것이다. 그럴듯한 대안이다. 그러나 치명적인 약점은 왜 소득 하위 20% 계층에만 혜택을 주느냐는 반론에 취약할 수밖에 없다는 점이다. 소득 하위 50%까지 혜택을 확대하자고 주장하면 어떻게 대응할 것인가. 가난한 게 벼슬이냐? 등등 공정성에 대한 논란도 만만치 않을 것이다.

두 번째 방법은 저소득 자녀를 대상으로 한 국가장학금 지급 확대다. 그러나 국가가

장학금을 무한정 늘릴 수는 없다. 소득 하위 20%가 더 어려운 것은 사실이지만 소득 하위 50%도 어렵기는 마찬가지다. 일단 장학금을 확대하면 그것으로 끝나는 게 아니라 이를 더욱 증액시켜 포용성을 더 확대하라는 요구가 빗발칠 것이다. 그러다 보면 국가가 대학등록금을 전액 지원하라는 주장도 나올 수 있다.

그렇다면 다른 방법은 없을까? 훌륭한 해법을 이미 시행하고 있는 국가가 있다. 바로 미국이다.

미국식 대학제도는 주립대학으로 대표되는 공립 시스템과 사립대학으로 대표되는 사립 시스템이 병존해 조화를 이루고 있다. 주립대학 및 각 지역 커뮤니티 칼리지(Community College)로 구성된 공립교육에 대해서는 연방정부 혹은 주정부가 대학을 운영 지원하고 있으며, 사립대학에 대해서는 등록금 포함 학비의 전면 자유화가 시행되고 있다.

공립교육 시스템은 두 가지 채널에서 저소득 계층에 대학교육의 기회를 제공한다. 우선 4년제 국공립대학의 학비가 사립학교에 비해서 절반 이하로 싸다. 학비가 싸다고 학교의 수준이 낮지 않다. 미국 50대 종합대학에는 주립대학이 여럿 있다. UCLA, UC버클리 모두 주립대학이다. 캘리포니아 거주 학생의 경우 UCLA의 2021년 등록금(교재, 기숙사, 건강보험은 제외)은 1년에 13,239달러다. 이 지역 사립 명문 USC의 1년 등록금은 60,275달러로 UCLA보다 4.5배나 비싸다. 문제는 UCLA 학비조차 감당하기 어려운 저소득 가계에 있다. 바로 이 지점에서 두 번째 채널이 작동한다.

커뮤니티 칼리지다. 2년제 커뮤니티 칼리지를 수료한 후 주립대학 및 사립대학으로 편입(transfer)할 수 있는 문호가 활짝 열려 있는 것이다. 커뮤니티 칼리지는 일종의 평생교육기관으로 고등학교 졸업장만 있으면 누구나 들어갈 수 있다. 학비는 거의 내지 않는 것과 마찬가지다. 예를 들어 로스앤젤레스에 위치한 엘카미노 커뮤니티칼리지(El Camino Community College)의 경우 한 학점당 수업료는 2021년 현재 46달러다. 1년에 36학점을 이수하더라도 등록금이 1,656달러(약 190만 원)에 불과하다.

주립대학 UCLA의 학비 13,239달러와 비교하면 8분의 1에 불과하다. USC와 비교하면 36분의 1이다. 1년에 1,656달러씩 내고 2년간 수업을 들어 모든 과목에서 A학점을 받으면 UCLA, UC 버클리, 사립 명문에 3학년으로 쉽게 편입할 수 있다. 졸업장에 편입생이라고 적지도 않는다. 졸업하면 모두 똑같다. 하버드, 예일 등 아이비리그 대학에도 주변 커뮤니티 칼리지 출신 학생들이 적지 않다. 게다가 대부분 사립학교는 이처럼 가계 소득이 낮으나 똘똘하고 유망한 학생들을 위해 필요한 만큼 장학금을 주는 제도(Need Based Financial Assistance)까지 갖춰 놓고 있다.

미국이 여전히 기회의 나라인 이유 중 하나가 바로 이러한 대학 시스템에 있다. 엘카미노 칼리지에서 2년 공부하고 UCLA로 편입한다면 23,166달러(약 2천 7백만 원)를 절약한다. USC로 편입했다고 하면 117,238달러(약 1억 4천만 원)를 절약한다. 1억 4천만 원이 적은 돈인가? 우리나라 대기업 초임의 3배가 넘는 돈이다. 이 많은 돈을 절약하면서 최고학부의 학위를 받아 사회로 진출할 수 있는 기회를 미국 교육 시스템이 제공하는 것이다.

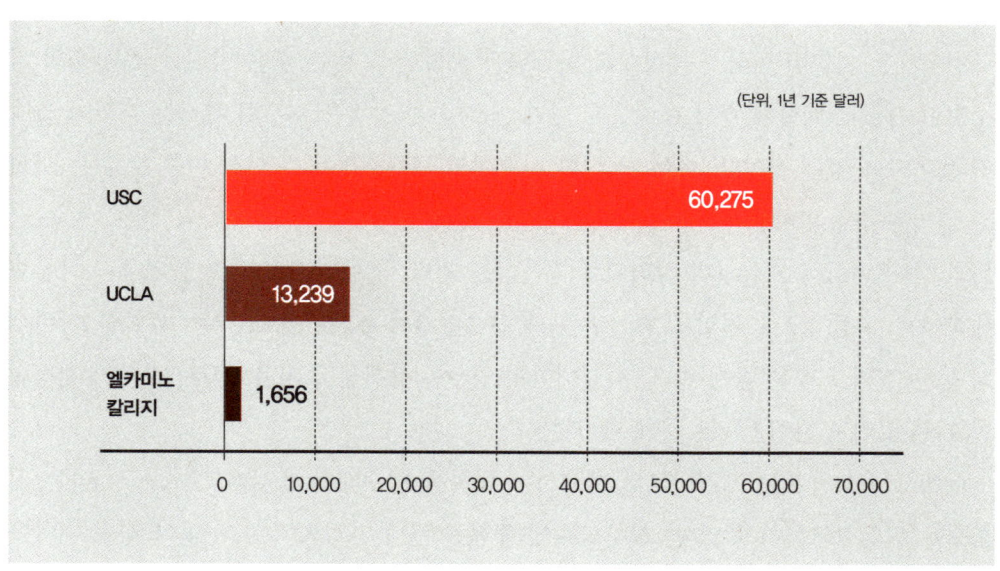

주: 미국 LA 소재 공사립대학의 2021년 1년 등록금(의료보험, 교재, 기숙사, 기타 비용 제외). El Camino College 1,656달러(1학점당 46달러, 1년 36학점 이수 가정), UCLA 13,239달러, USC(University of Southern California) 60,275달러. El Camino College와 UCLA는 캘리포니아 주민의 경우 학비임. 학비절감액은 EL Camino College 2년 수학 후 UCLA와 USC로 편입할 경우 2년간 절감액.

미국 로스앤젤레스 소재 국공립 대학교 등록금($)

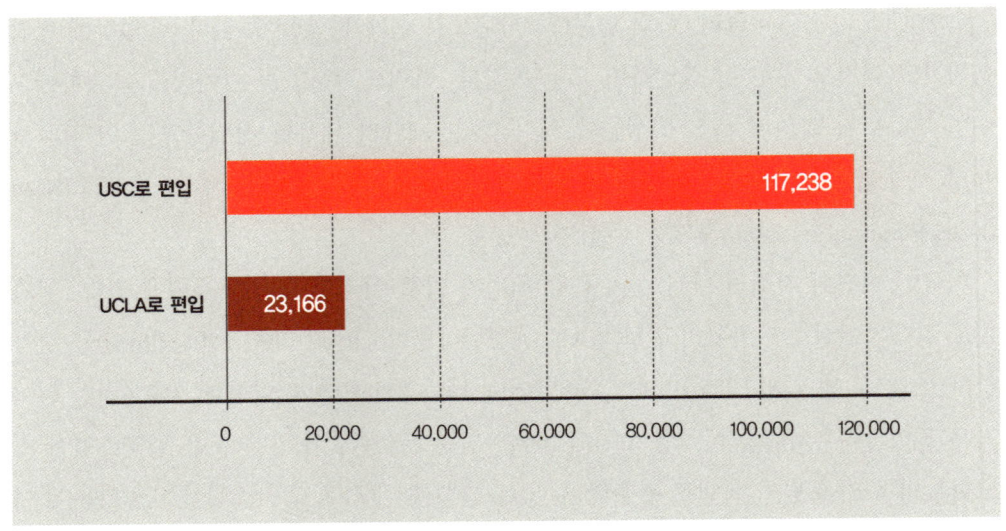

엘 카미노 칼리지 2년 수학 후 편입 시 학비 절감액($)

　한국에는 지금이 미국식 대학교육 시스템을 도입할 수 있는 좋은 기회다. 출산율의 지속적인 감소로 대학생 수가 줄어들고 있기 때문이다. 정원을 채우지 못하는 대학이 급격히 늘어나고 있는 것이다. 이는 곧 대학 시스템의 구조조정이 더 이상 미룰 수 없는 현실로 다가왔음을 의미한다. 입학정원을 채우지 못해 재정난을 겪는 대학의 경우, 정부 지원과 함께 미국식 커뮤니티 칼리지로 전환하는 거다. 커뮤니티 칼리지 졸업생은 국공립대학에서 우선적으로 편입을 받아주는 제도(예를 들어 충분한 규모의 쿼터 확보)를 마련해 더 높은 질의 교육을 받게 한다. 사립대학의 경우는 등록금을 자율화해서 정부의 재정적인 지원 없이도 자립이 가능하게 해야 한다.

　이미 고용노동부는 재정난으로 폐쇄하는 대학을 인수해서 폴리테크(Polytech)라는 이름으로 직업학교화하고 있다. 실무교육에 중점을 두니 기업의 수요도 많아 정규 대학을 졸업한 사람이 다시 폴리테크에 재입학하는 경우도 있다고 알려져 있다. 재정이 어려운 대학을 정부나 지방자치단체가 인수해서 커뮤니티 칼리지 혹은 폴리테크 대학으로 전환시켜 4차 산업혁명에 대비한 리스킬링(reskilling), 업스킬링(upskilling) 기관으로 활용할 수 있도록 하면 인공지능(AI), 빅데이터(Big Data), 사물인터넷(IoT) 및 클라우드 컴퓨팅 방면의 실무인력을 적절히 공급할 수 있을 것이다. 또한 은퇴자들을 경제활동 인구로 재유입하는 방법 중의 하나가 새로운 기술을 익힐 수 있는 평생학습기관을 확보하는 것이다. 커뮤니티 칼리지가 그 역할을 수행할 수 있다.

지금 필요한 것은 대학교육 제도에 대한 일대 발상의 전환이다. 그 변혁의 핵심은 가난해서 학업을 성취할 수 없는 국민들이 가재, 붕어에 만족하지 않고 용이 될 수 있도록 길을 터주는 것이다. 경쟁이라는 기본의 틀을 유지하면서도 교육을 통한 계층 상승 기회를 적절히 제공하는 미국식 모델에 대한 진지한 검토가 있어야 할 것이다.

대학교육, 규제의 족쇄에서 해방시키자

흔히 교육은 미래를 위한 투자라고 얘기한다. 교육의 현실을 잘 반영한 이야기다. 그런데 막상 교육 현장을 찬찬히 살펴보면 이런 이야기는 국가 발전을 위한 교육철학을 반영하기보다는 단순한 장밋빛 미사여구이자 선동을 위한 구호에 그치고 있는 것이 아닌가 하는 우려가 앞선다. 교육이 미래를 위한 투자라는 말은 교육 투자 기간과 그 효과가 발생하는 시기가 일치하지 않고 시차가 존재한다는 점, 국가 경쟁력을 뒷받침할 인재를 양성하기 위해서는 미래의 인재 수요에 대한 파악과 투자가 선행돼야 한다는 점을 강조하는 것이라고 이해할 수 있다. 유치원 입학을 교육의 시작점으로 본다면 대학을 졸업하고 사회에 진출하는 20대 후반까지가 교육의 투자 기간이다. 지금 유치원 학생이라면 이들이 대학을 졸업할 때 사회가 필요로 하는 인재가 어떤 유형인지를 미리 파악해서 대비하는, 즉 20년 후를 내다보는 투자가 실행돼야 한다.

그런데 한국에서 대학은 동네북이다. 물가 상승률보다 높은 등록금 상승률을 내세워

대학이 등록금 장사를 하고 있다는 비판, 그렇게 모은 돈을 교육에 투자하지 않고 적립금으로 쌓아놓거나 학교 설립자들의 배를 채우고 있다는 비판, 논문 표절 등 대학 교직자들의 연구 윤리에 대한 비판, 조국 자녀 사례와 같은 입시 공정성 문제로 인한 대학에 대한 신뢰 하락, 정유라 사건에서 부각된 대학 학사관리 엄정성의 문제 등 하나하나 열거할 수 없을 정도로 대학에 대한 비판은 차고도 넘친다. 연구 윤리, 입시 공정성, 엄격한 학사관리 등은 대학이 충분히 자체적으로 확고히 바로잡을 수 있으며 바로잡아야 할 문제다. 그러나 대학과 관련한 모든 비판을 대학이 해결할 수 있는 것은 아니다. 대학이 하고 싶어도 할 수 없는 일이 적지 않다는 말이다. 더구나 이런 규제들은 우리 사회의 미래를 앞서 준비하고, 고민해야 할 대학의 앞길을 단단히 가로막고 있다. 하나하나 짚어보자.

등록금 문제다. 대학 설립이 활발하고 진학 대상 인구의 절반이 넘는 취학률을 보이던 시기에 국민 소득 대비 등록금 수준이 높았던 것이 사실이다. 그러나 단순히 국민 소득 대비 등록금 수준을 놓고 대학 교육비가 비싸다고 주장하는 데에는 몇 가지 맹점이 있다. 1996년 대학 설립 준칙주의를 도입한 것은 급증하는 대학교육에 대한 수요를 충족시키기 위해 정부가 해야 할 일을 민간에 넘긴 조치로 해석할 수 있다. 국가가 대학교육 서비스 공급 주체로서의 역할을 포기하고 민간에게 이를 맡긴 것이다. 반면에 국가보다 대학이 먼저 설립된 대학의 발원지 유럽 대륙에서는 처음부터 국가와 공공 부문 중심의 교육 서비스 제공을 원칙으로 대학 서비스가 발전해 왔다. 대학교육을 국가가 책임지고 제공한 것이다. 따라서 오늘날 덴마크, 핀란드, 노르웨이, 스웨덴 등 상당수 유럽 국가에서는 등록금이 무료다. 독일, 프랑스, 스페인, 이탈리아, 오스트리아의 등록금은 무료는 아니지만 매우 저렴하다. 반면에 민간 교육 서비스에 대한 의존도가 높은, 즉 한국과 비슷한 미국의 경우 등록금은 매우 비싸다. 그렇다고 미국 대학들이 등록금에만 의존해서 대학을 운영하는 것도 아니다. 투자 수익의 재투자, 기부활동 등 대학이 다양한 수입 다각화 조치를 취할 수 있도록 허용하고 있다. 그러나 우리나라의 경우 대학 설립을 자유화하면서 교육 비용을 누가 부담할 것인지, 민간이 부담해야 한다면 민간 부담을 줄이기 위해 대학 스스로가 등록금 의존도를 낮출 수 있는 방안이 무엇인지에 대한 고민은 부족했다.

그 결과 대학의 수입구조를 비교하면 한국은 대학 교육 서비스의 수혜자인 학생 혹은 학부모의 부담이 가장 높은 나라가 됐다. 2016년 고등교육 공교육비의 GDP 비율을 보면 정부가 0.7%를 부담하는 반면 민간은 1.1%를 부담한다. 민간 부담률이 경제협력개발기구(OECD) 평균보다 높다. 국가가 덜 쓰는 만큼 국민이 더 부담하는 형식이다. 이에 대한 문제의식이 정치권에는 없다. 국가의 부담률을 높이든지, 대학 등록금 의존도를 낮추는 정책을 펴는 대신 '반값 등록금'이라는 수사를 동원해 가며 등록금을 아예 동결하는 가격규제 정책을 도입했다. 비싼 등록금을 대학이 쓸데없는 데 낭비한다는 그릇된 인식이 작용하기도 했다.

무려 13년 동안 계속된 가격규제, 즉 등록금 동결의 결과는 무엇인가? 가장 먼저 나타나는 것은 교육 서비스의 질이 떨어지는 현상이다. 대학 교육 서비스는 대부분이 인적 서비스다. 즉, 교원이 우수해야 양질의 교육이 제공된다. 대학재정에서 가장 높은 지출은 바로 인건비다. 대학의 수입은 고정돼 있는데 인건비는 계속 상승한다. 결과는 뻔하다. 만성적인 적자를 겪는 대학이 늘어나는 것이다. 한국교육개발원이 2020년 발간한 사립대학 재정 운용 실태 분석 자료를 살펴보자. 분석 대상 141개 일반대학 중에서 운영수지 흑자 대학은 2012년 97개에서 2015년 52개, 2018년에는 36개로 크게 줄어들었다. 반면에 적자 대학은 2012년 44개에서 2015년 89개, 2018년 105개로 크게 증가했다. 74.5%의 대학이 적자에 허덕이게 된 것이다. 대학이 적자인데 우수한 교원을 확보하는 데 돈을 쓸 수 있겠는가? 대학교육의 질 저하는 이미 고착화된 상태다.

대학이 적자의 늪에서 헤어나지 못해도 교육부는 오불관언이다. 정부 예산 대비 고등교육 예산 지원은 2008년 4%에서 2018년에는 2.6%로 오히려 감소했다. 그나마 예산 대부분이 학자금 지원에 투입됐다. 2008년 정부의 학자금 지원은 4,413억 원에 불과했으나, 2018년에는 4조 3천억 원으로 늘어났다. 이는 곧 정부의 대학에 대한 직접적인 자금 지원이 축소됐음을 의미한다. 고등교육기관에 대한 국가 지원 축소, 등록금 동결로 인한 운영자금의 부족으로 한국 대학의 국제경쟁력은 나날이 하락하고 있다. 스위스 국제경영개발대학원(International Institute for Management Development: IMD)이 실

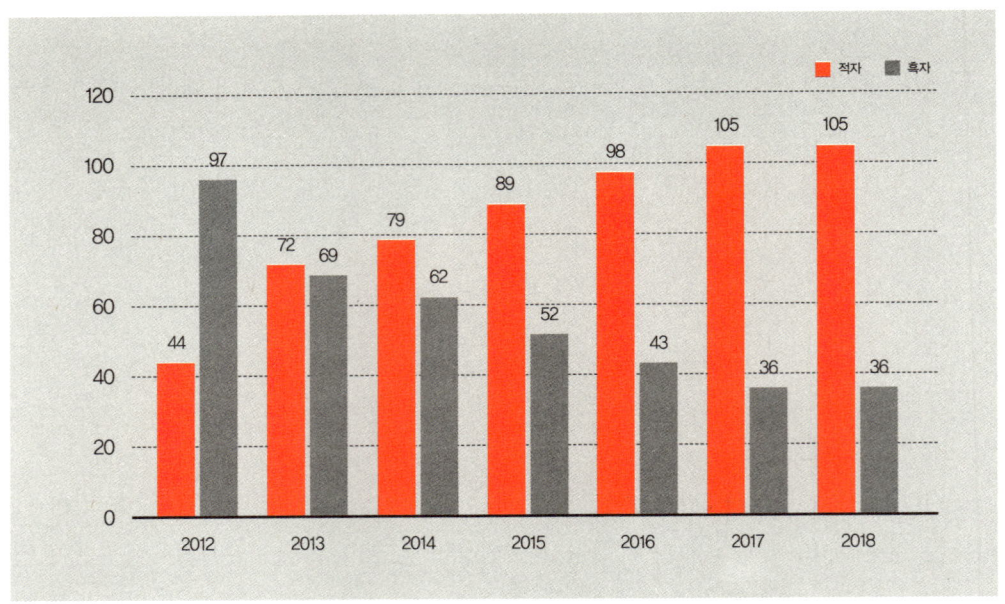

출처: 사립대학재정운용실태분석, 한국교육개발원(2020: 194).

일반대학 운영수지 흑자·적자 대학 수 변화

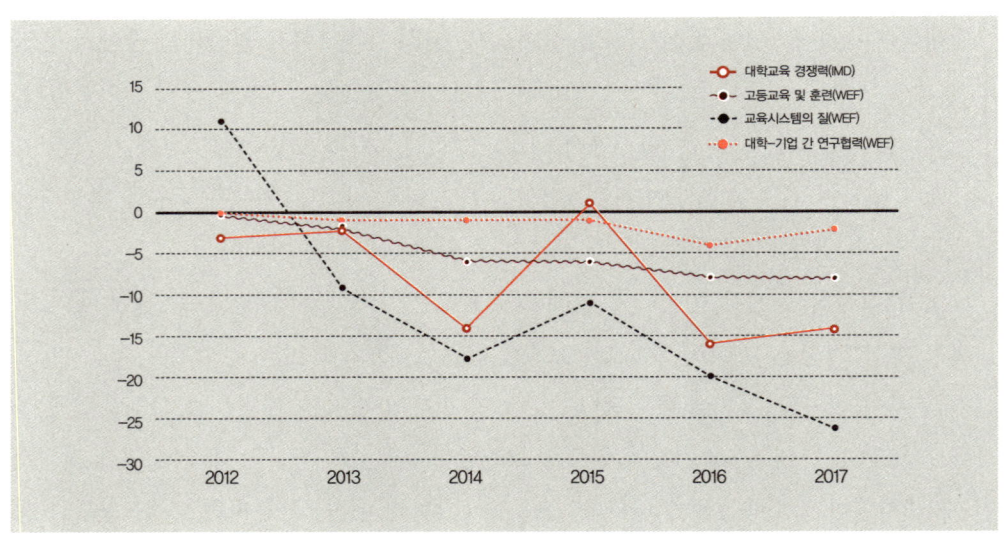

출처: IMD, World Competitiveness Yearbook(2011-2017), WEF *The global competitiveness report*(2011-2017)

교육 관련 경쟁력 지표의 순위 변동(2011년 기준)

시한 대학교육 경쟁력 평가에서 한국의 순위는 2011년 39위에서 2019년 59위로 하락했다. 경제력에서 세계 10위권인 국가, 한국의 대학 경쟁력이 50위권 밖의 초라한 성적표를 받은 것이다.

이대로는 경쟁력 있는 대학교육 시스템을 한국은 유지할 수 없다. 이제 솔직해져야 한다. 한국에서 고등교육을 공적 투자의 개념으로 접근할 것인지, 아니면 민간 교육시장에 맡겨둘 것인지 진지하게 논의하고 결론을 내야 한다. 만약 대학 시스템을 공공의 영역에 두고자 한다면 교육정책을 즉각 재설계해야 한다. 예산도 충분히 확보해야 하며 적자로 문 닫는 대학을 정부가 인수해서 고등교육 시스템이 붕괴되지 않도록 해야 한다. 그렇지 않고 고등교육 서비스의 제공을 민간에 맡기겠다면, 즉 현재와 같은 사립대학 시스템을 유지하겠다면 등록금 동결과 같은 가격규제를 해제해야 한다. 한국은 이미 사립대학의 비중이 전 세계에서 가장 높은 나라다. 등록금이라는 가격을 규제하기보다는 교육 기회 보장이라는 교육 소비자 중심 선별적인 지원 정책을 촘촘히 설계해야 할 것이다.

대학 지원자의 숫자가 급격히 줄어들고 있는 현 시점은 어쩌면 고등교육 시스템에 대한 근원적인 재고, 사회적 합의 도출에 좋은 기회이기도 하다. 그러한 사회적 합의에 따라 고등교육 시스템을 일대 혁신하지 않는 한 한국 고등교육의 미래는 없다.

등록금 동결 외에도 한국의 대학은 수많은 시대에 뒤떨어진 규제로 옴치고 뛸 수 있는 형편이 아니다. 교육부는 대학에게는 갑 중의 갑이다. 각종 규제로 대학을 옭아매고 있다. 대학이 자체적으로 교육환경 변화에 대응하려 해도 교육부의 각종 규제가 이를 막는다. 수십 년 전의 대학교육 환경에 맞춰 설계된 각종 규제를 여전히 굳건히 유지하고 있다. 몇 가지 예를 들어 보자.

교육부는 관계 법령을 통해 대학 설립 기준을 제시한다. 그리고 각종 평가를 통해 매년 이 기준이 충족돼 있는지 확인하고 인증한다. 한국대학평가원이 수행하는 대학기관 평가 인증, 한국교육개발원이 수행하는 대학기본역량평가, 2020년부터 의무화된 대학도서관 평가, 의·치·약·간호 계열의 평가 인증 등이 대표적인 예다. 일반대학에서 가장 중요한 평가 기준은 교원 확보율, 전임교원 확보율, 교사 확보율, 신입생 충원율, 재학생 충원율, 교육비 환원율, 장학금 비율 등이다.

얼핏 보면 대학을 설립하고 운영하는 데 가장 기본이 되는 기준으로 보인다. 그러나 실제 속내를 들여다보면 규제의 역설이 곳곳에서 드러난다. 예를 들어 교원 확보율은 명목상 대학이 강의 서비스를 제공하는 최소 기준으로 보인다. 그런데 이 기준은 교수와 학생이 강의실에서 만난다는 것을 전제로 한 규제다. 디지털 온라인 교육이 새로운 강의 방식으로 확대돼 가고 있는 상황에서 보면 전혀 시대에 맞지 않는 규제다. 1천 명 학생을 동시에 수용할 수 있는 강의실은 갖추기 어려워도 디지털에서는 이것이 얼마든지 가능하다. 게다가 코로나19(COVID-19)로 인해 교육부 스스로가 디지털 교육을 권장하고 있지 않은가? 더욱이 교육부는 한국형 온라인 공개강좌(K-MOOC)와 같은 명강의 공유 시스템을 확산시키고자 노력하고 있다. 세계 각국의 유수 대학들은 이미 MOOC를 통해 많은 강의 콘텐츠를 공유재로 변모시키고 있다.

게다가 교원 충원율 규제는 대학의 유인 체계를 왜곡하는 문제를 안고 있다. 좀 직설적으로 표현하면 이 규제로 인해 대학이 교수를 더 뽑지 않게 됐다. 이 황당한 상황은 교육기본법에 교원 충원율이 전년도보다 낮아질 수 없다고 규정하고 있기 때문에 발생한다. 대학으로서는 올해 교원 충원율을 높이면 내년에도 이미 높아진 교원 충원율을 유지하기 위해 교원을 더 충원해야 하는 문제가 발생하는 것이다. 그러니 교원의 신규채용에 대학은 소극적일 수밖에 없다.

충원율의 또 하나의 결함은 비정규직 대학교원을 늘리고자 하는 유인을 제공한다는 것이다. 등록금이 동결된 상황에서 인건비 부담이 높은 전임교원을 늘리는 것은 쉽지 않은 선택이다. 대학은 그 대신 초빙교원, 겸임교원, 시간강사의 비율을 높여 교원 충원율을 유지하는 선택을 하게 된다. 그 피해는 고스란히 학생들에게 돌아간다. 교육의 질이 저하되는 것이다. 전임교원이 소화해야 하는 수업, 학생 상담, 각종 학사행정 처리 부담이 늘면서 전임교원에게 질 높은 강의에만 매진해 달라는 요구를 할 수 없게 되는 것이다.

잘못된 규제는 또 다른 잘못된 규제를 낳는 어머니다. 교육의 질이 하락하고 있다는 비판이 비등하자 교육부는 전임교원 확보율이라는 새로운 규제를 만들었다. 대학교육의 질을 유지하기 위해서 최소한의 전임교원 비율을 유지해야 한다는 규제를 새로 도입한 것이다. 규제가 규제를 낳는 전형적인 규제의 피라미드 현상이다. 게다가 소위 '시장

경쟁' 원리를 도입한다며 전임교원 확보율의 최고점을 동일 평가군의 평균점을 적용하는 규제를 신설했다. 이 규제는 학생 수가 많은 사립대학일수록 전임교원 확보율에서 만점을 획득하기 어려운 구조를 만들어 버렸다. 대학은 이 규제를 정원을 줄이라는 신호로 받아들이거나 최저 기준만 충족시킨 채 전임교원 충족률 기준에서 만점 획득을 포기하는 방향으로 대응한다. 왜 저명하고 역량 있는 교수를 한 학교에 묶어 둬야 하는가? 외국의 대학에는 전임교원 규제가 없다. 따라서 유능한 대학교수는 다수의 대학이나 연구기관에서 가르치고 연구할 수 있다. 학생이 어느 대학에 다니건 역량 있는 교수의 강의를 수강할 수 있는 기회를 제공하는 것이다. 교원 확보율이라는 규제는 세상의 변화를 반영하지 못하는 낡은 규제다. 원래 취지와는 달리 양질의 교육을 받을 수 있는 학생들의 학습권을 오히려 저해하는 규제로 작용하고 있다.

대학도서관 평가에도 디지털 시대에 역행하는 규제가 존재한다. 대학도서관 하면 널찍한 열람실과 서고가 있어 책을 찾아 읽을 수 있는 공간을 연상한다. 현재의 대학도서관 평가는 이런 도서관을 상정하고 있다. 도서관의 장서 확보, 재학생 1인당 도서관 면적, 열람 좌석당 재학생 수 등을 규제한다. 과연 이러한 기준이 디지털 전환이 이뤄지고 있는 현재에도 유효한 기준인가? 스마트폰을 입에 물고 '천상천하 스마트존'을 외치면서 탄생한 디지털 학생들은 스마트폰으로 책을 읽고 학습한다. 디지털 AI 시대 학생들은 장소에 구애받지 않고 전 세계의 책을 추천받고 자료를 다운받아 공부할 수 있다.

도서관을 포함한 대학시설 규제는 대학이 자율적으로 조절해도 충분하다. 장서를 모두 디지털로 전환시켜 집이나 카페나 강의실에서 도서관을 이용할 수 있게 하는 것이 왜 안 되는가? 대학은 부족한 재원을 어떻게 투자해야 학생들의 정보 접근성을 강화하고 효율적 학습환경을 만들어 낼 수 있는지 잘 알고 있다. 그런데 정부가 요구하는 바에 따라 반드시 써야 하는 돈이 정해져 있다 보니 이러한 환경을 조성하는 데 쓸 수 있는 돈이 부족하다. 만약 교육부의 시설 등에 대한 규제가 교육의 질을 보장하기 위한 것이라면 시설 없는 미네르바 대학(Minerva School)의 성공은 어떻게 설명할 것인가? 학생들에게 선택받아야 하는 시대, 대학 정원이 학생보다 많은 시대에 학생들은 자기가 원하는 학습환경이 제공되지 않는 학교를 선택하지 않는다.

또 하나 의문점은 대학 정원이 학생 수보다 많아지는 열악한 경쟁 환경에도 불구하고 대학시장이 정리되지 않고 있는 점이다. 한마디로 망한 대학이 나와도 몇 개는 나왔어야 하는데 실제로 자발적 폐교를 단행한 사립대학은 거의 없는 것이다. 교육부의 규제는 이 부분에도 작동한다. 관련 법에 따르면 대학을 폐교하면 대학자산으로 체불임금, 부채 등을 모두 정리한 후 그래도 남는 재산이 있다면 모두 국고에 귀속된다. 설립자 개인이 투자한 사유재산에 대한 보호 장치는 전혀 없다. 비록 개인이 자산을 출연해 학교법인을 만들고 나면 대부분의 사립대학 운영자금은 대학등록금에 의존한 것이라는 점을 인정한다고 해도 출연한 사유재산을 전부 국고에 귀속시킨다는 것은 재산권 규제며, 이것이 대학의 자발적 폐교를 막는 조치임에는 틀림없다. 교육부가 아무리 폐교와 청산 절차를 정비한다고 하더라도 이 본질적인 문제를 회피한다면 고등교육 현장의 경쟁력 있는 재편을 기대하기는 어려울 것이다. 사유재산 출연분을 되돌려 준다는 것이 사회적 합의가 어려운 과제이긴 하지만, 이 부분을 풀지 않으면 설립자들은 최후의 순간까지 버티고 버텨 폐교를 막으려 할 것이다.

오늘날 대학교육 현장은 교육정책의 일대 전환을 요구하고 있다. 대학교육이 미래 한국의 동량을 양성하는 기둥으로 기능하도록 하려면 피해야 할 것과 최소한 시도는 해 봐야 하는 것이 있다.

첫 번째로 대학의 획일화를 피해야 한다. 교육부가 제시하는 각종 규제 및 평가와 지원 정책은 제시된 기준에 맞춰 대학을 통제하는 수단으로는 유용하지만 그 결과는 대학교육의 획일화로 나타난다. 규제나 평가의 잣대가 동일하니 대학교육 서비스가 획일화되는 것은 당연한 일이다. 특히 등록금 동결과 학생 수 감소로 74.5%의 대학이 적자에 허덕이는 현실에서 교육부가 각종 지원정책에 일정한 조건을 요구할 경우 한국의 모든 대학은 이를 충족시키려 노력하는 과정에서 획일화된 구조와 운영 방식을 채택하지 않을 수 없다. 다양성이 결여된 고등교육 현장은 새로운 서비스 생산 능력을 상실한 채 고사할 가능성이 크다.

두 번째로 일체의 규제를 전면 재검토해야 한다. 그래야 일반대학(종합대학) 그리고 사립대학 중심의 교육 서비스가 다양하게 제공될 수 있다. 시설이나 교원 관련 기준 등 교육환경 조건은 유연하게 운영하고, 대신 관련 정보를 공개하고 교육 서비스의 효과를 수요자가 모니터링할 수 있는 여건을 만들어야 한다. 온라인 교육을 비롯한 새로운 교육방식도 적극적으로 수용해야 한다. 교육 전달 방식이 온라인 등으로 다양화해짐에 따라 교육 콘텐츠나 서비스에 대해 다양한 가격정책을 대학이 자율적으로 정할 수 있도록 해야 한다. 현행 등록금 책정 방식과 부대 서비스 비용 부과 방식은 지나치게 경직적이다. 학기 혹은 학년 단위의 일괄 비용 산출을 벗어나 학점 단위, 부가 서비스 이용 단위 등 다양한 가격 메커니즘을 대학이 디자인할 수 있도록 자유를 허용해야 한다.

세 번째로 대학이 제공하는 고등교육의 소비자 개념을 확장시키자. 국내에서의 문제 해결에만 매달리지 말고 국제적인 해법도 생각하자는 말이다. 국내의 학령기 대학 진학자를 중심으로 한 교육정책을 재검토하라는 말이다. 수시 선발 인원, 정시 선발 인원, 선발 방법과 기준 등에 대해서도 대학이 자율적으로 이를 정할 수 있도록 해야 한다. 대학의 국제화 여건도 대폭 개선해야 한다. 국내 입학자원 감소에 따라 대학들이 제 살 깎아먹기식 축소 지향적 경쟁에 쏟는 에너지를 대학을 국제화시키는 데 활용할 수 있도록 규제를 개선해야 한다. 국내에 학생이 모자란다면 해외에서 충원할 수 있도록 하자는 말이다. 인천광역시 송도에는 해외 유수 대학의 캠퍼스가 설치돼 교육 서비스를 제공하고 있는 마당에 한국의 우수한 대학교육 시스템은 해외로 진출할 수 없다는 게 말이 되는가. 국내 대학의 해외 분교 설치, 해외 캠퍼스 운영, 온라인 등을 활용한 국제 교육과정 운영, 해외 대학과 공유 교육과정 운영 등등 꽉 막힌 규제를 풀자. 우리가 선진국에서 공부한 우수한 인재를 바탕으로 번영을 일궜듯이 우리나라의 우수한 교육 시스템을 통해 인재를 양성하려는 국가들의 수요가 있으며, 이는 틀림없이 우리 대학교육의 경쟁력을 높이는 효과를 나타낼 것이다. 이와 더불어 국내에 유학 오려는 해외 학생들의 정착을 지원할 수 있는 범정부적 정책 지원도 필요하다. 왜 한국의 유능한 인재가 외국으로 유학 가서 그 국가의 연구소나 저명한 회사에서 승승장구하는 것은 대단한 성취로 인정하면서도 불과 몇 년 후면 도래할 국내 인구 감소와 경제활동 인구의 부족을 내다보면서도 외국 인력의 국내 유학과 취업을 연계하는 프로그램 등을 통해 우리 대학과 국가의 경쟁력을 높일 생각은 하지 않는 것인가?

끝으로 디지털 시대의 도래는 새로운 유형의 인재를 필요로 한다. 대학에서 배출되는 디지털 인재만으로는 기업의 디지털화에 따른 인재 수요를 충족시킬 수 없다. 대학이 디지털 재교육 프로그램의 전진기지가 돼야 한다. 이에 대한 일체의 규제를 일거에 없애야 한국 경제의 지속적인 발전이 가능하다. 기업이 도대체 왜 직원을 대학에 보내 재교육시키는 것을 꺼려하는지 고민하고 걸림돌을 제거해 줘야 한다. 단순히 대학의 평가 기준을 제시하고 기준에 미달하면 대학 정원을 감축하도록 강제하는 것은 책상머리 행정이다. 수가 낮아도 한참 낮은 정책이다. 이보다는 대학을 전문적인 재교육 기관으로 탈바꿈시키는 것이 현실적이고 수가 높은 정책이다.

끝으로 아무리 강조해도 지나치지 않는 게 있다. 대학교육, 고등교육은 미래 지향적이어야 한다는 것이다. 고등교육에 대한 돈 안 드는 투자는 대학이 새로운 교육 수요에 맞는 역할을 찾아 스스로 개혁하게 하는 것이다. 입학정원이 학생보다 많은 시기에, 학생이 자유롭게 대학을 선택할 수 있는 시대에 대학의 생존은 교육부가 걱정할 일이 아니다. 도태되는 대학을 살리거나 거꾸로 살처분하는 데 행정력과 에너지를 쏟을 일은 더욱 아니다. 교육부는 국가의 미래를 좌우할 경쟁력 있는 교육 프로그램의 기반을 마련하는 게임의 룰을 만들어 제공하고 대학들이 그 규칙을 지키며 스스로 변신해야 한다. 정부가 할 일은 대학 스스로의 변신의 성과를 모니터링하는 일이다. 그래야 교육부가 생각하지도 못한 혁신이 발견되고 전 세계가 부러워하는 경쟁력 있는 인재들이 배출돼 미래 한국의 젊은이들에게 밝은 미래를 보장해 주는 국가를 만들 수 있을 것이다.

R&D 포트폴리오, 전략을 갖추자

한국은 세계적으로 연구개발(R&D)에 돈을 많이 쓰는 나라로 유명하다. 경제 규모 대비 국가연구개발비 지출은 세계 1, 2위를 다툰다. 세계지적재산권보호기구(WIPO)가 매년 발표하는 글로벌혁신지수(Global Innovation Index)를 보자. 인구 백만 명당 연구개발 인력 수 세계 3위, 국내총생산(GDP) 대비 연구개발 지출 2위, 기업의 글로벌 연구개발 지출 4위다. 톱 3 대학의 경쟁력도 세계 9위를 차지했다. 이것을 종합해 WIPO는 한국의 연구개발 경쟁력을 세계 1위로 평가했다.

그러나 연구개발의 생산성지표는 사뭇 다르다. 그렇게 많은 돈을 투자했으면 전문학술지에 실리는 논문의 수도 많아야 한다. 그러나 한국은 이 분야에서 세계 27위에 불과하다. 발표한 논문의 수보다 인용된 숫자가 많은(high H-index: 연구자의 생산성과 영향력을 동시에 측정하는 지표) 학자들이 발표한 총 논문 수에서도 세계 톱 수준과는 거리가 먼 17위다.

한마디로 연구개발 투자는 세계 톱 수준인데, 연구개발 생산성은 뒤떨어진다는 말이다. 연구개발에서는 GDP 대비 비중이 중요한 게 아니라 절대 투자액이 중요하다는 반론도 가능하다. GDP 대비 비중은 작더라도 경제력에서 월등히 앞서는 국가의 연구개발비 절대 금액과 비교하면 한국은 돈 싸움에서 이길 수 없다는 논리다.

과연 그런가? 경제협력개발기구(OECD) 통계에 따르면, 한국의 연구개발비 지출은 2018년 기준 985억 달러다. 이는 미국(5,816억 달러), 일본(1,713억 달러), 독일(1,413억 달러)에 이어 OECD에서 네 번째로 많은 금액이다. 세계적으로는 5위다. 중국이 4,680억 달러를 투자해 2위를 차지하고 있다. 한국의 경제 규모가 세계 10위, 11위권을 오가는 수준임을 감안하면 한국은 절대 금액에서도 연구개발에 쏟는 국가의 정성이 남다른 나라임에 틀림없다.

그런데 연구개발 투자의 생산성 문제는 사실 새삼스러운 이슈가 아니다. 과학기술계의 오랜 숙제가 바로 투입 대비 산출의 문제, 즉 연구개발 생산성이다. 문제가 워낙 심각하다 보니 코리안 R&D 패러독스라는 학술적 용어까지 탄생했다. 역대 정부는 모두 연구개발 투자의 생산성을 높이기 위해 다양한 정책적 시도를 했다. 하지만 생산성은 별로 개선되지 않았다. 오히려 각 정권의 대형 국책사업은 생산성을 악화시키는 결과를 초래했다. 문재인 정부는 과학기술에 가장 관심이 없는 정권으로 평가받고 있다. 그럼에도 생산성의 하락은 가장 심각하다. 수월성이 중요한 연구 현장의 특성을 무시한 채 비정규직의 정규직화, 주52시간과 같은 노동 규제를 전면 적용했기 때문이다. 밤 새워 연구하려는 열정을 주52시간으로 막아 버렸고 능력이 뛰어난 외부 연구자 대신 운 좋게 비정규직으로 근무하던 연구자가 정규직을 차지했다. 이제 외부의 능력자를 위한 자리는 없다.

과연 이 문제를 어떻게 풀어 나가야 할 것인가. 첫걸음은 바로 연구개발자들에게 자율성을 부여하는 일이다. 비유를 들어 보자. 내가 하고 싶은 연구를 할 때와 남이 정해 놓은 연구를 할 때와 어느 경우가 생산성이 높겠는가? 페니실린의 발견, 최초의 비행기, 최초의 전구 등 세계적 발명은 국가의 지시가 아니라 연구자 개인의 의지에 따라 진행된 것이다.

연구가 무엇인가. 기본적으로 사람이 머리로 하는 일이다. 실험을 하는 데 좋은 장비와 시약이 중요하지만 연구자가 열심히 할 생각이 없다면 절대 좋은 결과가 나올 수 없다. 반대로 연구환경이 열악하더라도 연구자가 열정을 가지고 파고 들어간다면 언젠가 좋은 결과가 나온다.

좋은 연구 성과를 내는 연구자에게는 충분한 보상을 해줘야 한다. 반면 연구 능력이 떨어지는 연구자는 다른 우수 연구자에게 자리를 내줘야 한다. 지금처럼 고용 안정만 생각하고 성과와 상관없이 동일한 대우를 해주면 우수한 연구자는 연구소를 떠나 대학으로 간다. 아예 우리나라를 떠나기도 한다. 이미 임계점을 넘어선 지 꽤 됐다.

그다음에 할 일은 국가 전략에 맞춰서 연구개발 포트폴리오를 구축하는 것이다. 국가 연구가 성과를 내려면 연구자 개개인이 한 연구 결과가 하나의 큰 흐름을 형성해야 한다. 그렇지 않으면 연구의 효과는 반감된다. 파편화된 연구는 산업 경쟁력 강화나 국가적 문제 해결에는 별다른 도움이 되지 못한다. 세계적 학문 발전에 기여한다면 좋겠지만 그마저도 쉽지 않을 수 있다. 연구자도 사람인지라 목표를 도전적으로 잡는 경우가 있지만 쉽게 달성할 수 있는 목표를 정하기도 한다.

우리나라에서는 대부분 연구 자율성과 전략성이 상호 배치되는 개념으로 이해한다. 자율성이 높으면 전략성이 떨어지고, 전략성을 높이면 자율성은 떨어진다고 생각한다.

정말 그럴까?

　미국에서 연구를 하다고 귀국한 교수들은 우리나라의 연구 자율성이 너무 낮다고 하소연한다. 정작 미국은 전 세계에서 국가 연구개발의 전략성이 가장 높은 국가다. 로켓 발사처럼 대형 연구뿐만 아니라 보건의료처럼 개인 연구 중심인 경우도 마찬가지다. 보건의료 분야 연구를 관장하는 미국 국립보건원(NIH)은 각 분야 연구소별로 중장기 연구 전략을 수립한다. 연구자 입장에서는 크게 느끼지 못하지만 NIH가 정해 놓은 전략의 틀에 맞춰서 과제를 선정한다.

　그렇다면 왜 우리나라에서는 연구의 자율성도 떨어지고 전략성도 부족한 현상이 발생할까?

　국가 전략 체계가 작동하지 않기 때문이다. 국가연구개발사업의 기본은 하향식(top-down) 기획이다. 유럽의 프레임워크 프로그램 기획을 보면 목표와 기준을 먼저 정한다. 그다음 이를 달성하기 위한 포트폴리오를 구성하고 각 테마별 세부 주제를 기획한다. 정부가 기획을 주도한다고 연구 내용까지 관여하지는 않는다. 연구 목표는 제시하지만 연구 내용과 방법은 연구자에게 맡긴다. 연구 방법은 연구자가 제일 잘 알기 때문이다.

　정부 주도 기획은 아무리 잘 하더라도 최신 연구 동향을 반영하기 어려운 한계가 있다. 이런 단점을 보완하기 위해 연구자 주도의 상향식(bottom-up) 프로그램을 운영한다. 연구자 주도라고 해서 연구자 개인이 하고 싶은 주제를 마음대로 정할 수 있는 것은 아니다. 연구자를 대표하는 위원회의 엄격한 심사를 거친다. 그것이 끝이 아니다. 나중에 전체 사업의 성과평가를 하고 그 결과를 정부에 보고한다.

　우리의 국가연구사업 기획은 이와는 거리가 멀다. 겉으로는 정부가 주도하는 하향식 기획인데, 실제로는 상향식으로 과제를 수행한다. 어떻게 이런 현상이 발생할까?

　정부는 해외 동향이나 산업환경 분석을 바탕으로 사업 목표를 설정한다. 문제는 그다음이다. 하향식 기획이 제대로 작동하려면 목표 달성에 필요한 연구개발 수요를 뽑아내야 한다. 여기에는 전문성과 객관성이란 두 가지 요소가 필요하다. 그런데 이를 담보하기 어렵다. 그간 선진국 기술을 모방하다 보니 자체적으로 세부 기술을 분석해 내는 능력이 부족하다. 더 심각한 것은 객관성이다. 최고의 전문가가 책임을 지고 분석할 수 있도록 권한을 줘야 하는데 큰 연구비가 움직이다 보니 분석 결과에 대해 많은 비판이 제기된다. 전문가도 연구비 확보라는 사심에서 자유롭지 못하다.

결국 기술분석을 하지 못한 상황에서 사업을 진행하려다 보니 현장의 연구 수요조사

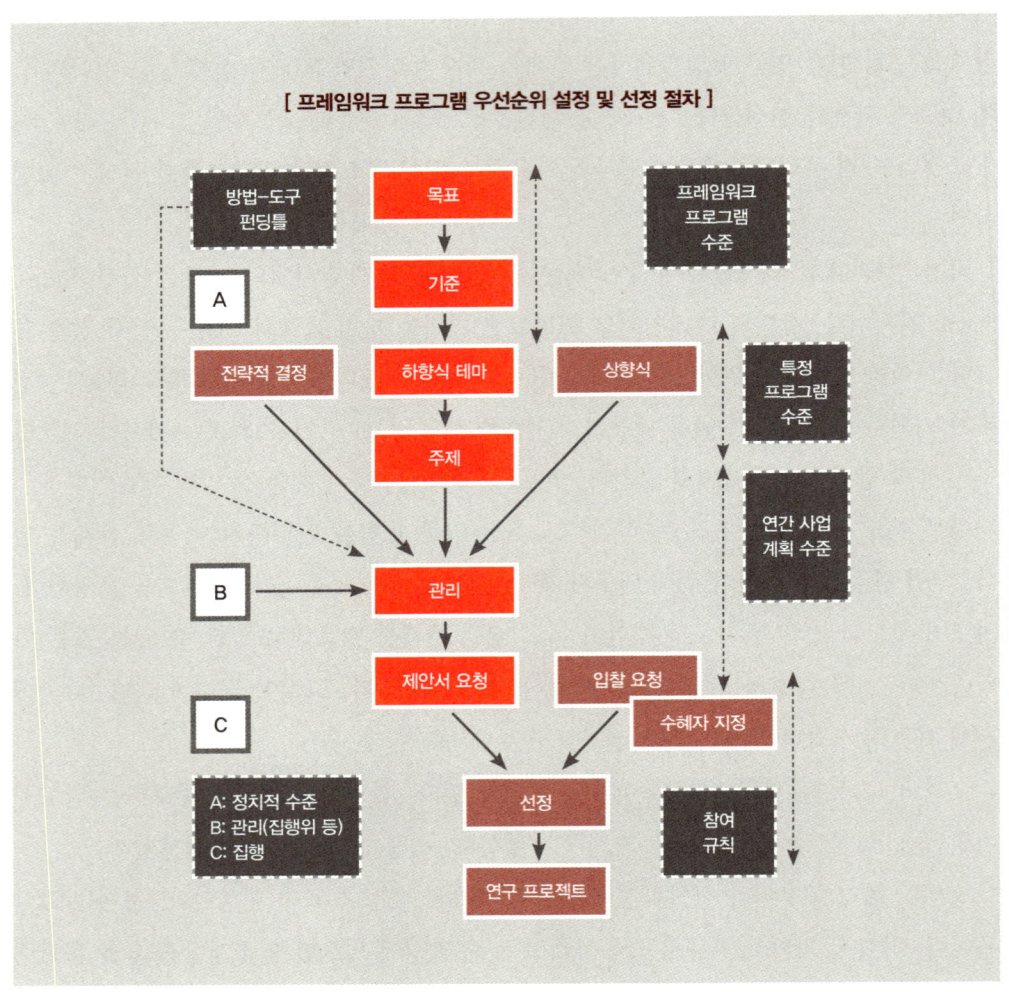

출처: 「Priority-Setting in the European Research Framework Programmes」, VINNOVA, 2009.

하향식 우선순위 설정과 상향식 연구개발 과제 선정의 조화
(유럽연합의 연구개발사업 프로세스 흐름도)

에 의존해서 과제를 기획한다. 그렇다 보니 연구 과제를 왜 하는지, 그 과제가 성공하면 사업 목표를 달성할 수 있는지 설명이 어렵다. 시류에 맞춰 키워드 중심으로 사업을 기획하다 보니 부처 간 사업들도 비슷비슷하다.

이렇게 된 가장 큰 이유는 권한은 행사하고 책임지지 않으려는 데 있다. 공무원은 보여주기식 발표나 빠른 시간 내 가시적 성과를 내는 것에만 집중한다. 순환보직이 잦은 현실에서 부실한 기획으로 인해 발생하는 문제는 그리 개의치 않는다. 연구자는 국가가 필요로 하는 연구보다 자신이 하고 싶은 연구를 하려는 경향이 강하다. 어느덧 국가 연구비는 연구자의 당연한 권리가 됐고, 연구비를 내는 국민에게 어떻게 보답할지는 고민하지 않는다. 공무원과 연구자 모두 자신만 생각하다 보니 서로 소통하면서 상대의 의견을 존중하는 모습은 쉽게 찾아보기 어렵다.

공무원과 연구자의 헤게모니 다툼에서 한국연구재단과 같은 전문기관의 역할과 위상은 매우 취약하다. 공무원은 전문기관이 공무원의 업무를 보조하는 기관이지 사업을 책임지고 수행하는 기관이 아니라고 생각한다. 전문기관 직원들의 삶은 고달프다. 공무원들이 수시로 지시하는 일을 처리해야 한다. 공무원들의 보직이 수시로 바뀌는 상황에서 사업 운영에 문제가 생기면 해결 방안도 만들어야 한다. 미국 국립연구재단(NSF)의 독립성을 벤치마킹하며 출발했던 한국연구재단의 설립 취지는 사라진 지 오래다. 독립성과 자율성을 보장한다는 한국연구재단법은 버젓이 남아 있지만 이제는 아무도 그 의미를 이야기하지 않는다.

이제 복잡하게 엉킨 실타래를 풀어야 한다. 그 시작은 정부가 제대로 된 연구개발 전략을 수립하는 것에서 시작한다. 전략에 기술적인 내용을 많이 담을 필요는 없다. 부처 공무원이 책임지고 설명할 수 있는 수준으로 작성하면 된다. 미국이나 일본의 전략을 보면 어려운 용어가 들어가 있지 않다. 대신 전략 수립 과정에서 이를 시행할 기관의 의견을 충분히 들어야 한다.

연구사업은 연구관리 전문기관이 책임지고 수행할 수 있도록 해야 한다. 지금 정부가 가지고 있는 사업 집행 권한을 연구재단과 같은 전문기관에 넘겨야 한다. 대신 사업 운영 과정에 대해 책임을 지도록 하면 된다. 우리와 비슷한 시스템을 가지고 있는 일본은 우리의 공공기관과 같은 독립행정법인에서 담당하도록 하고 있다. 예산도 중앙성청이 아니라 독립행정법인 소관이다.

연구사업의 방향은 정부가 정하더라도 방법은 연구자에게 맡겨야 한다. 연구자가 자신의 생각대로 연구를 할 수 있도록 지원해야 한다. 어떻게 가든 사업의 목적의 달성하는 것이 중요하다. 때로는 중복 연구도 허용할 필요가 있다. 연구는 공장에서 기계로 빵을 만드는 그런 단순한 공정이 아니다. 아무리 같은 주제의 연구라도 연구책임자가 누구인지에 따라 다양한 결과가 나온다. 국민 세금으로 운영하는 만큼 효율성을 확보하는게 중요하기는 하지만 도전적인 연구를 위해 어느 정도의 효율성 저하는 불가피하다. 연구과제 하나의 효율성을 높이겠다고 하다가 전체 연구사업의 효과가 떨어질 수 있다.

정부부처, 연구관리 전문기관, 연구자가 서로 호흡을 맞춰 전체 연구개발 시스템을 운영하는 데 제일 중요한 것은 책임지는 자세다. 정부가 어느 정도 개입할지, 전문기관과 연구자의 자율성을 어느 정도 허용할지는 사업의 성격에 따라 다르다. 최첨단 연구로 실패의 위험성이 높은 경우에는 연구자에게 최대한 맡겨야 한다. 반면 이미 선진국 사례가 있는 경우로 우리 산업의 경쟁력을 높이기 위한 사업이라면 정부나 전문기관에서 연구 범위를 좀 더 명확하게 할 필요가 있다. 어려워 보일 수 있지만 생각보다 쉽다. 누가 설명할 수 있느냐를 기준으로 보면 된다. 권한을 가지고 결정을 한 사람이라면 질문이 나왔을 때 답변할 수 있어야 한다.

결론적으로 정부는 연구개발의 전체적인 전략적 방향성을 설정하고 디테일에 개입하지 말아야 하며, 연구개발사업 집행은 연구재단 같은 전문연구기관에 일임하고, 구체적인 연구 주제나 연구 방법은 연구자의 자율에 맡기는 개혁이 진정한 연구개발 강국을 만드는 발판이 될 것이다.

디지털 경제, 인프라를 깔자

나일강 하구의 알렉산드리아는 프톨레마이오스 왕조의 수도였다. 이 도시는 프톨레마이오스 1세가 세운 학술원인 무세이온(Mouseion)과 도서관으로 특히 유명했다. 여기에서 당대 그리스, 이집트, 메소포타미아, 페르시아 지역의 지식이 집대성됐다. 알렉산드리아가 낳은 천재인 기하학의 유클리드(Euclid), 부력의 아르키메데스(Archimedes), 일찍 지동설을 얘기한 아리스타르코스(Aristarchos)도 무세이온과 도서관이 없었다면 역사에 이름을 남길 수 없었을 수도 있다. 파편화된 지식이 모여, 융합되지 않은 상태에서는 아무리 뛰어난 재능이라도 제대로 발현되기 어렵다.

파도스섬의 작은 마을, 알렉산더 대왕이 직접 개발한 알렉산드리아는 헬레니즘 문화를 발전시킨 중심지로 성장했다. 무세이온과 도서관에서 인큐베이팅된 것이다. 프톨레마이오스(Klaudios Ptolemaeos)에게 무세이온과 도서관 설립을 권한 건 알렉산더의 스승이었던 아리스토텔레스(Aristoteles)였다고 전한다. 국가 발전에 선견지명이 있었던 거다. 지식이 모이는 곳은 사람들이 모여들고, 새로운 지식이 창출된다. 새로운 지식이 샘솟는 나라는 곧 부유한 나라, 선진국이 된다.

디지털 경제, 데이터가 국가경쟁력이 되는 시대다. 세계 곳곳, 인공지능 시대, 자율주행 자동차 시대, 전 세계인이 스마트폰으로 정보를 검색하고 생산하는 시대, 이런 활동을 통해 지금 이 시간에도 만들어지고 있는 거친 정보들이 있다. 그런데 이들 정보는 모아야 되고, 가공돼야 하고, 분석될 수 있어야 가치가 생긴다. 데이터가 석유만큼의 가치를 가지려면 원유를 정제하는 만큼의 투자가 필요한 것이다. 디지털 시대에 데이터의 가치에 선제적 투자를 한 국가가 이제 미래 사회를 주도할 것은 틀린 전망이 아니다.

기업에서 앞다퉈 데이터센터를 설립하는 지금, 정부가 할 일은 데이터 기반 사회로 갈 수 있는 인프라를 까는 일이다. 정부도 공공 데이터 정보를 통합하고 고도화시켜야 한다. 정부부처, 공공기관 내에 통계, 재정, 인구는 물론 교통이나 물류, 정부에서 추진한 각종 사업 데이터와 그 성과를 통합, 혹은 효율적으로 연계시킬 수 있는 데이터 축적의 토대를 마련해야 한다. 나라장터와 같이 세계적으로도 우수한 공공 조달 서비스, 연말정산 간소화 시스템과 같은 혁신적인 조세행정이 전 정부로 통합되면, 행정혁신뿐만 아니라, 공공 데이터를 이용한 다양한 사업이 만들어질 수도 있다. 공공 데이터와 민간기업의 데이터를 유기적으로 연계할 수 있는 체계를 구축한다면 더욱 좋을 것이다.

이를 위해서 필요한 것이 공공 데이터의 획기적인 개방이다. 공공 데이터는 비즈니스 가치가 높은 정보들이 매우 많음에도 불구하고, 폐쇄적인 운영으로 데이터 활용에 많은 애로가 있어 왔다. 정밀도로 데이터, 무기명이 보장된 의료정보, 건강보험정보, 공공건물 정보, 에너지 소비 정보 등은 민간에서 가치 있는 데이터로 가공될 수 있다. 이런 정보를 환자 맞춤형 의료 수요 예측, 교통정보 반응형 자율주행 자동차와 같은 고부가 가치의 신산업이 가능하며, 산업단지의 에너지 효율화 시스템 구축도 가능해질 수 있다.

데이터 기반 구축과 함께 정부에서 관심을 가져야 할 것이 데이터 활용을 통해 가치가 높아질 수 있도록 데이터 이동의 통로, 즉 5G와 같은 지속적인 네트워크 고도화를 이루는 일이다. 실제로 우리나라는 외국 기업에서 데이터센터 설립의 주요 후보지로 지속적으로 오르내리고 있기도 하다. 안정적인 네트워크, 전기의 안정적 공급, 우수한 디지털 분야 인력을 갖춘 것이 그 이유다. 이런 데이터 관련 기업 입지에 유리한 환경을 만들 수 있다면, 미래 시대의 석유라고 불리는 데이터 저장, 가공의 강국이 될 수도 있다.

참고로 데이터 경제는 급속하게 성장하고 있는 중이다. 한국데이터베이스진흥원은 2017년 1,508억 달러였던 세계 데이터 시장이 2020년에는 2,100억 달러로 커졌다고 전망했다. 각각 160조, 220조 정도의 규모다. 같은 기간 우리나라 시장 역시 6조 2,973억 원에서 7조 8,450억 원으로 증가했다. 이것만으로도 이미 상당한 시장이지만, 데이터의 활용으로 아직 출현하지 않은 무궁무진한 산업임을 감안하면, 여전히 데이터 경제는 초기 단계라는 것이 전문가의 진단이다. 그래서 21세기, 세계 경제의 강자는 데이터 경제에서 성공하는 국가와 기업이 될 것이다.

4차 산업혁명, 몇 달 단위로 첨단 선도기술 지도의 재편이 이뤄지는 이 속도전의 시기에 우리나라가 데이터 경제에서 경쟁력을 선점할 수만 있다면, 지금 우리 사회가 고민하는 청년일자리 문제도 해소할 수 있을 것이다. 아울러 데이터 기반의 고부가가치 산업이 활성화된다면, 이들의 성공과 성장을 바탕으로 정부재정 운용에 소요되는 세수 기반도 확충할 수 있다. 현재 우리가 걱정하고 있는 미래의 고민들을 상당히 해소할 수 있게 되는 것이다.

데이터 경제 구현을 위해서는 정부 시스템도 정비할 필요가 있다. 각종 데이터 활용이 장벽으로 지적되고 있는 개인정보의 데이터화에 대한 강력한 규제를 개선해야 한다. 익명성을 보장하면서, 개인정보의 수집·이용·제공에 대한 동의를 전제로 개인정보 활용을 인정하는 옵트인(opt-in)에서, 정보 주체의 동의를 받지 않고 개인정보를 수집·이용한 이후, 당사자가 거부하면 그 활용을 중지하는 옵트아웃(opt-out)으로의 전향적인 방향 전환도 필요하다. 빅데이터 분석에서는 얘기치 못한 개인식별 정보가 만들어질 수도 있는데, 옵트인 방식에서는 이때마다 당사자에게 개인정보 활용에 대한 동의를 받아야 하는 문제가 발생한다. 이 경우, 어떤 사업자는 정보의 당사자에 대한 정보가 없다면, 새로 생성된 가치 있는 정보를 아예 폐기해야 할 수도 있다. 미국에서 기업의 개인정보 처리에서 부분적으로 옵트아웃 방식을 인정하는 것을 참고할 필요가 있다.

디지털 경제에 선제적 대응을 위해서는 현재의 통계청을 획기적으로 혁신해 공공 데이터 전반을 축적하고, 민간에 제공하며, 더 나아가 공공 및 민간 데이터를 활용한 스타트업 등 신산업에 연계시키는 좀 더 적극적인 역할을 수행토록 할 필요도 있다. 알렉산드리아 번영의 비밀이 천문학, 지리학, 의학, 수학, 신학 등 온갖 정보를 모아, 정보가 필요한 사람이 널리 활용할 수 있도록 한 무세이온과 도서관의 힘에 있었음을 기억해야 한다.

에필로그

함께 잘사는 나라로 가자

　대한민국이란 쪽배는 그럴듯한 돛대도 돛도, 노도 없이 시작했다. 배 안의 사람들도 거친 풍랑을 겪어 왔다. 사람들끼리의 반목과 갈등에도 쪽배는 순전히 손으로 젓는 노의 힘만으로 나아갔다. 하나의 노가 두 개, 세 개가 되더니, 어느새 돛이 생기고, 중간 크기의 배로 커졌다. 1945년에서 한 세대가 지나지 않아 인구가 폭발적으로 늘어나기 시작했고, 신통하게도 많아진 인구보다 더 넉넉하게 배는 커져 갔다. 그래서 지금이 됐다. 대한민국 성장과 성공의 스토리다. 그렇게 대한민국은 함께 잘사는 나라가 됐다.

　우리나라의 성장을 두고 기적이라 부른다. 독립 후, 국제사회에 내던져진 작은 국가는 어디로 가야 잘사는 나라가 될지 확신이 없었다. 근대국가를 경험해 본 국민은 없었고, 독립운동에 목숨을 바치던 선각자들은 독립 후 국가 운영을 고민할 여력이 없었다. 아무것도 없다시피, 희망이 없어 보이던 국가가 2019년, 세계 10위의 경제 규모를 갖는 큰 국가가 됐다. 피나는 노력도 있었고, 국가 전략의 민첩함도 있었고, 어쩌면 운도 있었다. 그리고 지금은 안다. 어떻게 해야 잘사는 나라가 되는지.

　자고 나면 성장하고 커지는 국가가 70년, 두 세대가 넘어가다 보니, 어려움의 시대를 체험하지 못한 세대가 기성세대가 됐다. 이들 중엔 시민단체에서 성공을 발판 삼아 정치로 진출, 사회제도 교정에 앞장서고 있기도 하다. 이들의 고민은 예전의 고민과 다르다. 지금까지의 성공과 성장의 스토리보다, 성장하느라 챙기지 못한 우리 사회 부조리를 바로잡는 데 관심이 크다. 그래야 진정 좋은 나라가 될 수 있다고 믿는다.

　그래서 더 잘사는, 좋은 나라를 만들자는 꿈을 말한다. 꿈은 누구나 꿀 수 있지만 쉽게 만들 수 있는 것이 아니다. 자칫하면 지금까지 성공을 이끈 방정식을 해체시킨 채, 새로운 전략은 세우지 못한 채 표류하는 사회를 만들어 버릴 수도 있다. 걱정스런

함께 못사는 나라로 가고 있다:
미래 세대를 위한 대한민국 만들기

주장도 많다. 경쟁을 거지 같다 하고, 기업의 사기를 꺾으며, 정부가 좋은 일자리를 만들면 되고, 기본소득으로 모두 잘사는 국가를 만들면 되겠지만, 이게 바로 방향 상실의 시작이다. 배가 표류하면 돛이 헐거워지고, 떨어지고, 무너지기 시작한다. 다음엔 노를 저을 힘이 하나둘씩 빠진다. 그렇게 함께 잘살았던 나라는 함께 못사는 나라로 가게 된다.

지금 우리가 그렇다. 비정상의 정상화, 적폐 청산, 부조리를 잡겠다는 세월이 근 10년이 돼 가고 있다. 촛불로 잡은 정권, 국민의 새로운 열망을 담는다는 사명으로 정권교체에 성공한 지도 4년이 돼 가고 있다. 적폐 청산이란 사회 혼란 속에 우리는 과거의 성공방정식을 잊어가고 있다. 아니 같이 못사는 나라로의 항로를 잡아 가고 있다. 대한민국이란 배가 걱정스럽다.

맞다. 성장만으로 품격 있는 국가가 되지 못한다. 반칙하지 않고, 노력한 만큼의 보상을 받으며, 달리기에서 뒤처진 친구를 기다려 주는 사회를 만들어야 한다. 문제는 방법이다. 열심히 해 성공한 사람들이 이룬 것을 뺏어다 가난한 사람들에게 주는 것, 사회 격차를 가장 간단히 해결하는 방법이다. 좋은 것 같지만, 가장 해서는 안 될 일이다. 갈등을 만들기 때문이다. 열심히 해 성공한 이들을 칭찬하지 않고, 그들이 이룬 것을 부패와 부조리 때문인 양 색안경을 끼고, 돈이 많으니 조금 더 내놓으면 어때라고 하는 순간, 문제가 생긴다.

이렇게 각자의 자리에서 공동체에 기여해 온 이들이 사회의 주변부로 밀려나기 시작한다. 난데없이 비난받는 이 사람들은 의욕을 상실하고, 화가 나기 시작한다. 진정 우리 사회는 성공을 격려하고 있는가? 반면 정부가 정책으로 만든 각종 소득이전 프로그램은 권리가 된다. 당당하게 요구하고, 요구가 사회중심부에 들어선다. 정치인은 이런 사회구조를 이용해, 때만 되면 그 격차를 확인하고, 선동하며, 희생양을 만들어 올라서고 있다. 유토피아를 말하며, 디스토피아로 이끈다.

바로 이게 어려움의 시대를 겪어 보지 않은 세대가 더 좋은 사회를 만들겠다며 벌이는 일들이 미덥지 않은 이유다. 탐욕스런 귀족노조 눈치에, 기업 성장이 발목 잡힌 지 오래, 법치라는 둑을 지켜야 할 사법부는 사회적 약자를 위하는 것이 사명인 줄 착각하고, 이 와중에 정부는 무엇이든 할 수 있다는 수퍼맨의 본성을 버리지 못하고 있다. 정부는 착한 기업을 만들 수 있고, 지역 균형을 만들 수 있다고 믿는다. 개구리도 붕어도 잘사는 공동체를 만들겠다고 해 놓고, 개구리로 살 수밖에 없는 사회를 만들고 있다. 우물 안에 가둬 갖은 보호로 키워지는 개구리로 잘사는 게 좋은가, 우물 밖을 나와 도전하는 사람으로, 주체로 사는 게 좋은가. 자기 자식들은 도전하는 사람으로 키우면서, 개구리가 올라갈 희망의 사다리는 차고 있다. 재정적자는 어느새 당연한 것, 사고만 나면 불량 규제가 초스피드로 만들어지고 있다. 근육 자랑하고 싶은 보디빌더 초심자 같은 국회의원들은 완장을 차고, 온갖 사회 문제를 선배 세대의 적폐놀음으로 돌려세우고, 이상한 법을 만들어 그간 성공의 방정식을 무너뜨리고 있다.

　함께 잘사는 나라로 가야 한다. 그러려면 지금처럼 하면 안 된다. 정부는 만능이 아님을 깨달아야 한다. 정권을 잡으면 모든 것을 할 수 있고, 사회의 온갖 문제를 해결할 수 있다는 착각을 버려야 한다. 정책실패를 한없이 경계해야 하고, 최저임금, 부동산 규제와 같이 이론적으로 경계하는 정책은 한없이 조심해야 한다. 국가채무는 감당할 수 없는 만큼 늘리면 안 된다. 25년 전, 국가 부도의 경험을 잊으면 안 된다. IMF가 왜 우리나라에 돈을 빌려 줬을까? 착해서? 불쌍해서? 아니다. 돈을 갚을 능력이 있다고 판단했기 때문이다. 믿지 못하겠지만 국가 부도는 났지만, 대한민국의 재정건전성은 상당히 튼튼했다. 빚이 별로 없었다.

　규제는 정부가 만든 제품이다. 불량을 신속히 제거하고, 고장 나면 바로바로 고쳐야 한다. 기한이 된 규제는 없애야 하고, 규제를 새로 도입할 때는 사회에 미칠 영향을 사전에 분석해야 한다. 혜택보다 부담이 큰 규제는 도입하면 안 된다. 인공지능(AI) 시대다. 정부 규제관리도 그만큼 똑똑해져야 한다. 옴짝달싹 못하게 온갖 규제를 만들어 놓고 완벽히 문제 해결한 줄 착각하면 안 된다. 완벽한 게 완벽한 게 아니다. 공무원이

함께 못사는 나라로 가고 있다:
미래 세대를 위한 대한민국 만들기

탁상행정을 할 때, 현장에선 지키지도 않는 규제가 난립한다. 세월호 사고도 그렇게 났다. 규제가 없어서가 아니라, 있는 규제를 지키지 않아서.

대학도 위기다. 급속한 인구 재편을 맞아, 대학 구조조정이 곧 보인다. 모든 국민의 대학 진학 시대, 대학에서부터 계층 이동이 가능한 구조를 만들어야, 불균형을 근본적으로 해결할 수 있다. 고등학교 3년간의 노력만으로 인생이 보상되는 구조가 아닌, 다양한 층위와 품질, 브랜드의 대학들 속에 학생들이 자유롭게 입학과 편입, 역량 제고가 가능해야 한다. 대학 규제 철폐로 대학 경쟁을 유도해야 대학의 품질이 높아지며, 교육경쟁력이 높아져 대학이 진정한 계층의 사다리가 될 수 있다. 지금처럼, 일률적 규제 속에 수십 년간 변화하지 않은 명문대 구조와 서울 중심, 국립대 중심의 대학 운영 속에 미래는 보이지 않는다.

미래를 위해 연구개발에 투자해야 한다. 연구자의 자율성을 인정하고, 세계를 선도하는 기술과 노하우를 축적해야 한다. 하는 둥 마는 둥의 연구에 돈을 쓰고, 국가 백년지계의 토대가 될 진짜 해야 할 연구는 이런저런 행정 개입과 정치적 뒤집기로 망쳐버려서는 안 된다. 이런 미래를 위한 투자, 연구개발은 권한을 분산하고, 연구자에게 확실한 책임과 신뢰를 줘야 가능하다. 실패의 자유도 인정하고 포용해 줘야 한다.

소득 불균형 해소는 여전히 가장 중요한 과제다. 성공한 국가의 실패는 늘 불균형이란 사회구조의 경직성에서 비롯했다. 우리 사회, 소득 불균형 문제의 핵심은 임금 불균형이다. 임금 불균형의 원인은 정규직의 철옹성에서 노조의 장벽을 쌓고, 노동자와 기업을 대척점에 두고, 양보하지 않는 노조에 있다. 노조의 역할은 노동자의 권익 보호지만, 노조도 기업이란 공동체, 사회란 공동체와 따로 있지 않다. 기업이 어려우면 그 어려움만큼의 수고로움을 흔쾌히 덜 수 있는 노조 운영이 절실하다.

새로운 사회, 기본소득과 같은 신선한 제도 도입의 논의도 있다. 조심해야 한다. 한 번도 가지 않은 길을 먼저 가겠다는 무모함은 곤란하다. 우리나라는 이미 저소득층에 대한 각종 공적 부조를 확대해 왔다. 국민의 상당수가 세금을 내지 않고, 오히려 각종

수당이나 연금의 형태로 받고 있다. 세금을 안 내고 보조금을 받는 음의 소득세가 시행 중인 것이다. 나라 재정이 더 튼튼해지면, 언젠가 기본소득을 지지하는 사람들이 주장하듯 모든 국민에게 일정한 기초소득을 제공할 수 있을지도 모른다. 그런데, 지금은 아니다. 재정이 넉넉하지 못하고, 세금을 내야 할 주체인 기업도 불확실성이 크고, 가계도 어렵긴 마찬가지다. 우리나라는 대기업이 부족한 국가다. 대기업이 많아져야 좋은 일자리가 많아지고, 좋은 일자리가 많아져야 고소득자도 많아진다. 대기업과 거래하는 기업도, 개인도 많아지고, 이들도 이런 분업구조 속에 상생한다. 이런 구조가 돼야 세금도 많이 걷힌다. 정부재정이 튼튼해지면, 소득 불균형을 해소하기 위한 새로운 복지 프로그램도 만들 수 있고, 정말 아쉬울 때 빚을 내기도 쉽다.

뉴노멀, 새로운 시대다. 새로운 시대는 기존 제도의 해체가 이뤄지고, 새로운 제도 모색도 이뤄진다. 정부도 변해야 한다. 낡은 옷을 벗어 버리지 않으면 우리 사회 미래를 위한 새로운 기회는 억누르고, 과거의 기득권을 보호하는 패착을 할 수도 있다. 그러려면 기득권을 내려놓아야 한다. 정부도, 기존의 작동 방식에 익숙한, 집단과 개인도. 신산업과 구산업의 갈등은 원칙적으로 시장에서 해결돼야 한다. 경쟁을 통해 더 나은 경쟁력, 기술력, 아이디어를 갖춘 기업과 개인이 성공할 수 있어야 한다. 정부는 이런 경쟁을 보장해야 한다. 물론 급격한 신산업으로의 진행은 구산업에 속한 이들에게는 불안이자, 생존에 대한 걱정일 수 있다. 그러나 이런 걱정을 붙들고 있어서는 국가 간 경쟁에서 뒤처질 수밖에 없다. 함께 못살면서 상생을 한다는 것은 국가정책으로는 하책 중의 하책이다.

함께 잘사는 국가는 그냥 만들어지는 것이 아니다. 사람들의 건전한 노력과 가치 창출, 그 결과물에 대한 거래가 시장에서 일상적으로 이뤄지는 상호작용을 인정하고, 그 규범을 지켜야 한다. 그러려면 당연히 자유를 보장해야 한다. 자유는 인간이 저마다 다르게 갖춘 재능을 개발하고, 도전하게 하고, 실패하게 하고, 무언가 새로운 것을 고안해 세상에 내놓게 만든다. 생명을 연장할 무엇도, 환경을 보호할 무엇도, 우주 개

함께 못사는 나라로 가고 있다:
미래 세대를 위한 대한민국 만들기

발을 할 무엇도, 사회복지를 할 무엇도, 자율주행차를 만들 무엇도, 모두 자유가 없으면 나올 수가 없다. 그래서 무엇이든 할 수 있는 자유를 최대한 보장하는 사회가 좋은 사회다. 1억 원이 넘던 고가의 유전자 검사비가 10년 만에 10만 원 수준으로 낮아진 것은 시장의 성과지 정부의 성과가 아니다. 유전자 검사비가 이렇게 낮아진 것은 전 세계인이 그만큼 부자가 된 것이다. 이게 성장이고 진정한 소득재분배다.

그래서 모두 잘사는 나라로 만들려면, 시장이란 제도 속에 수고로움을 인정하고, 그 안의 성과를 거래를 통해 보장받을 수 있게 해야 한다. 사실 지난 70년, 다 함께 잘사는 나라를 만들어 온 성공의 방정식의 해답도 여기에 있었다.

함께 못사는 나라로 가는 대한민국이란 큰 배의 키를 돌리려면 다시 마음을 다잡아야 한다. 좋은 얘기라고 마음이 홀려서는 안 된다. 저자들은 이제 눈을 씻고, 이 책을 놓고 토론이 시작되길 기대한다. 우리가 왜 성공할 수 있었고, 우리가 왜 실패하고 있고, 우리가 어떻게 하면 더 크게 함께 잘사는 나라라는 아틀란티스로 갈 수 있을지를.

저자 소개

강영철은 KDI 국제정책대학원 초빙교수다. 매일경제에서 세계지식포럼과 비전코리아 국민보고대회를 조직했으며 경제부장, 논설위원을 역임했다. 풀무원으로 옮겨 미국법인 대표를 맡아 미국 내 인수 합병과 사업 확장을 지휘했다. 언론과 민간의 경험을 바탕으로 공공의 이익을 위해 일하고자 2014년 7월부터 3년간 국무조정실 규제조정실장으로 규제개혁에 노력했다. 서울대학교 경제학과를 졸업하고, 신문사 기자 재임 중 미국으로 유학 피츠버그대학교 경영대학원에서 '이윤전 기업의 사회적 책임, 이해관계자 자본주의 및 정의로운 기업시스템'으로 박사학위를 받았다. 풀무원 재직 중에 하버드 경영대학원 최고경영자과정을 이수했다. 최근에 헨리 스튜어트(Henry Stuart)의 『해피 매니페스토(Happy Manifesto)』라는 직장 내 행복관리에 대한 책을 번역 출간했다(kang.youngchul@gmail.com).

이혁우는 배재대학교 행정학과 교수다. 고려대학교 영어영문학과를 졸업, 서울대학교에서 박사학위를 취득했다. 워싱턴대학교에서 방문학자로 연구했으며 한국규제학회 연구위원장, 부편집위원장으로 봉사했다. 규제개혁위원회 전문위원을 거쳐, 국토교통부, 식품의약품안전처, 산림청, 문화재청, 특허청, 관세청, 충청남도 등 여러 정부부처의 규제개혁위원회 위원으로 정부의 규제관리 실제에 다양하게 참여했다. 저서로는 『The Experience of Democracy and Bureaucracy in South Korea(Emerald, 공저)』, 『민주주의는 만능인가』(가갸날 공저), 『실패한 정책들』(박영사, 공저), 『규제를 규제한다』(윤성사), 『규제관리론』(근간) 외 다수 논문과 저서가 있다(hwlee@pcu.ac.kr).

김진국은 배재대학교 무역물류학과 교수다. 연세대학교에서 경제학을 전공해 학사와 석사학위를 취득하고 미국 뉴욕주립대(스토니브룩)에서 경제학 박사학위를 취득했다. 한국규제학회 편집위원장 및 학회장을 역임했으며, 공정거래위원회에서 오랫동안 경쟁정책 부문 자문위원을 맡았었고 대통령직속 규제개혁위원회 민간위촉위원, 여러 정부부처의 규제개혁위원 및 외교부 국제빈곤퇴치기여금 운용심의위원회 위원 등으로 봉사했다. 저서로는 『민간시장의 효율적 형성 및 성장저해 규제 연구』, 『공정거래법 전면 개편 방안(상): 경쟁이론과 공정거래법』(공저), 『해외원조』(공저) 외 다수 논문과 저서가 있다(jgkim94@naver.com).

옥동석은 서울대학교 경제학과를 졸업하고 동대학원에서 박사학위를 취득했다. 정부의 예산·인사·조직에 대한 경제학적 분석에 집중하면서 제도경제학·공공선택론 연구를 하게 됐고, 시장실패와 정부실패의 균형적 시각을 가지면서 경제사회의 진화적 발전에 대한 신념을 갖게 됐다. 인천대학교 교수로 30년 이상 재직하며 한국조세재정연구원장, 국가공무원인재개발원장을 역임했고, 정책-정치 현장의 다양한 경험을 갖고 있다. 주요 저서로는 『거래비용 경제학과 공공기관』, 『권력구조와 예산제도』, 『항만하역 고용형태의 변천』, 역서로는 『주권이란 무엇인가』, 『현대적 공공지출관리』, 역편저로는 『케인스는 어떻게 재정을 파탄냈는가』 등이 있다(dsoak@naver.com).

곽노성은 혁신과규제연구소 소장이다. 연세대학교 식품공학과를 졸업한 후 영국 레딩대학교에서 박사학위를 취득했다. 식품안전정보원 원장, 한양대학교 과학기술정책학과 특임교수로 근무했으며, 국가과학기술자문회의 대통령 자문위원, 식품의약품안전청 자체규제심사위원, 안전행정부 지방자치단체 합동평가단 위원으로 봉사했다. 지금은 국가과학기술연구회 기획평가위원, 감사원 적극행정면책 및 사전컨설팅 자문위원, 벤처기업협회 자문위원으로 활동하고 있다. 저서로는 『혁신성장의 길 : 과학과 혁신, 그리고 분권』, 『혁신성장을 위한 규제개혁 추진전략 연구』, 『식품안전 소비자 마음에 답이 있다』가 있다(forsome7@gmail.com).

배원기는 공인회계사로서 홍익대학교 대학원 교수이며, 성균관대학교 경영학과 학부, 석사 및 박사과정에서 공부했다. 공익법인회계기준 심의위원회 민간위원, 한국조세연구원 공익법인회계기준 실무지침서 자문위원, (재)한국가이드스타 자문위원 등으로도 활동하고 있고, (재)동아시아경제연구원 상임이사, 신한회계법인 고문으로도 활동하고 있다. 비영리 관련 논문으로는 「일본의 비영리법인 제도의 개혁과 시사점」(비영리학회, 2012), 저서로는 『비영리법인(NPO)의 회계 및 세무입문』(제3판, 신영사, 2019), 『비영리단체(NPO)의 바람직한 운영 원칙』(동아일보사, 2020)이 있다(wkpae@hongik.ac.kr).

이민창은 조선대학교 행정복지학부 교수다. 조선대학교 행정학과를 졸업, 서울대학교에서 행정학 박사학위를 취득했다. 미국 인디애나대학교 방문학자와 한국규제학회 회장을 역임했다. 국무조정실 일몰규제심사 전문위원, 행정안전부 지방규제 심사위원, 감사원, 식품의약품안전처, 산림청, 관세청, 새만금관리청, 광주광역시 등 다수 부처의 규제개혁 관련 위원으로 활동하면서 규제개혁 이론을 연구하고 규제관리 실무를 경험했다. 저서로는 『새행정학』(공저), 『공공갈등과 정책조정 리더십』(공저), 『공정사회와 갈등관리 IV』(공저), 『효율적인 사례 교육을 위한 규제정책 사례연구』(공저), 『2018년도 규제정책사례연구』(공저), 『성공하는 정부를 위한 국정운영: 민주적 공화주의 관점(규제개혁과 민관협력)』(공저), 『민주주의는 만능인가』(공저) 외 다수 논문과 저서가 있다(savio@chosun.ac.kr).